Table Of Contents

النَّقْلُ مَفْسَدَةٌ لِلْعَقْلِ

إِس. نُورْمَانْ جِي

Copyright © 2014 S. Norman Gee

النَّقْلُ مَفْسَدَةٌ لِلْعَقْلِ!

ألإِهْدَاءِ إِلَى الْمَظْلُومِينَ فِي الْعَالَمِ!

أَخِي الْمَظْلُومُ: ابْسِطْ يَدَيْكَ .. وَأَحْضِرْ قَلْبَكَ .. وَاذْكُرْ عَيْبَكَ وَذَنْبَكَ .. ثُمَّ اطْرُقْ عَلَى اللهِ وَحْدَهُ بَابَ الشَّكْوَى .. أَنْ يَرْفَعَ عَنْكَ أذى الْخَلْقِ .. وَشَرَّ الظَّالِمِ .. ثُمَّ أرِ اللهَ عَفْوَكَ عَمَّنْ ظَلَمَكَ .. فَإِنَّ ذَلِكَ أَدْعَى لِنَصْرِكَ وَفَرَجِكَ.. أَخِي الْمَظْلُومُ .. أَبْشِرْ فَدَعْوَتُكَ فَوْقَ السَّحَابِ قَدْ لَاحَتْ فِي الْآفَاقِ .. وَتَطَايَرَتْ مِنْهَا الشَّرَارَاتُ.. وَفِي تَطَايُرِهَا إِيذَانٌ لَكَ بِالْفَرَجِ.. وَلِظَالِمِكَ بِالذُّلِّ وَالصَّغَارِ.. نُوحٌ عَلَيْهِ السَّلَامُ غُلِبَ عَلَى أَمْرِهِ.. وَلَمْ يَجِدْ فِي قَوْمِهِ سَامِعًا.. بَلْ وَجَدَ مِنْهُمُ الْعَذَابَ وَالنَّكَالَ.. وَالسُّخْرِيَّةَ وَالِاسْتِهْزَاءَ.. فَقَرَعَ أَبْوَابَ السَّمَاءِ قَرْعًا وَهُوَ يَقُولُ: رَبِّ إِنِّي مَغْلُوبٌ فَانْتَصِرْ.. فَجَاءَ النَّصْرُ مِنَ اللهِ.. قَالَ تَعَالَى: {فَفَتَحْنَا أَبْوَابَ السَّمَاءِ بِمَاءٍ مُنْهَمِرٍ وَفَجَّرْنَا الْأَرْضَ عُيُونًا فَالْتَقَى الْمَاءُ عَلَى أَمْرٍ قَدْ قُدِّرَ وَحَمَلْنَاهُ عَلَى ذَاتِ أَلْوَاحٍ وَدُسُرٍ.. -- فَتَأَمَّلْ أَخِي فِي أَحْوَالِكَ.. وَاجْعَلْ مِنَ الظُّلْمِ الَّذِي وَقَعَ عَلَيْكَ فُرْصَةً لِمُحَاسَبَةِ نَفْسِكَ وَمُعَاتَبَتِهَا.. وَتَقْوِيمِهَا.. فَإِنْ وَجَدْتَ فِي عُنُقِكَ مَظَالِمَ لِلْعِبَادِ فَارْبَأْ بِنَفْسِكَ أَنْ تَرُدَّهَا.. سَوَاءٌ فِي مَالٍ أَوْ عِرْضٍ أَوْ نَحْوِهِ! وَإِنْ وَجَدْتَ تَقْصِيرًا فِي حُقُوقِ اللهِ.. فَجَدِّدْ مَعَهُ إِيمَانَكَ.. وَأَنِبْ إِلَيْهِ.. وَلَا تَنْسَ أَنَّ الظُّلْمَ لَا يَكُونُ دَوْمًا بِسَبَبِ الذُّنُوبِ.. وَإِنَّمَا قَدْ يَكُونُ بَلَاءً لِرَفْعِ الدَّرَجَاتِ...

شَقْشَقَاتٌ مُنْتَقَاةٌ مِنْ جَامِعِ الْكُتُبِ الإسلامية!

أَلنَّقْلُ مَفْسَدَةٌ لِلْعَقْلِ!

رِسَالَةُ شُكْرٍ وَتَقْدِيْر

أَرى في هذا الْبَحْثِ إِمْتِدَدًا لِكَيانِي وَذاتِي، وَتَخْليَدًا لِهَوِيَّتِي. إِنَّهُ الطِّفْلُ الَّذي يُشْبِهُنِي الَّذي كَمْ تُقْتُ إِنْجابَهْ وَلَكِنْ لَمْ يَكُ مُقَدَّرًا. أَنَا مُمْتَنٌّ مِن كُلِّ قَلْبِي لِجُهُوْد وَدُعاءِ وَالِدَيَّ وَتَشْجِيعِهِما، وَأَشْعُرُ بِالفَخرِ وَالشَّرَفِ وَالرِّضى بِما حَباني اللهُ بِه مِن تَوْفِيْقِه ورضاه. وَأَسْأَلَ دُعاءَ الْقُرّاءِ الَّذِينَ يَجِدُونَ فِيْه ما يَجْعَلُهُمْ أَكْثَرَ إِصْرارًا على الْبَحْثِ وَالتَّحْصِيْل.

وَأَشْكُرُ أَيْضا أَلأَفْرادَ الرَّائِعِينْ الذِينَ أَثْرُوا حَياتِي بِرِعايَتِهِم وَمَحَبَّتِهِم وَدُعائِهِم وَدَعْمِهِمْ. أَيْضًا أُولَئِك الذِّينَ وَضَعُوا ثِقَتَهُمْ في قُدُراتِي. وَشُكْرِي وَمَحَبَّتِي أَيْضًا لِأُولَئِك الذِينَ شَكَّكُوا فِيما أَقُومُ بِه، وَحَتَّى الَّذِينَ، لِأَسْبابِهِمْ الْخاصَّةِ، يَحْمِلُوْنَ لِي مَشَاعِر سَيِّئَةٍ، أَقدم هَذا الْعَمَل بِامْتِنانٍ وَتَواضُعْ:

أَهْدِيْ هَذَا العَمَلْ إِلَى المَظْلُومِيْنَ فِي العالَمْ!

ألْنَقْلُ مَفْسَدَةٌ لِلْعَقْل!

تَوْطِئَة

أَبْحَثُ في أَسْبابِ التَّعنُّتِ والتَّعَصُبِ والاضطهاد والتَّفرِقة العُنْصريَّة في المُسْلِمينَ خاصَّةً! كُلَّما ازْدَادَ النَّاسُ تَحَضُّرًا يزْدَادُ المُسْلِمُون تَغوُّلًا، ويَسْقُطونَ إِنْسانيًّا ويَزْدَادون وحْشيَّة. تقلُّ قيمتُهُم، وتَخْتَفي قيمُهُم... كَيْف بدأَ هَذا السُّقُوطُ ولِمَاذا؟

1. ضَعْفُ الإِيمانِ

2. التَّمَذْهُبُ والنَّقْلُ

3. لتَّعَصُّب وغِيابُ التَّعَقُّل

القُرَّاءُ الأعِزَّاءُ أَهْلًا بكُمْ، ويُسْعِدُني أَنْ أُقَدِّم لَكُمْ ما وفَّقَني الله مِنْ عُصارةِ اطْلاعاتي وخُلاصة مُطالعاتي، فقدْ حمَّلْتُ هَذا البَحْثَ، مَعْلومَاتٍ مُنْتَقاة خَالِية مِنْ كُلِّ رَيْب وشكٍّ. حمَّلْتُ هَذا البَحْثَ طهارةَ القُرآنِ الكريم ونزَاهتَه واسْتِقامتَهُ وصِدْقَهُ، وحصافة واسْتِحْكام اللُّغة العربيَّة وهيْمنتها المُطْلقة على شَرْحِ وتَفْسير كلام الله المُنْزَل على رَسُولِه الْكامِل الأَكْمَل...

اللُّغَةُ العربيَّة، لُغَةُ القُرآنِ وضِياءُهُ، ووهْجُهُ وتألُّقُهُ، وحصنُهُ وإشْراقةُ بَديعِه! وقواعِدُ النَّحْو في اللُّغَة العَربيَّة، كَانَتْ وسَتَبْقَى المَنَاعَة والْحَصانَة لِهَذه اللُّغَة الرَّبَّانيَّة. "قُرْآنًا عربيًّا مُبينًا". "قُرْآنًا عربيًّا لعلَّكُمْ تَعْقِلُون".!"

أَلنَّقْلُ مَفْسَدَةٌ لِلْعَقْلِ!

أَيُّها القارئُ الكريمُ! عَقْليًّا وعَمليًّا ويَقينيًّا؛ العِلْمُ لا يُعبَّأُ في قَوارير، أَوْ يُؤْخَذُ كأَقْراصِ الدَّواءِ، ولا يُحْقَنُ في العَضَلِ، أَوْ يَتِمُّ نَقْلُهُ في الشَّرايين، ولا يُصبُّ في الأُذُنِ أَوْ يُقطَرُ في العَيْنِ... العِلْمُ هو المَعْلوماتُ أَوِ الْفَهْمُ أَوِ الْمَهارَةُ الَّتي تَحْصُلُ عَلَيْها مِنَ التَّجربةِ والْخِبْرةِ أَوِ الْبَحْثِ والتَّعلُّمِ...

إنْ أَرَدْتَ، إنَّ العِلْمَ الَّذي في صَفَحاتِ هذا البَحْثِ، عَلَيْكَ أَنْ تَصْطادَهُ بِنَفْسِكَ مِنَ الْمُحيطِ الإسْلاميِّ. السَّمَكُ الَّذي اصْطادَهُ غَيْرُكَ، قَدْ يَكونُ سَمَكًا مُهَجَّنًا، أَوْ مُعَدَّلًا جينيًّا، مُسَرْطِنًا، قَديمًا، فاقِدًا للصَّلاحيةِ ويَعيشُ في أَحْواضِ ماءٍ آسِنةٍ! أَمّا السَّمَكُ الطّازِجُ، الْمُفيدُ الْمُغَذّي، فَهُوَ ما تَأْتي بِهِ صِنَّارَتُكَ مِنَ الأَحْواضِ الطَّبيعيّةِ والْبِحارِ...

في هذا البَحْثِ، أُقَدِّمُ لَكَ صِنَّارةً قَويَّةً ولَيِّنَةً، مَصْحُوبةً بِخارِطَةٍ للأَحْواضِ الطبيعيَّةِ الطاهرةِ الْمُطهَّرةِ، الَّتي تَحْتَضِنُ السَّليمَ النَّظيفَ الحَلالَ الطاهرَ الْمُفيدَ... ((القُرْآنُ الكريمُ – اللُّغَةُ العربيَّةُ وعُلومُها – العَقْلُ.))...

القارئُ الكريمُ، الْمَعْلوماتُ الجاهِزةُ غِبَّ الطَّلبِ كالوجَباتِ الجاهِزةِ. مُعَلَّبةٌ مُلوَّنةٌ ومِنْ أَهمِّ أَهْدافِ تَسْويقِها، الرِّبحُ... في الوجَباتِ الْمُعَلَّبةِ أَقولُ لَكَ: إنَّها مَعِدَتُكَ. أَمّا في الْمَعْلوماتِ الجاهِزةِ: فإنَّهُ عقْلُكَ! إنَّ النَّقْلَ تَعْطيلٌ لِلْعَقْلِ!

النَّقْلُ مَفْسَدَةٌ لِلْعَقْلِ!

هذَا الْبَحْثُ يُخَاطِبُ عَقْلَكَ. تَأَكَّدْ مِنَ الْمَعْلُومَاتِ الَّتِي وَرَدَتْ فِيهِ، إِبْحَثْ عَنْ أُصُولِهَا فِي خَزَّانَاتِ الْمَكْتَبَةِ الْإِسْلَامِيَّةِ الْعِكِرَةِ، ثُمَّ اعْرِضْهَا عَلَى عَقْلِكَ... إِنْ وَجَدْتَ مَعْلُومَاتِ هذَا الْبَحْثِ قَيِّمَةً سَلِيمَةً وَمُفِيدَةً، بَارَكَ اللهُ لَكَ فِيهَا وَسَامَحَكَ. وَإِنْ وَجَدْتَهَا لَا تُسَاوِي الْوَقْتَ الَّذِي صَرَفْتَهُ عَلَيْهَا فَسَامِحْنِي. أَخِي فِي الْإِنْسَانِيَّةِ مَعْذِرَةً مِنْكَ. فِي هذَا الْبَحْثِ، سَوْفَ أَتَخَطَّى الرُّوتِينَ الْمُعْتَمَدَ فِي الْكِتَابَةِ. لَنْ أُقَدِّمَ عَرْضًا أَوْ قَائِمَةً بِمَصَادِرِي. أَنَا أُومِنُ أَنَّ الْأَجْرَ عَلَى قَدْرِ الْمَشَقَّةِ. وَأَعْلَمُ أَنَّ مَا يَأْتِي بِسُهُولَةٍ يَذْهَبُ بِسُهُولَةٍ أَيْضًا. فَالْعِلْمُ النَّافِعُ هُوَ الَّذِي يَبْقَى أَثَرُهُ! وَهذَا لَا يَأْتِي إِلَّا بِالْبَحْثِ وَالْاجْتِهَادِ وَالتَّجْرِبَةِ.

أَلنَّقْلُ مَفْسَدَةٌ لِلْعَقْلِ!

نَظَرِيَّةُ الْعَقْلِ الْفَاعِلِ وَالْعَقْلِ الْمُنْفَعِلِ!

نَبْدَأُ أَوَّلًا فِي "الْعَقْلِ الْمُنْفَعِلِ"، لِأَنَّهُ سَيُوَضِّحُ مَفْهُومَ "الْعَقْلِ الْفَاعِلِ" عَلَى نَحْوٍ أَفْضَلَ. "الْعَقْلُ الْمُنْفَعِلُ"، هُوَ الْمَلَكَةُ الَّتِي يَكْتَسِبُهَا الْفَرْدُ مِنْ مُحِيطِهِ، وَيَسْتَخْدِمُهَا فِي التَّفْكِيرِ وَالتَّعَامُلِ مَعَ الْآخَرِينَ، وَاتِّخَاذِ قَرَارَاتِهِ الَّتِي يُمَيِّزُ بِهَا الصَّالِحَ مِنَ الطَّالِحِ، وَالصَّحِيحَ مِنَ الْخَطَأِ، وَالْخَيْرَ مِنَ الشَّرِّ، فِي إِطَارِ مُجْتَمَعٍ مُعَيَّنٍ، وَفِي حُدُودِ زَمَنٍ مُعَيَّنٍ؛ أَوْ هُوَ مُجْمُوعَةُ الْمَبَادِئِ وَالْمَعَايِيرِ الَّتِي يَنْقُلُهَا "الْعَقْلُ الْمُجْتَمَعِيُّ"، وَالَّتِي يَتَّخِذُهَا الْفَرْدُ مِقْيَاسًا لِمُعْظَمِ أَحْكَامِهِ وَقَرَارَاتِهِ. فَنَحْنُ حِينَ نُفَكِّرُ أَوْ نَتَعَامَلُ مَعَ الْآخَرِينَ، أَوْ نَتَّخِذُ قَرَارَاتِنَا، نَضَعُ غَالِبًا فِي اعْتِبَارِنَا، شُعُورِيًّا أَوْ لَا شُعُورِيًّا، الْمُسْتَلْزَمَاتِ وَالْقِيَمَ الَّتِي يَفْرِضُهَا الْمُجْتَمَعُ، وَالَّتِي نَخْضَعُ لَهَا عَادَةً وَنُؤْمِنُ بِهَا، وَنُقَدِّسُهَا، وَنَحْتَرِمُهَا، شِئْنَا أَمْ أَبَيْنَا، وَهِيَ مُتَغَيِّرَةٌ بِتَغَيُّرِ الزَّمَانِ وَالْمَكَانِ. وَمُجْتَمَعَاتُنَا؛ مَكَانَكَ سِرٌّ!

أَمَّا تَعْبِيرُ، "الْعَقْلِ الْفَاعِلِ". فَإِنَّهُ يَدُلُّ عَلَى الْمَلَكَةِ الذِّهْنِيَّةِ الطَّبِيعِيَّةِ الَّتِي تُولَدُ مَعَ الْإِنْسَانِ، ثُمَّ تَضْمُرُ تَدْرِيجِيًّا، بِسَبَبِ تَأْثِيرِ النَّقْلِ عَلَى الْعَقْلِ الْمُنْفَعِلِ، وَسَيْطَرَتِهِ عَلَى الْعَقْلِ الْفَاعِلِ، وَقَدْ تَنْمُو لَدَى بَعْضِ الْأَشْخَاصِ، فَتُؤَدِّي إِلَى تَسَاؤُلِهَا عَنْ قِيمَةِ مَبَادِئِ الْمُجْتَمَعِ وَأَعْرَافِهِ وَمُعْتَقَدَاتِهِ، وَمَدَى مِصْدَاقِيَّتِهَا وَصَلَاحِيَّتِهَا، لِلْعَقْلِ الْفَاعِلِ وَلِلْمُجْتَمَعِ؛ أَوْ قَدْ تُحَاوِرُ، لِمَامًا، "الْعَقْلَ الْمُنْفَعِلَ" وَ/أَوْ تُجَادِلُهُ، وَ/أَوْ تُحَلِّلُهُ وَتُحَاسِبُهُ عَلَى مَا يَحْمِلُهُ مِنْ قِيَمٍ وَمَفَاهِيمَ، لَيْسَتْ مِنْ مُبْتَكَرَاتِهِ، بَلْ مِمَّا فَرَضَهُ عَلَيْهِ الْعَقْلُ الْمُنْفَعِلُ، مِنْ مَا أَدْمَنَ عَلَيْهِ النَّاسُ مِنْ أَسَاطِيرَ مُتَنَاقِضَةٍ، وَخُرَافَاتِ الْعَرَّافِينَ، لِكَيْ يَبْقَى النَّاسُ خُرَافًا.

أَلنَّقْلُ مَفْسَدَةٌ لِلْعَقْلِ!

لِهَذَا فَإِنَّ "الْعَقْلَ الفَاعِلَ" يُمَثِّلُ الْجَانِبَ الطَّبِيعِيَّ "الْحُرّ" مِنْ عَقْلِ الإِنْسَانِ، هَذَا الْجَانِبُ الْمُتَحَفِّزُ الْمُتَسَائِلُ وَالْمُشَكِّكُ وَالْمُبْدِعُ، وَالْمُتَطَلِّعُ نَحْوَ اكْتِشَافِ آفَاقٍ جَدِيدَةٍ فِي كُلِّ شَيْءٍ، سَوَاءٌ عَلَى صَعِيدِ الإِنْسَانِ ذَاتِهِ أَوْ فِي مَيَادِينَ وَمَجَاهِيلِ الْحَيَاةِ، وَالطَّبِيعَةِ، وَالْكَوْنِ، وَأَيْضًا عَلَى صَعِيدِ مُجْتَمَعِه.

إِسْتِيعَابُ الْمَعْلُومَاتِ

ثَمَّةَ أَرْبَعَةُ طُرُقٍ مُخْتَلِفَةٍ يُمْكِنُ لِلنَّاسِ مِنْ خِلَالِهَا اسْتِيعَابُ الْمَعْلُومَاتِ. هَذِهِ الطُّرُقُ هِيَ: بَصَرِيٌّ، سَمْعِيٌّ، سَمْعٌ-رَقْمِيٌّ، وَحَرَكِيٌّ... يَسْتَخْدِمُ النَّاسُ الطُّرُقَ الْأَرْبَعَةَ فِي أَوْقَاتٍ مُخْتَلِفَةٍ، وَلَكِنَّ كُلَّ إِنْسَانٍ - وَبِشَكْلٍ فَرْدِيٍّ - يَعْتَمِدُ عَلَى وَاحِدَةٍ مِنَ الطُّرُقِ أَكْثَرَ مِنَ الثَّلَاثَةِ الْأُخْرَى... الْمُسْلِمُونَ وَالْعَرَبُ خَاصَّةً سَمْعِيُّونَ مُطْلَقًا!

الدِّمَاغُ: هَذَا الْعُضْوُ الْعَجِيبُ. يَسْتَقْبِلُ ثُمَّ يُحَوِّلُ الْحُرُوفَ وَالْأَرْقَامَ وَالصُّوَرَ وَالْأَصْوَاتَ، إِلَى بَيَانَاتٍ ذَاتِ مَغْزًى، تَتَحَكَّمُ فِي كُلِّ جَانِبٍ مِنْ جَوَانِبِ حَيَاتِنَا. تَنْطَلِقُ الْبَيَانَاتُ الْجَدِيدَةُ فِي الْمَسَارَاتِ الْعَصَبِيَّةِ وَتَلْتَقِي مَعَ الْقَدِيمِ لِتَشْكِيلِ هَيَاكِلَ تَخْطِيطِيَّةٍ، وَاسْتِنْتَاجَاتٍ مُعَقَّدَةٍ؛ تُحْفَظُ ضِمْنَ الذَّاكِرَةِ...

فَالذَّاكِرَةُ أَوِ الْحَافِظَةُ، عُضْوٌ بَالِغُ الْأَهَمِّيَّةِ لِلْعِلْمِ وَالتَّعَلُّمِ وَالْحِفْظِ... إِنَّهَا عَمَلِيَّةٌ تِلْقَائِيَّةٌ. كُلُّ حَدَثٍ، مَهْمَا صَغُرَ، يَمُرُّ عَبْرَ بَوَّابَاتِ الذَّاكِرَةِ – الْقَصِيرَةِ، ثُمَّ شِبْهِ الدَّائِمَةِ – دُونَ أَنْ نُلَاحِظَ ذَلِكَ!

عِلْمًا أَنَّ مُعْظَمَ الْأَحْدَاثِ يَمُرُّ فَقَطْ عَبْرَ بَوَّابَةِ الذَّاكِرَةِ الْقَصِيرَةِ، وَلَا يَتَّخِذُ إِقَامَةً دَائِمَةً فِيهَا. لِأَنَّهُ لَا يُمْكِنُ لِأَدْمِغَتِنَا أَنْ تَتَذَكَّرَ كُلَّ هَذِهِ التَّفَاصِيلِ. إِذَا حَدَثَ ذَلِكَ، يَتِمُّ تَحْمِيلُنَا الْكَثِيرَ مِنَ الْمَعْلُومَاتِ لِدَرَجَةِ أَنَّنَا لَنْ نَكُونَ قَادِرِينَ عَلَى الْعَمَلِ. لِهَذَا السَّبَبِ، الدِّمَاغُ يَنْتَبِهُ وَيَخْتَارُ مَا يَعْتَقِدُ أَنَّهُ ذُو مَنْفَعَةٍ وَيَسْتَحِقُّ الْحِفْظَ!

أَلنَّقْلُ مَفْسَدَةٌ لِلْعَقْلِ!

فَالصُّوَرُ وَالْأَصْوَاتُ وَالْحَقَائِقُ وَالرُّسُومُ الْبَيَانِيَّةُ الَّتِي تَشُدُّ الِانْتِبَاهَ هِيَ مُحَفِّزَاتٌ قَوِيَّةٌ، تُرْسِلُ إِشَارَاتٍ إِلَى الدِّمَاغِ بِأَنَّ هَذَا الْعُنْصُرَ الْمُعَيَّنَ يَسْتَحِقُّ التَّذَكُّرَ.

إِذًا الْإِنْسَانُ، فِطْرِيًّا، اِنْتِقَائِيٌّ فِي مَا يَخْتَارُ وَيُدْرِكُ، وَيُحِبُّ وَيَكْرَهُ، وَيُصَالِحُ وَيُعَادِي، إِلَى جَمِيعِ الْأُمُورِ وَالْعَادَاتِ الَّتِي يُمْكِنُ أَنْ تُعْرَضَ عَلَيْهِ أَوْ يَتَعَوَّدَ عَلَيْهَا!

وَلِكَيْ لَا أُطِيلَ عَلَى الْقَارِئِ الْكَرِيمِ، سَأُضِيْءُ عَلَى طَرِيقَةِ التَّعَلُّمِ السَّمْعِيَّةِ لِلنَّقْلِ - عُنْوَان هَذَا الْبَحْثِ - الَّذِي أَعْتَقِدُ أَنَّهُ قَيْدٌ وَأَسْرٌ وَتَعْطِيلٌ وَتَحْدِيدٌ وَتَجْمِيدٌ لِلْعَقْلِ!!!

الْنَّقْلُ مَفْسَدَةٌ لِلْعَقْلِ!

ألْفَصَاحَةُ والبيَانْ!

يَقُولُ جمعٌ مِنَ اللُّغويِّينَ الْمُتَقَدِّمِينَ أنَّ الفصَاحَةَ والبَلاغَةَ والبيَانَ والبَرَاعَةَ، ألْفَاظٌ مُتَرَادِفَةٌ. لا تَتَّصِفُ بِها الْمُفْرَدَاتُ، وإنَّما يُوصَفُ بِها الْكَلامُ...

وبَعْدَ تَحَرِّي مَعَانِي النَّحْو فِيما بَيْنَ الْكَلِمِ، حسَبَ الأغْرَاضِ التَّي يُصَاغُ لَهَا، ومِنْ وُجُوهِ التَّفْريقِ بَيْنَها؛ فإنَّ (البَلاغَةَ هِيَ: أنْ يَبْلُغَ الْمُتَكَلِّمُ بعبَارَاتِهِ كُنْهَ مُرَادِه؛ مَعَ إيجازٍ بِلا إخْلالٍ، وإطالَةٍ مِنْ غَيْرِ إمْلالٍ...

وإنَّ الْفَصَاحَةَ خُلُوصُ الْكَلامِ مِنَ التَّعْقِيدِ. وقِيلَ أيْضًا: البَلاغَةُ في الْمَعَانِي، والفَصَاحَةُ في الألْفَاظِ... وقِيلَ الْفَصَاحَةُ هِيَ الإبَانَةُ والظُّهُورُ... يُقَالُ: أفْصَحَ الصُّبْحُ، إذَا بَدَا ضَوْءُهُ...

وَقَدِ اخْتَلَفَ اللُّغويُّونَ في الْفَصَاحَةِ: فمِنْهُم مَنْ قَالَ: إنَّها رَاجِعَةٌ إلَى الألْفَاظِ دُونَ الْمَعَانِي... ومِنْهُم مَنْ قَالَ: إنَّها لا تَخُصُّ الألْفَاظَ وحْدَها...وهُنَا بيْتُ الْقَصِيدِ: فإذَا كَانَ هذَا حَالُ عُلَمَاءِ اللُّغَةِ، ألَّذِينَ يَعْتَبِرُونَ الصَّفْوَةَ والنُّخْبَةَ في الْمُجْتَمعِ، يَخْتَلِفُونَ في آرَائِهِمْ، ويَخْتَلِفُونَ أيْضًا في الْمُرَادِ مِن شَرْحِهِمْ مَفَاهِيمَ بَعْضِ الْكَلِمَاتِ التَّي تَتَشَابَهُ مَعَانِيها ودَلالاتُها - وهُمْ عَلَى حقٍّ – لأنَّ الْعِلْمَ الْمُطْلَقَ فَقَطْ، عِنْدَ الَّذِي يَعْلَمُ خَائِنَةَ الأعْيُنِ وما تُخْفِي الصُّدُورُ، وألَّذِي يَعْلَمُ ما يَلِجُ في الأرْضِ وما يَخْرُجُ مِنْها وما يَنْزِلُ مِنَ السَّمَاءِ وما يَعْرُجُ فِيها وهُوَ الرَّحِيمُ الغَفُورُ... فَمَا هُوَ حَالُ عَامَّةِ النَّاسِ التَّي تَرَى وتَسْمَعُ وتَعِي ألأمُورَ لَيْسَ بِحَوَاسِّها فَقَطْ؟!!

أَلنَّقْلُ مَفْسَدَةٌ لِلْعَقْلِ!

الْحَوَاسُّ الْخَمْسُ التَّقْلِيدِيَّةُ هِيَ الْبَصَرُ وَالسَّمْعُ وَالشَّمُّ وَالتَّذَوُّقُ وَاللَّمْسُ - وَيَعُودُ هَذَا التَّصْنِيفُ إِلَى أَرِسْطُو، قَبْلَ أَلْفِي عَامٍ -. وَهَذِهِ الْحَوَاسُّ هِيَ الطَّرِيقُ إِلَى الْعَقْلِ...

فَالْحَوَاسُّ (جَمْعُ حَاسَّة) هِيَ وَسَائِلُ تَلَقِّي الْمَعْلُومَاتِ لَدَى الْكَائِنَاتِ الْحَيَّةِ، فَهِيَ تَعْمَلُ عَلَى مُسَاعَدَةِ هَذِهِ الْكَائِنَاتِ فِي التَّعَرُّفِ عَلَى الْأَشْيَاءِ وَتَصْنِيفِهَا، لِإِدْرَاكِ أَهَمِّيَّتِهَا...

وَتَتَدَاخَلُ مَفَاهِيمُ مَهَامِ الْحَوَاسِّ مِنَ النَّاحِيَةِ النَّظَرِيَّةِ فِي مَجَالَاتِ الْبَحْثِ وَالدِّرَاسَةِ، لِمَجْمُوعَةٍ مُتَنَوِّعَةٍ مِنَ التَّخَصُّصَاتِ: لَا سِيَّمَا فِي عِلْمِ الْأَعْصَابِ، عِلْمِ النَّفْسِ الْإِدْرَاكِيِّ (الْمَعْرِفِيِّ أَوِ السُّلُوكِيِّ)، وَفَلْسَفَةِ الْإِدْرَاكِ. فَلِكُلِّ مَجَالٍ مَفَاهِيمُ مُخْتَلِفَةٌ لِلْحَوَاسِّ.

وَلَا يُوجَدُ اتِّفَاقٌ ثَابِتٌ بَيْنَ أَطِبَّاءِ الْأَعْصَابِ بِالنِّسْبَةِ لِعَدَدِ الْحَوَاسِّ، بِسَبَبِ اخْتِلَافِ الْمَفَاهِيمِ لِمُسَبِّبَاتِ الشُّعُورِ أَيِ (الْإِحْسَاسِ)... وَلَكِنْ هُنَاكَ تَعْرِيفٌ وَاحِدٌ لِحَالَةِ الْحَوَاسِّ الْخَارِجِيَّةِ (خَارِجِيِّ الِاسْتِقْبَالِ) ...

فَالْبَشَرُ لَدَيْهِمْ مَا لَا يَقِلُّ عَنْ سِتَّةِ أَحَاسِيسَ إِضَافِيَّةٍ (يُصْبِحُ الْمَجْمُوعُ أَحَدَ عَشَرَ) كَمَشَاعِرِ: الْأَلَمِ؛ التَّوَازُنِ؛ إِدْرَاكِ الْحَرَكَةِ (الشُّعُورِ بِتَسَارُعِ الْأَشْيَاءِ)؛ الشُّعُورِ بِالْوَقْتِ؛ الشُّعُورِ بِالِاتِّجَاهِ (الَّذِي يُعْطِي الْقُدْرَةَ عَلَى إِدْرَاكِ التَّحَوُّلِ فِي الْمَجَالِ الْمَغْنَاطِيسِيِّ).

أَلنَّقْلُ مَفْسَدَةٌ لِلْعَقْلِ!

يُضَافُ إِلَى هَذِهِ السِّتَّةِ، الشُّعُورُ بِالضَّعْفِ وَبِالْقُوَّةِ وَبِالتَّعَبِ وَبِالْغَضَبِ وَبِالْمَلَلِ، وَأَيْضًا الشُّعُورُ بِالْعَظَمَةِ، وَالْعُلُوِّ، وَحُبِّ الذَّاتِ، وَالْغَيْرَةِ وَالْحَسَدِ، وَحُبِّ السَّيْطَرَةِ، وَغَيْرِهَا مِنْ أَحَاسِيسِ الْهَوَسِ وَالنَّرْجِسِيَّةِ.

فَجَمِيعُهَا يَصْلُحُ كَتَعْرِيفٍ مَقْبُولٍ عَلَى نِطَاقٍ وَاسِعٍ لِمُصْطَلَحِ الْحَوَاسِّ، الَّذِي هُوَ "النِّظَامُ"، الَّذِي يَتَكَوَّنُ مِنْ مَجْمُوعَةِ الْخَلَايَا الْحِسِّيَّةِ الَّتِي تَسْتَجِيبُ لِأَنْوَاعٍ مُحَدَّدَةٍ مِنَ الظَّوَاهِرِ الْمَادِّيَّةِ وَالْحِسِّيَّةِ، وَإِلَى كَيْفِيَّةِ التَّفَاعُلِ مَعَهَا دَاخِلَ النَّفْسِ الْبَشَرِيَّةِ. أَلْمُخُّ يَتَلَقَّى وَيَسْتَقْبِلُ تِلْكَ الْمُؤَثِّرَاتِ وَيُفَسِّرُهَا لِيُدْرِكَ الْمُتَلَقِّي مَا تَمَّ تَفْسِيرُهُ وَفَهْمُهُ، كُلُّ وَاحِدٍ بِأَحَاسِيسِهِ...

إِذًا عِلْمُ النَّاسِ حِسِّيٌّ، وَهُوَ عِلْمٌ لَدُنِّيٌّ (ذَاتِيٌّ)، وَأَيْضًا عِلْمٌ تَكْوِينِيٌّ (رَبَّانِيٌّ)! وَمِمَّا لَا شَكَّ فِيهِ أَنَّ التَّكْوِينَ النَّفْسِيَّ الْفِطْرِيَّ لِلنَّاسِ، أَيْضًا فَرْدِيٌّ، لِذَا يَصْعُبُ الْعُثُورُ عَلَى نُسْخَتَيْنِ لِكِيَانَيْنِ بَشَرِيَّيْنِ مُتَطَابِقَيْنِ فِي الشَّكْلِ وَالنَّفْسِ وَالذَّاتِ، إِلَّا مَا أَرَادَ اللهُ.

وَهَذَا مِنْ بَدِيعِ خَلْقِ مَالِكِ الْمُلْكِ وَقُدْرَتِهِ وَعَدْلِهِ فِي جَعْلِنَا فَرَادَى فِي كُلِّ شَيْءٍ، حَتَّى فِي اسْتِقْبَالِ وَاسْتِنْتَاجٍ وَإِدْرَاكِ مَا حَوْلَنَا، وَإِنْ تَشَابَهَ عَمَلُ الْحَوَاسِّ!

وَأَهَمُّ مَا يُكَرِّسُ وَيُؤَكِّدُ فَرْدِيَّتَنَا، هُوَ أَنَّ اسْتِجَابَةَ النَّاسِ وَاسْتِنْتَاجَهُمْ وَتَفَاعُلَهُمْ مَعَ حَدَثٍ مُعَيَّنٍ يَخْتَلِفُ مِنْ فَرْدٍ إِلَى آخَرَ...

أَلنَّقْلُ مَفْسَدَةٌ لِلْعَقْلْ!

وَقَدْ نَجَحَ بَعْضُ مُمْتَهِني عِلْمِ الْكَلَامِ وَالْفَصَاحَةِ وَالْبَيَانِ فِي خَلْقٍ مَنْظُومَاتٍ فِكْرِيَّةٍ وَنَفْسِيَّةٍ وَعَاطِفِيَّةٍ سَاهَمَتْ فِي التَّأْثِيرِ عَلَى نِطَاقٍ وَاسِعٍ – سَلْبًا أَوْ إِيجَابًا – فِي قُدْرَةِ اسْتِيعَابِ الْمُتَلَقِّينَ مِنَ النَّاسِ وَفَهْمِهِمْ وَإِدْرَاكِهِمْ. فَأَصْبَحَ كُلُّ فَرْدٍ أَسِيرَ مَا يَعْلَمُ وَعَدُوَّ مَا يَجْهَلُ...

وَمَسَاحَةُ الْأَسَرِ تَصْغُرُ أَوْ تَكْبُرُ بِنَاءً عَلَى رَغْبَةِ النَّاسِ فِي الْعِلْمِ وَالْبَحْثِ وَالتَّجْرِبَةِ. وَالْعَدَاوَةُ تَنْمُو وَتَضْعُفُ بِالتَّوَازِي مَعَ عُمْقِ الْجَهْلِ...

رُبَّ سَائِلٍ يَسْأَلُ: كَيْفَ الْخُرُوجُ مِنَ الْجَهْلِ وَالْأَسَرِ؟ نَخْرُجُ بِالْعِلْمِ!

لَكِنْ هُنَاكَ عِلْمٌ تَدَبُّرِيٌّ، وَهُوَ الْعِلْمُ بِالشَّيْءِ قَبْلَ حُدُوثِهِ، وَعِلْمٌ إِدْرَاكِيٌّ، وَهُوَ عِلْمٌ بِالشَّيْءِ بَعْدَ حُدُوثِهِ!

قَالَ الشَّافِعِيُّ: "لَيْسَ الْعِلْمُ مَا حُفِظَ، إِنَّمَا الْعِلْمُ مَا نَفَعَ"... وَقَالَ مَالِكُ بْنُ دِينَارٍ: "مَنْ لَمْ يُؤْتَ مِنَ الْعِلْمِ مَا يَقْمَعُهُ، فَمَا أُوتِيَ مِنْهُ لَا يَنْفَعُهُ"... وَقَالَ سَهْلٌ الدَّسْتُورِيُّ: مَا عُصِيَ اللَّهُ تَعَالَى بِمَعْصِيَةٍ أَعْظَمَ مِنَ الْجَهْلِ... قِيلَ يَا أَبَا مُحَمَّدٍ هَلْ تَعْرِفُ شَيْئًا أَشَدَّ مِنَ الْجَهْلِ قَالَ نَعَمِ الْجَهْلُ بِالْجَهْلِ، لِأَنَّ الْجَهْلَ بِالْجَهْلِ يَسُدُّ بِالْكُلِّيَّةِ بَابَ التَّعَلُّمِ فَمَنْ يَظُنُّ بِالْكُلِّيَّةِ بِنَفْسِهِ أَنَّهُ عَالِمٌ فَكَيْفَ يَتَعَلَّمُ؟!! وَكَذَلِكَ أَفْضَلُ مَا أُوتِيَ اللَّهُ تَعَالَى بِهِ الْعِلْمُ، وَرَأْسُ الْعِلْمِ، الْعِلْمُ بِالْعِلْمِ كَمَا أَنَّ رَأْسَ الْجَهْلِ، الْجَهْلُ بِالْجَهْلِ...

أَلنَّقْلُ مَفْسَدَةٌ لِلْعَقْلِ!

فَإِنَّ مَنْ لَا يَعْلَمُ الْعِلْمَ النَّافِعَ مِنَ الْعِلْمِ الضَّارِ اشْتَغَلَ بِمَا أَكَبَّ النَّاسُ عَلَيْهِ مِنَ الْعُلُومِ الزُّخْرُفِيَّةِ الَّتِي هِيَ وَسَائِلُهُمْ إِلَى الدُّنْيَا وَذَلِكَ هُوَ مَادَّةُ الْجَهْلِ وَمَنْبَعُ فَسَادِ الْعَالَمِ ... وَالْمَقْصُودُ أَنَّ مَنْ قَصَدَ الْخَيْرَ بِمَعْصِيَةٍ عَنْ جَهْلٍ فَهُوَ غَيْرُ مَعْذُورٍ... وَقَدْ قَالَ اللهُ سُبْحَانَهُ فَاسْأَلُوا أَهْلَ الذِّكْرِ إِنْ كُنْتُمْ لَا تَعْلَمُونَ... وَقَالَ النَّبِيُّ: لَا يُعْذَرُ الْجَاهِلُ عَلَى الْجَهْلِ وَلَا يَحِلُّ لِلْجَاهِلِ أَنْ يَسْكُتَ عَلَى جَهْلِهِ وَلَا لِلْعَالِمِ أَنْ يَسْكُتَ عَلَى عِلْمِهِ...

أَيُّ عِلْمٍ، وَعِلْمُ مَاذَا؟! أَلْعُلُومُ جَمِيعُهَا عَلَى دَرَجَةٍ عَالِيَةٍ مِنَ الْأَهَمِّيَّةِ، وَلَكِنْ فِي بَحْثِنَا هَذَا، الْعِلْمُ الْحَقِيقِيُّ لِتَارِيخِ الْإِسْلَامِ هَامٌّ جِدًّا، وَالْأَمْرُ الشَّدِيدُ الْخُطُورَةِ هُوَ أَلَّا نَعْرِفَ صَحِيحَهُ مِنْ سَقِيمِهِ.

وَلِلْأَسَفِ لَمْ يَهْتَمَّ الْعُلَمَاءُ الْمُسْلِمُونَ قَدِيمًا أَوْ حَدِيثًا بِنَقْدِ مَصَادِرِ التَّارِيخِ الْإِسْلَامِيِّ، نَقْدًا عِلْمِيًّا. وَالسِّيرَةُ النَّبَوِيَّةُ أَيْضًا لَمْ تَنَلْ حَظَّهَا مِنَ الْعِنَايَةِ الْجَدِيرَةِ بِحِفْظِهَا، أَوْ حَتَّى بِنَقْدِهَا عِلْمِيًّا.

إِنَّهُ لَعَارٌ عَلَى الْمُسْلِمِينَ أَنْ تَكُونَ أُمَّتُهُمْ "خَيْرَ أُمَّةٍ أُخْرِجَتْ لِلنَّاسِ" -كَمَا يَدَّعُونَ- وَلَا يَعْرِفُونَ حَقِيقَةَ تَارِيخِهَا، وَلَا يَعْرِفُونَ يَقِينًا سِيرَةَ نَبِيِّهَا. بَيْنَمَا الْغَرْبُ لَهُ أَبْحَاثٌ مُعْتَبَرَةٌ فِي تَارِيخِهِمْ وَمَصَادِرِهِ.

أَلنَّقْلُ مَفْسَدَةٌ لِلْعَقْلْ!

وَحِينَمَا يَبْحَثُ الْغَرْبُ فِي السِّيرَةِ وَالتَّارِيخِ الْإِسْلَامِيَّيْنِ، يَجِدُونَ الرِّوَايَاتِ الَّتِي تُشَوِّهُ صُورَةَ الرَّسُولِ وَحَقِيقَةَ بَعْضِ الصَّحَابَةِ، دُونَ أَنْ يَذْكُرَ الْمُصَنِّفَ الَّذِي أَوْرَدَهَا فِي كِتَابِهِ حَرْفًا وَاحِدًا يَرُدُّهَا بِهِ أَوْ يَرُدُّ عَلَيْهَا، سَوَاءَ كَانَتْ فِي كُتُبِ السُّنَّةِ، (بِمَا فِي ذَلِكَ الْكُتُبُ السِّتَّةُ) أَوْ فِي السِّيرَةِ وَالتَّارِيخِ. وَيَتَسَاوَى فِي ذَلِكَ الْبُخَارِيُّ وَالطَّبَرِيُّ. وَكَثِيرٌ مِنْهَا قَدْ يَكُونُ عَادَاتٍ وَتَقَالِيدَ مُكْتَسَبَةً.

هَذِهِ حَقِيقَةُ التَّارِيخِ الْإِسْلَامِيِّ، وَحَالُ السِّيرَةِ النَّبَوِيَّةِ! سَنَتَوَسَّعُ فِي هَذَيْنِ الْمَوْضُوعَيْنِ فِي الصَّفَحَاتِ التَّالِيَةِ... لِهَذَا، هُنَاكَ فَرْقٌ بَيْنَ الْعِلْمِ وَالْمَعْرِفَةِ. أَيْنَ تَقَعُ الْحَقِيقَةُ بَيْنَهُمَا؟

الْمَعْرِفَةُ أَوِ الْإِدْرَاكُ: هُمَا عَمَلِيَّةٌ عَقْلِيَّةٌ نَفْسِيَّةٌ، تُسَاعِدُ الْإِنْسَانَ عَلَى مَعْرِفَةِ عَالَمِهِ الْخَارِجِيِّ، وَالْوُصُولِ إِلَى مَعَانِي الْأَشْيَاءِ وَدَلَالَاتِهَا، وَذَلِكَ عَنْ طَرِيقِ تَنْظِيمِ الْمُثِيرَاتِ الْحِسِّيَّةِ، لِتَفْسِيرِهَا وَصِيَاغَتِهَا فِي كُلِّيَّاتٍ ذَاتِ مَعْنًى.

وَعَلَيْهِمَا أَيْضًا - الْمَعْرِفَةُ وَالْإِدْرَاكُ- تُحْدِيدُ وَتَقْيِيم نَتَائِج فِعْلٍ أَوْ عَمَلٍ، وَنَكَادُ مُشْكِلَةُ إِدْرَاكِ مَصْدَرِ الْمَعْرِفَةِ أَنْ تَكُونَ هِيَ نَفْسُهَا مُشْكِلَةَ إِدْرَاكِ مَصْدَرِ الْجَهْلِ. بِصَرْفِ النَّظَرِ عَنْ ذَلِكَ، فَإِنَّ فِعْلَ الْمَعْرِفَةِ مَا هُوَ إِلَّا نَشَاطٌ عَقْلِيٌّ لِلْفِكْرِ يُمَكِّنُهُ مِنْ إِدْرَاكِ مَا هُوَ مَعْرُوفٌ لَدَى الْبَاحِثِ أَوِ الشَّاهِدِ أَوِ السَّامِعِ!

أَمَّا الْوَعْيُ فَيُعْتَبَرُ عَامِلاً مُحَدِّدًا فِي مُحْتَوَى الْمَعْرِفَةِ وَفِي إِمْكَانِيَّةِ وُجُودِ مُشْكِلَةٍ فِي حَقِيقَةِ الْمَعْرِفَةِ. لَذَلِكَ، فَإِنَّ سُؤَالَ الْمَعْرِفَةِ هُوَ سُؤَالٌ مَلِيءٌ بِالْأَسْرَارِ. الشَّيْءُ نَفْسُهُ فِي هَذِهِ الْحَالَةِ لَا يُمْكِنُنَا تَحْدِيدُ مَا إِذَا كَانَ مَصْدَرُ الْمَعْرِفَةِ مُجَرَّدَ نَشَاطٍ ذِهْنِيٍّ أَوْ وَعْيٍ أَوْ إِحْسَاسٍ أَوْ شَيْءٍ آخَرَ يُحَفِّزُ حَوَاسَّنَا. وَهَذَا يَتَوَافَقُ مَعَ الْجَوَابِ عَلَى مَصْدَرِ الْجَهْلِ..!

إذًا مِنْ حَيْثُ الْمَبْدَأ، مَصْدَرُ الْمَعْرِفَة هُوَ مِنْ نَتَائِجِ أَنْشِطَتِنَا الْعَقْلِيَّة، مِنْ خِلالِ جُهْدٍ وَجِدٍّ، وَسَعْيٍ وَبَحْثٍ وَدَأْبٍ لأَنْشِطَةِ الْعَقْلِ وَالْحَوَاسِّ، تُضَافُ إِلَيْهَا طَبعًا الْخِبْرَةُ وَالْمُحَفِّزَاتُ الشَّخْصِيَّةُ وَالنَّفْسِيَّةُ لِلْبَاحِث.

أَمَّا الْعِلْمُ النَّاتِجُ عَنِ التَّجَارِب فَهُوَ يَقِينٌ لَيْسَ فِيهِ شَكٌّ: وَقَدْ يَكُونُ أَيْضًا نَجَاحُهُ مُرَحَّلِيًّا! لأَنَّ ألْعِلْمَ رِحْلَةٌ لَا تَتَوَقَّفُ وَلَا تَنْتَهِي، بَلْ إِنَّهُ فِي تَجَدُّدٍ مُسْتَمِرٍّ، يُجَدِّدُ نَفْسَهُ عَبْرَ التَّغَيُّرَاتِ الَّتِي تَمُرُّ بِهَا الْبَشَرِيَّةُ...

إِنَّ شُمُولِيَةَ الْعِلْمِ وَتَرَاكُمِيَّتَهُ وَتَوَسُّعَهُ فِي كُلِّ الْمَجَالَاتِ، مَكَّنَ الْعُلَمَاءَ مِنَ السَّيْطَرَةِ عَلَى الأَسَاطِير وَالْخُرَافَاتِ، وَسَاعَدَ الأُمَمَ وَالْمُجْتَمَعَاتِ كَيْ تَرْتَقِيَ إِلَى دَرَجَاتٍ عَالِيَةٍ مِنَ الرَّفَاهِيَّةِ وَالتَّقَدُّمِ.

لَا شَكَّ أَنَّ الْقُرَّاءَ الْكِرَامَ عَلَى دِرَايَةٍ وَاسِعَةٍ بِتَأْثِيرِ الْعِلْمِ عَلَى النَّاسِ وَعَلَى الطَّبِيعَة. فَالْعِلْمُ مُجَرَّدٌ مَوْضُوعِيٌّ وَغَيْرُ مُنْحَازٍ. يُدْرَكُ بِالذِّهْنِ دُونَ الْحَوَاسِّ، وَنَتَائِجُ الْعِلْمِ ثَابِتَةٌ بِثَبَاتِ خَوَاصِّهِ.

أَمَّا الْحَقِيقَةُ فَهِيَ بَيْنَ الْعِلْمِ وَالْمَعْرِفَة كَمَا ذَكَرْتُ آنِفًا. أَتَمَنَّى عَلَى الْقُرَّاءِ الْكِرَام مُسَاعَدَتِي فِي اكْتِشَافِ الْحَقِيقَةِ وَالتَّعَرُّفِ عَلَيْهَا فِي السِّيرَةِ النَّبَوِيَّةِ غَيْرِ الْمَكْتُوبَةِ، وَأَيْضًا فِي التَّارِيخِ الإِسْلَامِيِّ غَيْرِ الْمَكْتُوبِ، حَتَّى يَتَعَرَّفَ الشَّرْقُ وَالْغَرْبُ عَلَى حَقِيقَةِ تَارِيخِ النَّبِيِّ وَسِيرَةِ الإِسْلَام!

وَرُبَّ مَنْ يَسْأَلُ: أَيْنَ هِيَ هَذِهِ الْحَقِيقَة؟

أَلنَّقْلُ مَفْسَدَةٌ لِلْعَقْلِ!

إِنَّ الْحَقِيقَةَ الْمُطْلَقَةَ فِي الْوُجُودِ هِيَ خَالِقُ الْوُجُودِ! وَكُلُّ مَا دُونَهُ نِسْبِيٌّ وَذِهْنِيٌّ وَيَتَغَيَّرُ مَعَ تَغَيُّرِ النَّاسِ.

يَسْأَلُنِي أَحَدُهُمْ: كَيْفَ أَعْرِفُ هَذَا الْخَالِقَ؟ تَعْرِفُهُ كَمَا عَرَفَهُ الْبَدَوِيُّ، بِبَسَاطَتِهِ وَبَدَاوَتِهِ وَفِطْرَتِهِ. عِنْدَمَا سُئِلَ الْبَدَوِيّ السُّؤَالَ نَفْسَهُ، قَالَ: الْبَعْرَةُ تَدُلُّ عَلَى الْبَعِيرِ!

كُلُّ إِبْدَاعٍ لَهُ مُبدِعٌ، وَكُلُّ مَخْلُوقٍ لَهُ خَالِقٌ، وَكُلُّ مَوْجُودٍ لَهُ واجِدٌ.

أَمَّا الَّذِينَ وُجِدُوا نَتِيجَةَ خَلَلٍ فِي أَصْلِ تَكْوِينِهِمْ فَأَسْأَلُ: مَنِ الَّذِي خَلَقَ أَصْلَ الْخَلَلِ، وَكَيْفَ عَلِمُوا أَنَّهُ خَلَلٌ؟

لِمَاذَا يَعْتَقِدُونَ أَنَّ خَلْقَهُمْ نَتِيجَةُ خَلَلٍ تَكْوِينِيٍّ أَوْ أَنَّهُ قُصُورٌ فِي قُدْرَةِ الْخَالِقِ؟

قَدْ تَكُونُ الْأَسْئِلَةُ كَثِيرَةً وَالْآرَاءُ أَكْثَرَ وَالْإِجَابَةُ عَلَيْهَا جَمِيعِهَا مُضيعَةً لِلْوَقْتِ، وَقَدْ أُعْطِيتُ مَثَلَ الْأَعْرَابِيّ وَالْبَعِيرِ لِلَّذِينَ يَتَفَكَّرُونَ...

أَيْنَ الْحَقِيقَةُ إِذًا؟!

أَعْتَقِدُ جَازِمًا أَنَّهَا فِي كُتُبِ اللهِ! وَحَصْرًا فِي الْقُرْآنِ الْكَرِيمِ!

الْإِسْلَامُ وَالْقُرْآن!؟

بَعْدَ هَذَا الْعَرْضِ السَّرِيعِ لِمَفَاهِيمِ الْفَصَاحَةِ وَالْبَلَاغَةِ وَالْبَيَانِ وَالْبَرَاعَةِ وَالْعِلْمِ وَالْمَعْرِفَةِ وَالْحَقِيقَةِ، سَأَتَطَرَّقُ الْآنَ بِإِيجَازٍ إِلَى الْعُنْوَانِ الثَّانِي فِي هَذِهِ الْمُقَدِّمَةِ. أَلَا وَهُوَ:

الْإِسْلَامُ وَالْقُرْآنُ: أَكْثَرُ كَلِمَتَيْنِ إِثَارَةً وَاسْتِثَارَةً فِي عَالَمِنَا الْمُعَاصِرِ. مُعْظَمُ سُكَّانِ الْأَرْضِ يَخْلِطُونَ وَيَمْزُجُونَ وَيُؤَالِفُونَ، أَوْ يُفَرِّقُونَ وَيُفَصِّلُونَ وَيُبَاعِدُونَ بَيْنَ مَا تَعْنِيهِ كُلٌّ مِنْ هَاتَيْنِ الْكَلِمَتَيْنِ!

أَيْنَ تَقِفُ أَنْتَ، أَيُّهَا الْقَارِئُ الْكَرِيمُ فِي تَقْيِيمِكَ لِلْإِسْلَامِ وَالْقُرْآن؟

هَلْ تَعْتَقِدُ أَنَّ مَا تَعَلَّمْتَهُ وَتَلَقَّيْتَهُ بِحَوَاسِّكَ كَافٍ لِجَعْلِكَ قَادِرًا أَنْ تُقَيِّمَ الْإِسْلَامَ وَالْقُرْآنَ؟ هَلْ تَسْتَطِيعُ بِمَا لَدَيْكَ مِنْ مُعْطَيَاتٍ – تَعْتَقِدُ أَنَّهَا أَصِيلَةٌ أَصْلِيَّةٌ صَادِقَةٌ مُوَثَّقَةٌ – يُمْكِنُكَ أَنْ تَتَقَلَّهَا بِصِدْقٍ إِلَى النَّاسِ؟ هَلْ مَصَادِرُ مَعْلُومَاتِكَ مُوَثَّقَةٌ؟

هَلْ تَسْتَطِيعُ تَحَمُّلَ أَوْزَارِ الْمَعْلُومَاتِ الَّتِي تُؤْمِنُ بِهَا، وَالَّتِي قَدْ تَنْشُرُهَا لِلنَّاسِ؟

هَلْ مَعْلُومَاتُكَ كَامِلَةٌ كَافِيَةٌ؟ إِذَا كَانَتْ إِجَابَتُكَ "نَعَمْ"، فَلَكَ أَقُولُ قِفْ هُنَا!

إِنَّ مَا سَيَأْتِي لَنْ يُفِيدَكَ! أَنَا أَكْتُبُ لِلَّذِينَ يُرِيدُونَ أَنْ يُعَزِّزُوا مَعْلُومَاتِهِمْ، وَالَّذِينَ يَعْلَمُونَ أَنَّهُمْ بِحَاجَةٍ لِتَحْدِيثِ مَفَاهِيمِهِمْ وَإِثْرَائِهَا. أَمَّا الَّذِينَ يَعْتَقِدُونَ أَنَّهُمْ وَصَلُوا إِلَى قِمَّةِ الْعِلْمِ فِي هَذَا الْمَوْضُوعِ فَلَنْ يَفْقَهُوا مَا أَكْتُبُ!

أَلنَّقْلُ مَفْسَدَةٌ لِلْعَقْلِ!

كُلُّ مَا يَلِي فِي هَذَا الْبَحْثِ، فِي عُلُومِ الْإِسْلَامِ وَالْقُرْآنِ، يُنَقِّلُ إِلَيْكَ أَيُّهَا الْقَارِئُ الْكَرِيمُ مِنَ الْقُرْآنِ الْكَرِيمِ، وَمِنْ عُلُومِ الصَّرْفِ وَالنَّحْو لِلُغَةِ الْقُرْآنِ، لِأَنَّ الْقُرْآنَ وَاللُّغَةَ الْعَرَبِيَّةَ سِكَّتَا قِطَارِ الدِّينِ الْإِسْلَامِيِّ، وَيُبْقِي الْعَقْلُ هَاتَيْنِ السِّكَّتَيْنِ مُتَوَازِيتَيْنِ لِكَيْ يَبْقَى هَذَا الدِّينُ قَائِمًا بِذَاتِه مُسْتَمِرًّا بِمَسِيرَتِه مُسَدَّدًا طَاهِرًا مُتَّسِقًا، وَصَرْحًا عَامِرًا بِأَضْلَاعِه الثَّلَاثَةِ: عِلْمِ الْقُرْآنِ وَعِلْمِ اللُّغَةِ وَعِلْمِ الْعَقْلَانِيَّةِ...

وَعَلَيْهِ سَوْفَ أَسْتَعِينُ بِمَعْلُومَاتٍ مِنْ كُتُبِ الْمُسْلِمِينَ بِجَمِيعِ مَذَاهِبِهِمْ. سَأَجْعَلُهُ حُجَّةً لِي، وَحُجَّةً عَلَيَّ، يَوْمَ لَا يَنْفَعُ مَالٌ وَلَا بَنُونَ...

وَلِكَيْ أَحُثَّ الْقُرَّاءَ عَلَى الْبَحْثِ وَالْقِرَاءَةِ، سَأَذْكُرُ مَصَادِرَ أَبْحَاثِي.

١ـ **أَلْقُرْآنُ** ـ إِلَّمْ يَكُ لَدَيْكَ نُسْخَةٌ مِنَ الْقُرْآنِ ـ فَإِنَّهُ مَوْجُودٌ عَلَى الْإِنْتِرْنِتِ مَعَ كُلِّ مَا تُرِيدُ مِنْ كُتُبِ الْمُسْلِمِينَ، الَّتِي تَعُجُّ بِمَا يَخْطُرُ فِي بَالِكَ، وَمَا تُرِيدُ الْبَحْثَ عَنْهُ وَالتَّأَكُّد مِنْهُ. فَاللُّغَةُ الْعَرَبِيَّةُ، لُغَةُ الْقُرْآنِ وَضِيَاؤُهُ، وَوَهْجُهُ وَتَأَلُّقُهُ، وَحِسْنُهُ وَإِشْرَاقَةُ بَدِيعِه! وَقَوَاعِدُ النَّحْوِ فِي اللُّغَةِ الْعَرَبِيَّةِ، كَانَتْ وَسَتَبْقَى الْمَنَاعَةَ وَالْحَصَانَةَ لِهَذِه اللُّغَةِ الرَّبَّانِيَّةِ. كُتُبُ قَوَاعِدِ الصَّرْفِ وَالنَّحْوِ، هِيَ أَيْضًا مَوْجُودَةٌ عَلَى الْإِنْتِرْنِتِ...

النَّحْوُ لُغَوِيًّا: هُوَ الْقَصْدُ وَإِتْمَامُ الشَّيْءِ، وَيُعْرَفُ اصْطِلَاحًا بِأَنَّهُ قَانُونُ تَأْلِيفِ الْكَلَامِ، وَبَيَانُ مَا يَجِبُ أَنْ تَكُونَ عَلَيْهِ الْكَلِمَةُ فِي الْجُمْلَةِ، وَالْجُمْلَةُ مَعَ الْجُمَلِ الْأُخْرَى، حَتَّى تُؤَدِّيَ الْعِبَارَةُ مَعْنَاهَا الْمُرَادَ وَالْمَقْصُودَ.

أَلنَّقْلُ مَفْسَدَةٌ لِلْعَقْلِ!

وَتُعْرَفُ الْقَوَاعِدُ النَّحْوِيَّةُ، أَيْضًا، بِأَنَّهَا الْعِلْمُ الَّذِي يَبْحَثُ فِي وَظِيفَةِ كُلِّ كَلِمَةٍ دَاخِلَ الْجُمْلَةِ، وَضَبْطِ مَعْنَاهَا وَمَقْصَدِهَا وَإِعْرَابِهَا.

وَبِمَا أَنَّ الْكَلِمَةَ فِي اللُّغَةِ الْعَرَبِيَّةِ اسْمٌ، أَوْ فِعْلٌ، أَوْ حَرْفٌ، فَإِنَّ الْقَوَاعِدَ النَّحْوِيَّةَ تَبْحَثُ فِيهَا وَفِي تَرْكِيبِ الْجُمْلَةِ، وَمَكَانِ كُلٍّ مِنْهَا مِنَ الْإِعْرَابِ أَوِ الْبِنَاءِ...

فَالْمَكْتَبَاتُ عَامَّةً، إِلَى جَانِبِ الْإِنْتِرْنِت تَغُصُّ بِكُتُبِ الصَّرْفِ وَالنَّحْوِ...

وَقَدْ كَانَ هَذَا الْعِلْمُ بَيْنَ الْعَرَبِ فِطْرِيًّا سَلِيقِيًّا فَصِيحًا، لَهُ أَرْبَابُهُ. وَكَانَ الْعَرَبُ قَدِيمًا يَتَحَدَّثُونَ اللُّغَةَ الْعَرَبِيَّةَ عَلَى سَلِيقَتِهِمْ بِطَلَاقَةٍ وَفَصَاحَةٍ دُونَ الْحَاجَةِ إِلَى قَوَاعِدَ تَضْبِطُ كَلَامَهُمْ، فَخَلَّفُوا وَرَاءَهُمْ إِرْثًا لُغَوِيًّا بِنَظْمِهِمِ الشِّعْرَ الْجَاهِلِيَّ بِأَفْصَحِ الْكَلِمَاتِ وَأَجْمَلِ الْأَسَالِيبِ، وَلَمْ يَبْدَأِ الْعَرَبُ بِوَضْعِ الْقَوَاعِدِ النَّحْوِيَّةِ لِلُّغَةِ إِلَّا خَوْفًا عَلَى الْقُرْآنِ وَذَلِكَ بَعْدَ ظُهُورِ اللَّحْنِ فِي الْقُرْآنِ الْكَرِيمِ؛ وَذَلِكَ بِسَبَبِ اتِّسَاعِ رُقْعَةِ الدَّوْلَةِ الْإِسْلَامِيَّةِ، الَّذِي أَدَّى إِلَى اخْتِلَاطِ الْعَرَبِ بِغَيْرِهِمْ مِنَ الَّذِينَ اسْتَعْرَبُوا، وَالَّذِينَ مِنْهُمْ لَاحِقًا تَنَطَّعُوا لِتَفْسِيرِ الْقُرْآنِ الْعَرَبِيِّ الْقُحِّ...

وَعِنْدَمَا نَزَلَ الْقُرْآنُ الْكَرِيمُ عَلَى النَّبِيِّ مُحَمَّدٍ كَانَ يَأْمُرُ كَتَبَةَ الْقُرْآنِ أَنْ يَكْتُبُوا الْآيَةَ أَوِ السُّورَةَ فِي مَوْضِعِهَا الْمُنَاسِبِ بِالتَّرْتِيبِ، وَلَكِنْ فِي ذَلِكَ الْوَقْتِ لَمْ يُوجَدْ مَا يُسَمَّى تَشْكِيلُ الْكَلِمَاتِ، وَالْمَقْصُودُ بِالتَّشْكِيلِ هُوَ وَضْعُ الْحَرَكَاتِ عَلَى الْأَحْرُفِ وَالْكَلِمَاتِ حَتَّى تَصِلَ بِالْمَعْنَى الصَّحِيحِ وَيَفْهَمَهَا النَّاسُ عَلَى حَقِيقَتِهَا دُونَ أَنْ يُوجَدَ لَبْسٌ عِنْدَ الْقِرَاءَةِ، فَشَكَا الصَّحَابَةُ لِلْخَلِيفَةِ هَذِهِ الظَّاهِرَة.

أَلنَّقْلُ مَفْسَدَةٌ لِلْعَقْلِ!

وَكَانَ آنَذَاكَ الْخَلِيفَةُ الإمَامُ عَلِيُّ بْنُ أَبِي طَالِب، فَعَلَّمَهُمْ أُصُولَ النَّحْو، وَأَمَرَهُمْ بِتَشْكِيلِ أَحْرُفِ الْقُرْآن، وَوَجَّهَ حَبِيبَه، وَصَاحِبَهُ الَّذِي وَلَّاهُ عَلَى الْبَصْرَةِ، أَبَا الْأَسْوَدِ الدُّؤَلِيَّ، الَّذِي شَهِدَ مَعَ أَمِيرِ الْمُؤْمِنِينَ واقِعَتَيِ الْجَمَلِ وَصِفِّينَ، وَحَارَبَ الْخَوَارِجَ مَعَ الإمَام- أَنْ يَضَعَ مِنْهَاجًا عِلْمِيًّا يَضْبِطُ فِيه قِرَاءَةَ الْقُرْآن.

أَبُو الْأَسْوَدِ الدُّؤَلِيُّ -الَّذِي يُعْتَبَرُ أَوَّلَ مَنْ وَضَعَ عِلْمَ النَّحْو الْمُنْضَبِطِ بِكَلِمَاتِ الْقُرْآنِ وَمَعَانِيه، وَشَكَّلَ الْمُصْحَف. وَتُوُفِّي سَنَةَ 69 هـ. وَهُوَ مَنْ وَضَعَ النِّقَاطَ عَلَى الْأَحْرُفِ الْعَرَبِيَّةِ وَأَوَّلُ مَنْ ضَبَطَ قَوَاعِدَ النَّحْو، فَوَضَعَ بَابَ الْفَاعِل وَالْمَفْعُولِ بِه وَالْمُضَاف، وَحُرُوفِ النَّصْبِ وَالرَّفْعِ وَالْجَرِّ وَالْجَزْم...

أَيُّهَا الْقَارِئُ الْكَرِيمُ. أَتَمَنَّى أَنْ أَكُونَ قَدْ أَوْصَلْتُ لَكَ الْهَدَفَ الْأَسَاسِيَّ مِنْ هَذَا التَّحْقِيق. وَأُرِيدُكَ أَنْ تُوَاكِبَنِي لِنَتَعَرَّفَ سَوِيًّا عَلَى أَسْبَابِ الْخَلَلِ فِي هَذَا الدِّين (الإسْلام). وَفِي عَدَمِ قُدْرَةِ هَذَا الدِّينِ عَلَى الْمُنَافَسَة مَعَ الشَّرِّ، وَعَلَى أَسْبَابِ التَّخَلُّفِ وَالْفَقْرِ وَالْقَتْلِ بَيْنَ مَنْ يَتَعَبَّدُونَ بِه، وَكُرْهِ الْعَالَمِ لِهَذَا الدِّينِ وَأَتْبَاعِه...

لَا يُمْكِنُ لِي أَنْ أَشَخِّصَ السَّبَبَ أَوِ الْأَسْبَابَ فِي كَلِمَاتٍ أَوْ سُطُورٍ قَلِيلَة. لِأَنِّي أَعْتَقِدُ أَنَّ هُنَاكَ مُمَارَسَاتٍ مُنَسَّقَةً وَمُمَنْهَجَةً واكَبَتْ نُشُوءَ الإسْلام وَمَا زَالَتْ تَهْدِمُ وَتَرْدُمُ وَتُفَتِّتُ هَذَا الصَّرْحَ الإلَهِيَّ، حَتَّى لَمْ يَبْقَ لِهَذَا الدِّينِ أَيُّ دَوْرٍ إِيجَابِيٍّ فِي حَيَاةِ النَّاسِ:

يَقُولُ رَسُولُ اللهِ: إِنَّ اللهَ لَا يَقْبِضُ الْعِلْمَ انْتِزَاعًا يَنْتَزِعُهُ مِنَ الْعِبَاد، وَلكِنْ يَقْبِضُ الْعِلْمَ بِقَبْضِ الْعُلَمَاء، حَتَّى إِذَا لَمْ يَبْقَ عَالِمٌ، اتَّخَذَ النَّاسُ رُؤُوسًا جُهَّالًا، فَسُئِلُوا، فَأَفْتَوْا بِغَيْرِ عِلْمٍ؛ فَضَلُّوا وَأَضَلُّوا.

أَلنَّقْلُ مَفْسَدَةٌ لِلْعَقْلِ!

فَأَيُّ شَعْبٍ فِي الْعَالَمِ أَكْثَرُ ضَلَالًا وَإِضْلَالًا مِمَّا هُوَ فِيهِ الْمُسْلِمُونَ؟!

لَنْ أُجِيبَ عَلَى هَذَا السُّؤَالِ! لِأَنَّ الرَّسُولَ الْأَعْظَمَ قَدْ أَجَابَ عَلَى هَذَا السُّؤَالِ!

أَلْعِلْمُ، الْعِلْمُ نَعَمْ يَا حَبِيبِي يَا رَسُولَ اللهِ! وَلَكِنْ أَيَّ عِلْمٍ؟ هُنَاكَ الْمَلَايِينُ مِنَ الْكُتُبِ فِي مَا يُسَمَّى الْمَكْتَبَةَ الْإِسْلَامِيَّةَ، كُلُّهَا تَحْوِي عُلُومًا وَلَيْسَ عِلْمًا وَاحِدًا! أَيَّ عِلْمٍ، وَعِلْمَ مَاذَا يَا سَيِّدِي يَا رَسُولَ اللهِ؟

قَدْ تَتَفَاجَأُ أَيُّهَا الْقَارِئُ الْكَرِيمُ عِنْدَمَا أُخْبِرُكَ عَنْ عِلْمٍ اسْمُهُ عِلْمُ الْجَهْلِ وَالتَّجْهِيلِ! رُبَّمَا تَقُولُ: كَيْفَ يَكُونُ عِلْمًا وَجَهْلًا؟ سَوْفَ تَكْتَشِفُ بِنَفْسِكَ إِنْ بَحَثْتَ!

سَأُقَدِّمُ لِلْقُرَّاءِ الْكِرَامِ نَفْحَةً عَنْ بَعْضِ أَسَالِيبِ هَذَا الْعِلْمِ الرَّهِيبِ وَمُقَوِّمَاتِهِ.

أَلْمَبْدَأُ الْأَوَّلُ فِي عِلْمِ التَّجْهِيلِ: الْقِيَاسُ، وَأَوَّلُ مَنْ قَاسَ الشَّيْطَانُ، قَالَ خَلَقْتَنِي مِنْ نَارٍ وَخَلَقْتَهُ مِنْ طِينٍ، وَالنَّارُ تَحْرُقُ الطِّينَ! هَلْ هَذَا صَحِيحٌ، النَّارُ تَحْرُقُ الطِّينَ؟ طَبْعًا لَا! تُخْمَدُ النِّيرَانُ أَحْيَانًا بِالتُّرَابِ. وَأَكْبَرُ الْحَرَائِقِ النَّوَوِيَّةِ فِي الْإِتِّحَادِ السُّوفْيَاتِيّ أُخْمِدَتْ وَغُطِّتْ، ثُمَّ طُمِرَتْ بِالْإِسْمَنْتِ الَّذِي أَصْلُهُ طِينٌ! هَذَا عَدَا عَنْ أَنَّ تَبْرِيرَ مَعْصِيَةِ الشَّيْطَانِ لِأَمْرِ اللهِ يُضَاعِفُ الْعِقَابَ!

هَلْ تَعْلَمُ أَيُّهَا الْقَارِئُ الْكَرِيمُ أَنَّ الْقِيَاسَ، مِنْ أَهَمِّ مَبَادِئِ التَّشْرِيعِ عِنْدَ مُعْظَمِ الْمَذَاهِبِ الْإِسْلَامِيَّةِ؟ وَهَلْ تَعْتَقِدُ أَنَّ هَذَا جَاءَ صُدْفَةً؟!

أَلنَّقْلُ مَفْسَدَةٌ لِلْعَقْلِ!

الْمَبْدَأُ الثَّانِي لِلتَّجْهِيلِ: التَّشْكِيكُ، وَيَتِمُّ التَّشْكِيكُ فِي خَلْقِ الْبَدِيلِ! يَبْدَأُ أَيُّ مَوْضُوعٍ فِي كُتُبِ الْمُسْلِمِينَ بِعِبَارَةٍ: اِخْتَلَفَ الْعُلَمَاءُ! كَيْفَ يَخْتَلِفُ الْعُلَمَاءُ؟!

هَلْ قَرَأْتَ أَنَّ عَالِمًا اِخْتَلَفَ مَعَ عَالِمٍ آخَرَ فِي أَنَّ وَاحِداً زَائِدَ وَاحِدٍ يُسَاوِي اِثْنَيْنِ؟!

أَلْمَبْدَأُ الثَّالِثُ، نَشْرُ الْأَكَاذِيبِ وَالْأَضَالِيلِ عَلَى أَنَّهَا صَحِيحَةٌ وَمُؤَكَّدَةٌ وَجَاءَتْ عَلَى لِسَانِ أُنَاسٍ جَعَلَ لَهُمُ الْمُتَآمِرُونَ مِصْدَاقِيَّةً، كَمَنْ عَاصَرَ الرَّسُولَ مَثَلًا! وَالنَّاسُ لَا تَبْحَثُ أَوْ تَتَأَكَّدُ!

أَلْمَبْدَأُ الرَّابِعُ، الْبِيئَةُ الْحَاضِنَةُ، الَّتِي هِيَ بِالْأَصْلِ، بِيئَةٌ جَاهِلَةٌ مُجَهَّلَةٌ مُسْتَعْبَدَةٌ مَهْزُومَةٌ خَاضِعَةٌ وَفَقِيرَةٌ!

اِبْحَثُوا وَتَأَكَّدُوا بِأَنْفُسِكُمْ أَنَّ جَمِيعَ الْمَعْلُومَاتِ الْوَارِدَةِ فِي هَذَا التَّحْقِيقِ صَحِيحَةٌ. قَدْ يُكَذِّبُهَا أَوْ يُؤَكِّدُهَا آخَرُونَ. لَمْ يُجْمِعِ الْمُسْلِمُونَ عَلَى حَقِيقَةٍ وَاحِدَةٍ فِي هَذَا الدِّينِ. عِنْدَمَا تَقْرَأُ: "أَجْمَعَ الْعُلَمَاءُ"، إِسْأَلْ: "أَيَّ عُلَمَاءَ؟!" إِنَّ الْمُشَكِّكِينَ وَالْمُكَذِّبِينَ، وَالَّذِينَ لَيْسَ لَدَيْهِمْ وَقْتٌ لِلْبَحْثِ وَالتَّفْتِيشِ وَالتَّحَقُّقِ وَالتَّأَكُّدِ مِنْ صِدْقِ مَعْلُومَاتِهِمْ - هَذَا الْبَحْثُ لَا يَعْنِيهِمْ! إِنَّ الَّذِينَ يُسَيِّدُونَ النَّقْلَ عَلَى الْعَقْلِ لَا أُخَاطِبُهُمْ!

أَلنَّقْلُ مَفْسَدَةٌ لِلْعَقْلِ!

إِنَّا أَنْزَلْنَهُ قُرْءَنًا عَرَبِيًّا لَعَلَّكُمْ تَعْقِلُونَ!

الْقُرَّاءُ الْأَعِزَّاءُ أَهْلًا بِكُمْ، وَيُسْعِدُنِي أَنْ أُقَدِّمَ لَكُمْ، مَا وَفَّقَنِي اللهُ مِنْ عُصَارَةِ وَزُبْدَةِ وَخُلَاصَةِ اطِّلَاعَاتِي وَمُطَالَعَاتِي، فَقَدْ حَمَّلْتُ هَذَا الْبَحْثَ مَعْلُومَاتٍ مُنْتَقَاةً خَالِيَةً مِنْ كُلِّ رَيْبٍ وَشَكٍّ. حَمَّلْتُ هَذَا الْبَحْثَ طَهَارَةَ الْقُرْآنِ الْكَرِيمِ، وَنَزَاهَتَهُ وَاسْتِقَامَتَهُ، وَصِدْقَ اللُّغَةِ الْعَرَبِيَّةِ وَحَصَافَتَهَا وَاسْتِحْكَامَهَا وَهَيْمَنَتَهَا الْمُطْلَقَةَ؛ عَلَى شَرْحِ وَتَفْسِيرِ كَلَامِ اللهِ الْمُنْزَلِ عَلَى رَسُولِهِ الْكَامِلِ الْأَكْمَلِ.

بِسْمِ اللهِ الرَّحْمَنِ الرَّحِيمِ: ألم تِلْكَ ءَايتُ الْكِتَبِ الْمُبِينِ (1) إِنَّا أَنْزَلْنَهُ قُرْءَنًا عَرَبِيًّا لَعَلَّكُمْ تَعْقِلُونَ (2). كَذلِكَ يُبَيِّنُ اللهُ لَكُمْ ءَايتِهِ لَعَلَّكُمْ تَعْقِلُونَ (٢٤٢ الْبَقَرَة). وَمِنْهُم مَّن يَسْتَمِعُونَ إِلَيْكَ أَفَأَنتَ تُسْمِعُ الصُّمَّ وَلَوْ كَانُوا لَا يَعْقِلُونَ (٤٢ يُونُسَ) ...

إِنَّ فِي مَا يَلِي مَعْلُومَاتٍ قَيِّمَةً، أَقَلُّهَا يُسَاوِي قِيمَةَ الْوَقْتِ الَّذِي يَسْتَغْرِقُكُمْ لِقِرَاءَتِهَا، وَفِيهَا بِقُدْرَةِ اللهِ، مَا يُثْرِي خَزَائِنَ مَعْلُومَاتِكُمْ. إِنَّ الْهَدَفَ الْأَسَاسِيَّ مِنْ هَذَا الْبَحْثِ فِي الْقُرْآنِ، هِدَايَةُ النَّاسِ إِلَى مَا يُحْيِيهِمْ وَإِلَى مَا يَهْدِيهِمْ: يَهْدِي بِهِ اللهُ مَنِ اتَّبَعَ رِضْوَانَهُ سُبُلَ السَّلَامِ وَيُخْرِجُهُم مِّنَ الظُّلُمَاتِ إِلَى النُّورِ بِإِذْنِهِ وَيَهْدِيهِمْ إِلَى صِرَاطٍ مُّسْتَقِيمٍ (١٦ الْمَائِدَة).

وَلِلرَّسُولِ إِذَا دَعَاكُمْ لِمَا يُحْيِيكُمْ وَاعْلَمُوا أَنَّ اللهَ يَحُولُ بَيْنَ الْمَرْءِ وَقَلْبِهِ وَأَنَّهُ إِلَيْهِ تُحْشَرُونَ (٢٤ الْأَنْفَال). وَهُوَ الَّذِي أَحْيَاكُمْ ثُمَّ يُمِيتُكُمْ ثُمَّ يُحْيِيكُمْ إِنَّ الْإِنْسَانَ لَكَفُورٌ (٦٦)

أَلنَّقْلُ مَفْسَدَةٌ لِلْعَقْلْ!

عَلَّنِي أَتَوَفَّقُ إِلَى إِبْعَادِ النَّاسِ عَنْ خُرَافَاتِ الْعَنْعَنَةِ "عَنْ، عَنْ، عَنْ،"، وَعَمَّا يَنْقُلُ الْخَلَفُ عَنِ السَّلَفِ مِنْ أَقْوَالٍ! لِأَنَّ نَقْلَ الْجَهْلِ وَالْخُرَافَةِ آفَةٌ لِلْفِكْرِ، وَتَجَمُّدٌ لِلْعَقْلِ، وَرَفْضٌ لِلتَّجْدِيدِ وَإِيقَافٌ لِلنُّمُوِّ وَالتَّقَدُّمِ!

يَقُولُ اللهُ فِي كِتَابِهِ الْحَكِيمِ: "وَمَا مِن دَابَّةٍ فِي الْأَرْضِ وَلَا طَائِرٍ يَطِيرُ بِجَنَاحَيْهِ إِلَّا أُمَمٌ أَمْثَالُكُمْ مَّا فَرَّطْنَا فِي الْكِتَابِ مِن شَيْءٍ ثُمَّ إِلَىٰ رَبِّهِمْ يُحْشَرُونَ".

وَيَقُولُ اللهُ أَيْضًا: قُلْ يَا أَيُّهَا النَّاسُ إِنِّي رَسُولُ اللهِ إِلَيْكُمْ جَمِيعًا، وَقَالَ سُبْحَانَهُ: وَمَا أَرْسَلْنَاكَ إِلَّا كَافَّةً لِلنَّاسِ بَشِيرًا وَنَذِيرًا. وَيَقُولُ عَزَّ ذِكْرُهُ: إِنَّا أَنزَلْنَاهُ قُرْآنًا عَرَبِيًّا لَعَلَّكُمْ تَعْقِلُونَ. إِنَّا جَعَلْنَاهُ قُرْآنًا عَرَبِيًّا لَعَلَّكُمْ تَعْقِلُونَ.

إِنَّ اللهَ سُبْحَانَهُ وَتَعَالَى، قَدْ ذَكَرَ كَلِمَتَيْ "تَعْقِلُونَ وَيَعْقِلُونَ" فِي الْقُرْآنِ، أَكْثَرَ مِنْ خَمْسٍ وَأَرْبَعِينَ مَرَّةً، وَهِيَ فِي بَابِ النَّدْبِ وَالْحَثِّ عَلَى إِعْمَالِ الْعَقْلِ، وَذَكَرَ أَيْضًا كَلِمَةَ "يَعْقِلُونَ" اثْنَتَيْنِ وَعِشْرِينَ مَرَّةً، وَهِيَ فِي بَابِ ذَمِّ عَدَمِ إِعْمَالِ الْعَقْلِ؛ وَكَرَّرَ أَنَّ كِتَابَ اللهِ عَرَبِيًّا، إِحْدَى عَشْرَةَ مَرَّةً، فَجَمَعَ اللهُ فِي كِتَابِهِ بَيْنَ الْحَثِّ عَلَى إِعْمَالِ الْعَقْلِ، وَبَيْنَ ذَمِّ عَدَمِ الْإِعْمَالِ بِهِ...

كَيْفَ يَقْبَلُ عَقْلُكَ أَنْ يَقُودَكَ وَيُرْشِدَكَ وَيُعَلِّمَكَ، مَيْتٌ مُنْذُ مِئَاتِ السِّنِينَ؛ أَعْرَابِيٌّ، أَوْ أَعْجَمِيٌّ، خُلِقَ لِزَمَانٍ غَيْرِ زَمَانِكَ، يَجْهَلُ مُعْظَمَ مَا تَتَطَلَّبُهُ الْحَيَاةُ، فِي أَزْمَانٍ تَتَبَدَّلُ مَعَالِمُهَا، وَمَسَالِكُهَا، وَمُتَطَلَّبَاتُهَا، كَسُرْعَةِ الْبَرْقِ؟! وَأَنْتَ مِنْ مَوْقِعِكَ فِي التَّارِيخِ أَعْلَمُ مِنْهُ وَأَشَدُّ ذَكَاءً، وَأَكْثَرُ إِدْرَاكًا وَدِرَايَةً وَتَفْسِيرًا، لِمَا مَضَى وَاضْمَحَلَّ وَانْدَثَرَ، وَلِمَا اسْتَجَدَّ وَازْدَهَرَ، وَانْتَعَشَ، وَاكْتُشِفَ، وَتَنَامَى مِنْ أُمُورِ الدِّينِ وَالدُّنْيَا... هَذَا فِي الْعَنْعَنَةِ!!!

أَلنَّقْلُ مَفْسَدَةٌ لِلْعَقْلِ!

أَلتَّمَذْهُب

إِنَّ أَشَدَّ أَنْوَاعِ الْعَنْعَنَةِ الْمَذْمُومَةِ، وَأَكْثَرَهَا تَفَشِّيًا مُنْذُ الْقِدَمِ حَتَّى يَوْمِنَا هَذَا، هُوَ الَّذِي يُنَادِي بِهِ صَرَاحَةً، مَنْ يَرَوْنَ أَنَّ التَّمَذْهُبَ لَيْسَ فَقَط طَرِيقَةً لِلتَّفَقُّهِ فِي الدِّينِ فَقَط، وَإِنَّمَا هُوَ الدِّينُ كُلُّهُ؛ بِحَيْثُ لَا يَجُوزُ الْخُرُوجُ عَلَيْهِ، وَإِنْ تَبَيَّنَ أَنَّهُ بَاطِلٌ بِالدَّلِيلِ، وَبِظُهُورِ الْحَقِّ!

إِنَّ تَحْصِيلَ الْعِلْمِ فِي الْمَذَاهِبِ، يَكُونُ بِالنَّقْلِ وَلَيْسَ بِالْعَقْلِ، وَبِإِرْضَاءِ وَلِيِّ الْأَمْرِ (الْحَاكِمِ).

أَلعِلْمُ فِي الْمَذَاهِبِ يُجْتَرّ، كَعَلَفِ الْحَيَوَانَاتِ ذَوَاتِ الْمَعِدَةِ الْمُرَكَّبَةِ.

أَلْعَلَفُ الَّذِي يُنْقَل مِنْ تَجْوِيفٍ إِلَى آخَر، إِلَى اللَّانِهَايَةِ!

هَذَا الْعِلْمُ الْمُجْتَرُّ يُنْقَل مِنْ عَصْرٍ إِلَى عَصْرٍ عَلَى مَرِّ الْعُصُورِ وَالْأَزْمَانِ، وَيَبْقَى صَالِحًا فَاعِلًا لِكُلِّ زَمَانٍ وَمَكَانٍ عَلَى مَدَى الْأَزْمَانِ وَإِنْ تَجَاوَزَتْهُ الْأَحْدَاثُ، وَأَصْبَحَ عَفِنًا، ضَارًّا، مُتَخَلِّفًا، قَدِيمًا، بَالِيًا، وَفَاقِدًا لِلْفَعَالِيَّةِ!

هَلْ تَعْلَمُ أَيُّهَا الْقَارِىءُ الْكَرِيمُ أَنَّ فِي الْمُسْلِمِينَ جَمَاعَاتٍ كَثِيرَةً مَا زَالَتْ تَتَدَاوَى بِبَوْلِ الْبَعِيرِ؟

وَجَمَاعَاتٍ أُخْرَى وَعُلَمَاءَ دِينٍ وَشَرِيعَةٍ مَا زَالُوا يُؤْمِنُونَ أَنَّ الْكُرَةَ الْأَرْضِيَّةَ مُسَطَّحَةٌ!

أَلنَّقْلُ مَفْسَدَةٌ لِلْعَقْلِ!

فَالدَّعْوَةُ لِلْبَحْثِ وَالتَّمْحِيصِ وَالتَّمَعُّنِ الْعَقْلَانِيِّ وَقُبُولِ الرَّأْي الْآخَر وَاعْتِبَارِهِ صَحِيحًا، حَتَّى تُثْبِتَ التَّجَارِبُ الْعَكْسَ؛ يَعْتَبِرُهَا "الْمُتَمَذْهِبُونَ" خُرُوجًا عَلَى الْمِلَّةِ وَالدِّينِ!

رُبَّ قَائِلٍ: هَذَا التَّخَلُّفُ مَوْجُودٌ فِي أُمَم أُخْرَى! هَذَا نَعَمْ، أُمَمٌ لَمْ تَدَّعِ أَنَّ الله خَاطَبَهَا قَائِلًا: كُنتُم خَيرَ أُمَّةٍ أُخرِجت لِلنَّاس تَأمُرُونَ بِالمَعرُوف وَتَنهَونَ عَنِ المُنْكَرِ وَتُؤمِنُونَ بِاللَّه وَلَو ءَامَنَ أَهلُ الكِتَب لَكَانَ خيرا مِّنهُمُ المُؤمِنُونَ وَأَكثَرُهُمُ الفَسِقُونَ (110) ... آل عُمرَان... وَطَبعًا هَذَا ادِّعَاءٌ بَاطِلٌ...

لَمْ يَكُنِ الْمُسْلِمُونَ أَوْ غَيْرُ الْمُسْلِمِين خَيرُ أُمَّةٍ أُخرِجَتْ لِلنَّاس...

سَنُبَيِّنُ أَسْرَارَ وَحَقِيقَةَ هَذِهِ الْآيَةِ فِي تَحْقِيقَاتِنَا الْمُتَلَاحِقَةِ، إِن شَاءَ الله.

أَلنَّقْلُ مَفْسَدَةٌ لِلْعَقْلِ!

إِنَّ الْإِنْسَانَ أَسِيرُ مَا يَعْلَمُ وَعَدُوُّ مَا يَجْهَلُ!

وَلِكَيْ نَسْتَفِيدَ مِنْ هَذَا الْبَحْثِ، عَلَيْنَا أَنْ نَضَعَ جَدْوَلًا لِلْأَسْئِلَةِ وَالْأَجْوِبَةِ، لِمَوْضُوعِ الْإِسْلَامِ، الَّذِي يَشْغَلُ الْعَالَمَ، وَالَّذِي يَعْتَبِرُهُ إِخْوَتُنَا وَشُرَكَاؤُنَا فِي هَذَا الْكَوْنِ، خَطَرًا لَا بُدَّ مِنِ اسْتِئْصَالِهِ. خَطَرُ الْإِسْلَامِ وَالْقُرْآنِ.

هَذَا الشُّعُورُ وَالْإِحْسَاسُ لَا يَأْتِيَانِ مِنْ فَرَاغٍ. وَلِكَيْ لَا نَدْفِنَ رُؤُوسَنَا فِي الرِّمَالِ كَالنَّعَامِ؛ عَلَى مَنْ يَعْتَقِدُونَ أَنَّهُمْ مُسْلِمُونَ، اسْتِبَاقُ الْأَحْدَاثِ، وَلَيْسَ اللُّجُوءُ إِلَى رَدَّاتِ الْأَفْعَالِ الْخَاطِئَةِ.

أَلنَّاسُ عَامَّةً لَدَيْهَا حَوَاسُّ – كَالَّتِي تَحَدَّثْتُ عَنْهَا فِي الْمُقَدِّمَةِ تَسْتَشْعِرُ بِهَا وَتَتَفَاعَلُ مَعَهَا. وَقَدْ ذَكَرْتُ فِي مُقَدِّمَةِ هَذَا الْبَحْثِ، أَنَّ أَهَمَّ مَا يُكَرِّسُ وَيُؤَكِّدُ فَرْدِيَّتَنَا، هُوَ أَنَّ اسْتِجَابَةَ النَّاسِ مَعَ حَدَثٍ مُعَيَّنٍ وَتَفَاعُلَهُمْ وَاسْتِنْتَاجَهُمْ يَخْتَلِفُ مِنْ فَرْدٍ إِلَى آخَرَ... لِهَذَا نَجَحَ بَعْضُ مُمْتَهِنِي عِلْمِ الْكَلَامِ وَالْفَصَاحَةِ وَالْبَيَانِ فِي خَلْقِ مَنْظُومَاتٍ فِكْرِيَّةٍ وَنَفْسِيَّةٍ وَعَاطِفِيَّةٍ سَاهَمَتْ فِي التَّأْثِيرِ عَلَى نِطَاقٍ وَاسِعٍ – سَلْبًا أَوْ إِيجَابًا – فِي قُدْرَةِ الْمُتَلَقِّينَ وَفَهْمِهِمْ وَإِدْرَاكِهِمْ. فَكُلُّ فَرْدٍ أَسِيرُ مَا يَعْلَمُ وَعَدُوُّ مَا يَجْهَلُ.

أَلنَّقْلُ مَفْسَدَةٌ لِلْعَقْلِ!

وَمَآ أَرْسَلْنَاكَ إِلَّا رَحْمَةً لِّلْعَلَمِينَ

لِمَاذَا يَشْعُرُ مَعْظَمُ النَّاسِ بِخَطَرِ الإِسْلَامِ، وَلاَ يَجِدُونَ فِيهِ الرَّحْمَةَ الَّتِي مِنْ أَجْلِهَا بَعَثَ اللهُ نَبِيَّهُ وَحَبِيبَهُ وَرَسُولَهُ، رَحْمَةً لِّلْعَالَمِينَ: (وَمَآ أَرْسَلْنَاكَ إِلَّا كَافَّةً لِّلنَّاسِ بَشِيرًا وَنَذِيرًا وَلَكِنَّ أَكْثَرَ النَّاسِ لَا يَعْلَمُونَ). (وَمَآ أَرْسَلْنَاكَ إِلَّا رَحْمَةً لِّلْعَلَمِينَ).

أَيْنَ الرَّحْمَةُ حَتَّى بَيْنَ الْمُسْلِمِينَ؟

وَلِمَاذَا أَكْثَرُ النَّاسِ لَا يَعْلَمُونَ؟

وَقَدْ أُرْسِلَ اللهُ الْمُصْطَفَى كَافَّةً لِلنَّاسِ بَشِيرًا وَنَذِيرًا!؟

هَلِ الْخَلَلُ فِي النَّاسِ أَمْ فِي الرِّسَالَةِ، أَمْ فِي الرَّسُولِ؟

هَلْ فَصَّرَ الرَّسُولُ فِي الْبَلَاغِ؟ يَقُولُ اللهُ فِي مُحْكَمِ كِتَابِهِ: (الْيَوْمَ أَكْمَلْتُ لَكُمْ دِينَكُمْ وَأَتْمَمْتُ عَلَيْكُمْ نِعْمَتِي وَرَضِيتُ لَكُمُ الإِسْلَمَ دِينًا...)

هَلِ الإِسْلَامُ الَّذِي ارْتَضَاهُ اللهُ لِعِبَادِهِ، يُشْبِهُ الإِسْلَامَ الَّذِي بَيْنَ أَيْدِينَا؟ إِذًا أَيْنَ الْخَلَلُ؟ هَلِ الإِسْلَامُ وَاحِدٌ أَمْ كَمْ؟

أَلنَّقْلُ مَفْسَدَةٌ لِلْعَقْلِ!

هَلْ كُلُّ وَاحِدٍ مِنْ هَذَا الْكَمِّ الْمُتَخَلِّفِ الْمُخَالِفِ الْمُخْتَلِفِ الْمُتَقَاتِلِ الْمُتَنَاحِرِ مُذْ أَنْ ارْتَقَى رَسُولُ الْإِنْسَانِيَّةِ إِلَى بَارِئِهِ، يُشْبِهُ وَيَحْذُو وَيَقْتَفِي تَعَالِيمَ الْإِسْلَامِ الْمُحَمَّدِيِّ؟

سَأَكْتَفِي بِهَذِهِ الْأَسْئِلَةِ الْآنَ، لِكَيْ لَا أُطِيلَ عَلَى الْقَارِئِ الْكَرِيمِ، الَّذِي أَعْتَقِدُ أَنَّهُ ذَكِيٌّ وَحَكِيمٌ، وَلَكِنِّي سَأَقُصُّ عَلَيْكُمْ أَحَدَاثَ لِقَاءٍ مَعَ أَحَدِ عُلَمَاءِ الْمُسْلِمِينَ، وَهُوَ إِمَامٌ وَمُرْشِدٌ دِينِيٌّ فِي أَحَدِ مَسَاجِدِ الْوِلَايَاتِ الْمُتَّحِدَةِ الْأَمْرِيكِيَّةِ.

لِقَاءٌ مَعَ مُرْشِدٍ إِسْلَامِيٍّ وَإِمَامِ مَسْجِدٍ

جَرَى الْحِوَارُ فِي مَنْزِلِ أَحَدِ الْأَصْدِقَاءِ. الشَّيْخُ أَلْإِمَامُ فِي الْعَقْدِ السَّادِسِ مِنْ عُمْرِهِ. شَيِّقٌ، لَبِقٌ، مُهَذَّبٌ، وَمُتَحَدِّثٌ ذَكِيٌّ، وَكَانَتْ مَعَهُ زَوْجَتُهُ. وَعَلَى غَيْرِ الْعَادَاتِ فِي بَعْضِ الدُّوَلِ الْإِسْلَامِيَّةِ، كَانَ اللِّقَاءُ مُخْتَلَطًا بَيْنَ الرِّجَالِ وَالنِّسَاءِ...

وَلَمَّا أُذِّنَ لِصَلَاةِ الْمَغْرِبِ، طَلَبَ صَاحِبُ الْبَيْتِ مِنَ الشَّيْخِ أَنْ يَؤُمَّ الصَّلَاةَ... بَعْدَ انْتِهَاءِ الصَّلَاةِ وَالدُّعَاءِ، دَعَا صَاحِبُ الْبَيْتِ الْحُضُورَ إِلَى طَاوِلَةِ الْعَشَاءِ.

أَلنِّسَاءُ الْمُخَمَّرَاتِ لَمْ يُشَارِكْنَ. تَنَاوَلْنَ عَشَاءَهُنَّ فِي غُرْفَةٍ أُخْرَى، وَلَكِنَّهُنَّ شَارَكْنَ الْجَمِيعَ فِي الصَّلَاةِ خَلْفَ الرِّجَالِ، وَشَارَكْنَ أَيْضًا فِي السَّهْرَةِ. وَكَانَ الْحُضُورُ مُتَنَوِّعًا فِي الْهَوِيَّةِ وَالدِّينِ وَالْمَذْهَبِ...

وَكَالْعَادَةِ - فِي جَمِيعِ أَنْحَاءِ الْعَالَمِ، فِي هَذِهِ الْأَيَّامِ -، أَيُّ مَجْلِسٍ يُوجَدُ فِيهِ رَجُلُ دِينٍ مُسْلِمٌ - مِنْ أَيِّ مَذْهَبٍ - تَكْثُرُ الْأَسْئِلَةُ فِي الْعَقِيدَةِ... أَسْئِلَةٌ كَثِيرَةٌ أَجَابَ عَلَيْهَا الْإِمَامُ بِكُلِّ دِقَّةٍ وَرِقَّةٍ وَحِنْكَةٍ. وَكَانَ عَالِمًا مُهَذَّبًا خَبِيرًا فِي الْمَذَاهِبِ وَالْأَدْيَانِ، وَلَمْ يَسْتَعِدِ أَحَدًا مِنَ الَّذِينَ يَخْتَلِفُونَ مَعَهُ فِي الْمَذْهَبِ أَوِ الْعَقِيدَةِ. وَكَانَتِ الْأَسْئِلَةُ كَثِيرَةً. زَوْجَتُهُ أَيْضًا كَانَتْ تُشَارِكُ فِي النِّقَاشِ وَفِي الْحِوَارِ...

الْأَسْئِلَةُ كَمَا ذَكَرْتُ آنِفًا كَانَتْ كَثِيرَةً، وَلَكِنْ مَا يُثْرِي هَذَا الْبَحْثَ سُؤَالٌ وَحِوَارٌ مَعَ إِحْدَى الْأَخَوَاتِ، وَكَانَتْ أُسْتَاذَةً فِي قَانُونِ الْأَحْوَالِ الشَّخْصِيَّةِ.

أَلنَّقْلُ مَفْسَدَةٌ لِلْعَقْلِ!

سَأَلَتِ الْأُسْتَاذَةُ الشَّيْخَ عَنْ آيَةٍ: وَأَطِيعُوا اللهَ وَأَطِيعُوا الرَّسُولَ وَاحْذَرُوا فَإِنْ تَوَلَّيْتُمْ فَاعْلَمُوا أَنَّمَا عَلَى رَسُولِنَا الْبَلَاغُ الْمُبِينِ.

قَالَ الشَّيْخُ: "مَا" فِي هَذِهِ الْآيَةِ؟

قَالَتِ الدُّكْتُورَةُ: "هَلْ" هَذَا يَعْنِي أَنَّ طَاعَةَ الرَّسُولِ مِنْ طَاعَةِ اللهِ؟

قَالَ الشَّيْخُ: طَبْعًا، وَمَعْصِيَةُ الرَّسُولِ مِنْ مَعْصِيَةِ اللهِ.

قَالَتِ الدُّكْتُورَةُ: هَلْ قَالَ الرَّسُولُ حَدِيثًا: "صَلُّوا كَمَا رَأَيْتُمُونِي أُصَلِّي"؟

قَالَ الشَّيْخُ: حَدِيثٌ صَحِيحٌ.

قَالَتِ الدُّكْتُورَةُ: هَلْ صَلَّى الرَّسُولُ مَرَّةً وَاحِدَةً مُتَكَتِّفًا؟

قَالَ الشَّيْخُ: بِالرُّغْمِ مِنَ الْأَحَادِيثِ الْكَثِيرَةِ أَنَّ الرَّسُولَ كَانَ يَضَعُ يَدَهُ الْيُمْنَى فَوْقَ الْيُسْرَى، إِلَّا أَنَّ الْحَقِيقَةَ؛ أَنَّهُ لَمَّا جِيءَ بِأَسَارَى الْفُرْسِ إِلَى الْخَلِيفَةِ الثَّانِي عُمَرَ، كَفَّرُوا (وَالتَّكْفِيرُ هُوَ التَّكْتِيفُ فِي الصَّلَاةِ) أَمَامَ سَيِّدِنَا عُمَرَ، فَسَأَلَ عُمَرُ أَسَارَى الْفُرْسِ عَنْ سَبَبِ تَكْتِيفِهِمْ، فَأَجَابُوهُ بِأَنَّنَا نَفْعَلُهُ خُضُوعًا وَتَوَاضُعًا لِمُلُوكِنَا، فَاسْتَحْسَنَ عُمَرُ فِعْلَ ذَلِكَ فِي الصَّلَاةِ.

فِي حِينِ أَنَّ الْمُصَلِّي يَجِبُ عَلَيْهِ إِسْدَالُ الْيَدَيْنِ، وَقَدْ أَخَذَ بِذَلِكَ مَالِكٌ فِي مَذْهَبِهِ! وَمَالِكٌ طَبْعًا أَحَدُ أَئِمَّةِ الْمُسْلِمِينَ، وَصَحِيحٌ الْأَخْذُ بِمَذْهَبِهِ. **(خَلْقُ الْبَدَائِلِ، لِكَيْ تَنْقَسِمَ الْأُمَّةُ)**

أَلنَّقْلُ مَفْسَدَةٌ لِلْعَقْلِ!

قَالَتِ الدُّكْتُورَةُ: أَلا تَعْتَقِدُ شَيْخِي، أَنَّ كُلَّ مَنْ يَقُولُ أَنَّ الرَّسُولَ كَانَ يَضَعُ يَدَهُ الْيُمْنَى فَوْقَ الْيُسْرَى، يَذُرُّ رَمَادًا فِي الْعُيُونِ لِيُخْفِيَ أَوْ يُقَلِّلَ مِنْ وَقْعِ مَا قَامَ بِهِ عُمَرُ؟

قَالَ الشَّيْخُ: أَنَا قُلْتُ الْحَقِيقَةَ، وَمَنْ قَالَ غَيْرَ هَذَا، أَنَا لَسْتُ مَسْؤُولًا عَمَّا يَقُولُ!

قَالَتِ الدُّكْتُورَةُ: لِمَاذَا إِذًا أَنْتَ تُصَلِّي مُتَكَتِّفًا شَيْخِي؟

قَالَ الشَّيْخُ: كَمَا ذَكَرْتُ لَكِ سَابِقًا أَنَّهُ لَمَّا جِيءَ بِأَسَارَى الْفُرْسِ إِلَى الْخَلِيفَةِ الثَّانِي عُمَرَ بْنِ الْخَطَّابِ، تَكَتَّفُوا أَمَامَهُ فَسَأَلَ عَنْ ذَلِكَ، فَأَجَابُوهُ بِأَنَّنَا نَفْعَلُهُ خُضُوعًا وَتَوَاضُعًا لِمُلُوكِنَا، فَاسْتَحْسَنَ عُمَرُ فِعْلَ ذَلِكَ مَعَ اللهِ سُبْحَانَهُ فِي الصَّلاةِ وَغَفِلَ عُمَرُ عَنْ قُبْحِ التَّشَبُّهِ بِالْمَجُوسِ فِي الشَّرِيعَةِ.

قَالَتِ الدُّكْتُورَةُ: أَلا يُخَالِفُ هَذَا أَوَامِرَ رَسُولِ اللهِ؟

قَالَ الشَّيْخُ: وَلَكِنْ هَذَا عُمَرُ، وَمَا أَدْرَاكِ مَا عُمَرُ! قَالَتِ الدُّكْتُورَةُ: أَتْحِفْنِي وَأَدْرِينِي رَعَاكَ اللهُ!

قَالَ الشَّيْخُ: قَوْلُ عُمَرَ مَسْمُوعٌ وَمُسْتَجَابٌ عِنْدَ اللهِ! قَالَتِ الدُّكْتُورَةُ: كَيْفَ؟

قَالَ الشَّيْخُ: أَلَمْ تَعْلَمِي يَا أُخْتِي الْكَرِيمَةَ أَنَّ الْوَحْيَ جَاءَ مُطَابِقًا لِما قَالَهُ عُمَرُ فِي أَسْرَى غَزْوَةِ بَدْرٍ وَفِي أَمَاكِنَ كَثِيرَةٍ مُخَالِفاً لِما أَرَادَهُ الرَّسُولُ!

أَلنَّقْلُ مَفْسَدَةٌ لِلْعَقْلْ!

وَأَنَّ ما نَزَلَ في سَيِّدِنا عُمَرَ رَضِيَ اللهُ عَنْهُ مِنَ الْقُرآنِ يَصِلُ إلى إحْدى وَعِشْرينَ مَرَّةً أَوْ أَكْثَرَ. إبْحَثي، وَتَأَكَّدي بِنَفْسِكِ! (خَلْقُ نَبِيٍّ آخَرَ اسْمُهُ عُمَر).

قالَتِ الدَّكْتُورَةُ: هَذا يَعْني أَنَّكَ تَتَّبِعُ قَوْلَ عُمَرَ وَإنْ خالَفَ الرَّسُولَ؟

قالَ الشَّيْخُ: يَا أُخْتي هَذا عُمَرٌ! إذا كانَ اللهُ قَدْ خالَفَ رَسُولَهُ، وَأَنْزَلَ قُرآناً مُخالِفاً رَسُولَهُ وَمُوافِقاً عُمَرَ، فَمَنْ أنا؟

ثُمَّ أفاضَ قائِلاً: أُوتِيَ الْفاروقُ (عُمَرُ): الدِّينَ، وَالفِقْهَ، وَالشَّيْءَ الْعَظيمَ مِنَ الْعِلْمِ. وَكانَ رَضِيَ اللهُ عَنْهُ رَبّانِياً مُلْهَماً، وَكانَ لَهُ فَضْلٌ عَظيمٌ في فِقْهِ العِباداتِ، وَلَمْ يُوافِقْهُ الْقُرآنُ في هَذِهِ فَقَطْ، وَلَكِنْ في أُمورٍ كَثيرَةٍ، كَثيرَةٍ كَما أَخْبَرْتُكِ، وَتُريدينَني أَنْ أُخالِفَهُ؟ (قِياسُ الشَّيْطان).

قالَتِ الدَّكْتُورَةُ: شَيْخي، الآيَةُ الَّتي نَحْنُ في صَدَدِها تَقُولُ: (فَإن تَوَلَّيْتُمْ فَاعْلَمُوا أنَّما عَلى رَسُولِنا الْبَلاغُ الْمُبينُ). "إنْ" أداةُ شَرْطٍ "وتَوَلَّيْتُمْ"، عَنْ ماذا تَتَحَدَّثُ هَذِهِ التَوَلَّيْتُمْ؟ أَلَيْسَ عَنْ: وَأطيعُوا اللهَ وَأطيعُوا الرَّسُولَ واحْذَرُوا؟

ثُمَّ بَعْدَ أَنْ حَذَّرَكُمُ اللهُ ماذا قالَ؟ أنَّما عَلى رَسُولِنا الْبَلاغُ الْمُبينُ. أنَّما، أنَّما، أنَّما، أُكَرِّرُها شَيْخي لِأُنَبِّهَكَ أَنَّها حَصْرِيَّةٌ، حَصَرَتِ الْبَلاغَ الْمُبينَ بِالرَّسُولِ فَقَطْ!

أَلنَّقْلُ مَفْسَدَةٌ لِلْعَقْلِ!

شَيْخِي الْجَلِيلَ، عِنْدَما تَقُولُ في الْبَيْتِ فاطِمَةُ، هَذا يَعْني أَنَّهُ قَدْ يَكُونُ أَحَدٌ آخَر مَعَ فاطِمَةَ! وَعِنْدَما تَقُولُ أَنَّما أَوْ إنَّما في الْبَيْتِ فاطِمَةُ، هَذا يَعْني أَنَّهُ لا يُوجَدُ أَحَدٌ آخَر مَعَ فاطِمَةَ، أَلَيْسَ كَذَلِكَ شَيْخِي؟

قَالَ الشَّيْخُ: نَعَم كَذَلِكَ.

قَالَتِ الدُّكْتُورَةُ: إذاً، لَقَدْ حَصَرَ اللهُ الْبَلاغَ الْمُبِينَ بِرَسُولِهِ! وَهَذا قُرْآنٌ مَحْفُوظٌ بِحِفْظِ اللهِ! وَهَلْ ما يُنْسَبُ لِرَسُولِ اللهِ أَحاديث مَحْفوظَةٌ أَيْضًا بِحِفْظِ اللهِ؟

قَالَ الشَّيْخُ: طَبْعاً إنَّها سُنَّةُ رَسُولِ اللهِ، **وَهِيَ تُوازِي الْقُرْآنَ صِحَّةً وَحِفْظا. كَلامُ رَسُولِ اللهِ كالقُرْآنِ!؟**

قَالَتِ الدُّكْتُورَةُ: رَسُولُ اللهِ لَمْ يَقُلْ ما تَدَّعِيه، إنَّما هَذا ما يَقُولُهُ عُلَماءُ الْمُسْلِمِينَ!!!

قَالَ الشَّيْخُ: أَقْوالُ الصَّحابَةِ الْمُقَرَّبِينَ وَبَعْضُ التَّابِعِينَ كَقَوْلِ الرَّسُولِ. وَيَقُولُ الدُّكْتُورُ أَحْمَدُ مَحْمُودُ كَرِيمَة - أَسْتاذُ الشَّرِيعَة في جامِعَةِ الأَزْهَر: قَوْلُ الصَّحابِيِّ مُصْطَلَحٌ أَصُولِيٌّ وَالصَّحابِيُّ هُوَ مَنْ رَأى النَّبِيَّ - صَلَّى اللهُ عَلَيْهِ وَسَلَّمَ - مُؤْمِنًا بِهِ وَصَحِبَهُ، وَيُؤْخَذُ بِرَأيِهِمْ في ما لا مَجالَ لَهُ لِلرَّأْي وَالاجْتِهاد. وَحُكْمُهُ حُكْمُ الْمَرْفُوعِ إلَى النَّبِيِّ - صَلَّى اللهُ عَلَيْهِ وَسَلَّمَ - فَيُؤْخَذُ بِحُكْمِ قَوْلِ الصَّحابِيِّ مِثْلَ حُكْمِ قَوْلِ الرَّسُولِ في الْحُجَّةِ وَالاسْتِدْلالِ كَما رُوِي عَن ابْنِ مَسْعُودٍ - رَضِيَ اللهُ عَنْهُ...

أَلنَّقْلُ مَفْسَدَةٌ لِلْعَقْلِ!

(كَثُرَ الرُّسُلُ، لِلتَّجْهِيلِ وَالتَّشْتِيتِ وَتَضْيِيعِ الرِّسَالَةِ، يَقُولُ الشَّيْخُ: أَقْوَالُ الصَّحَابَةِ الْمُقَرَّبِينَ وَبَعْضِ التَّابِعِينَ! مَاذَا لَوْ جَمَعْتَ عَدَدًا مِنْ عُلَمَاءِ الْمُسْلِمِينَ، وَطَلَبْتَ أَنْ يُعْطِيَكَ كُلُّ وَاحِدٍ مِنْهُمْ لَائِحَةً بِأَسْمَاءِ الصَّحَابَةِ الْمُقَرَّبِينَ، وَلَائِحَةً أُخْرَى بِأَسْمَاءِ بَعْضِ التَّابِعِينَ؟ ثُمَّ سَأَلْتَ كَيْفَ تَمَّ اخْتِيَارُهُمْ؟)

قَالَتِ الدُّكْتُورَةُ: شَيْخِي أَنَا مُتَأَكِّدَةٌ أَنَّكَ تَعْلَمُ سُورَةَ النَّجْمِ عَنْ ظَهْرِ قَلْبٍ، وَقَدْ تَكُونُ تَعْلَمُ أَيْضًا مُعْظَمَ تَفَاسِيرِهَا الْمُخْتَلِفَةِ وَالْمُتَنَاقِضَةِ، هَلْ هَذَا صَحِيحٌ شَيْخِي؟

قَالَ الشَّيْخُ: نَعَمْ هَذَا صَحِيحٌ.

قَالَتِ الدُّكْتُورَةُ: إِذَا كَانَ قَوْلُ الصَّحَابَةِ كَقَوْلِ رَسُولِ اللهِ لِمَاذَا تُسَمُّونَهَا سُنَّةَ اللهِ وَرَسُولِهِ؟ إِنَّهَا سُنَّةُ اللهِ وَرَسُولِهِ وَالصَّحَابَةِ! شَيْخِي جَوَابُكَ هَذَا يُقْلِقُنِي وَيَجْعَلُنِي أَشُكُّ فِي دِينِي وَفِي مَذْهَبِي وَفِي عُلَمَاءِ الْمُسْلِمِينَ، وَفِيكَ أَنْتَ، أَعْذُرْنِي أَنَا صَلَّيْتُ خَلْفَكَ قَبْلَ قَلِيلٍ!

قَالَ الشَّيْخُ الْكَرِيمُ: مَعْذِرَةً سَيِّدَتِي لِمَاذَا؟

قَالَتِ الدُّكْتُورَةُ: شَيْخِي لَقَدْ قُلْتَ آنِفًا: إِنَّ اللهَ قَدْ خَالَفَ رَسُولَهُ، وَأَنْزَلَ قُرْآنًا مُخَالِفًا رَسُولَهُ وَمُوَافِقًا عُمَرَ فَمَنْ أَنَا؟ ثُمَّ أَعْطَيْتَ الصَّحَابَةَ مَا أَعْطَى اللهُ رَسُولَهُ! يَجِبُ أَنْ تُسَمَّى هَذِهِ سُنَّةَ الرَّسُولِ وَأَصْحَابِهِ.

ألنَّقْلُ مَفْسَدَةٌ لِلْعَقْلْ!

أَللهُ لَا يَقُولُ هَذَا! شَيْخِي، يَقُولُ اللهُ فِي كِتَابِهِ عَنْ سَيِّدِ الْمُرْسَلِينَ، وَإِمَامِ الْمُتَّقِينَ، الْمُصْطَفَى الْأَمِينِ: وَمَا يَنْطِقُ عَنِ الْهَوَى (3) إِنْ هُوَ إِلَّا وَحْيٌ يُوحَى (4) عَلَّمَهُ شَدِيدُ الْقُوَى (5) (النَّجْم). شَيْخِي، هَلْ نُسِخَتْ هَذِهِ الآيَاتُ؟

قَالَ الشَّيْخُ: لَا لَمْ تُنْسَخْ هَذِهِ الآيَاتُ، وَلَكِنْ هَذَا عِلْمٌ فَهْمُهُ يَسْتَدْعِي دِرَايَةً فِي أَسْبَابِ النُّزُولِ وَتَوْقِيتِهِ وَفِي أُصُولِ عِلْمِ الْفِقْهِ الْمُقَارَنِ.

سَيِّدَتِي إِنَّ أُصُولَ فِقْهِ الْعِلْمِ الْمُقَارَنِ وَمَا يَرْتَكِزُ عَلَيْهِ الشَّيْءُ وَيُبْنَى مِنَ الْمُصْطَلَحَاتِ الْفِقْهِيَّةِ وَالْأُصُولِيَّةِ، ذَكَرَ الْعُلَمَاءُ لَهَا مَعَانِيَ كَثِيرَةً. (عِلْمُ الْأَحَاجِي وَالتَّجْهِيلِ).

لَكِنْ مَا يَجِبُ أَنْ يَعْلَمَهُ الْعَامَّةُ مِنَ النَّاسِ أَنَّ الرَّسُولَ الْأَكْرَمَ يُخْطِئُ وَيُصِيبُ!؟ أَلَيْسَ مُحَمَّدٌ مِنَ الْبَشَرِ؟ نَحْنُ نَعْتَقِدُ، وَنُؤْمِنُ أَنَّ أَنْبِيَاءَ اللهِ مَعْصُومُونَ، فِي التَّبْلِيغِ فَقَطْ، سَوَاءٌ كَانَ ذَلِكَ فِي الْحَدِيثِ أَوِ الْعَمَلِ، أَوْ أَيِّ شَيْءٍ آخَرَ، فَرَسُولُ اللهِ مُحَمَّدٌ مَثَلاً مَعْصُومٌ فِي تَبْلِيغِ الْقُرْآنِ، وَالسُّنَّةِ، ((وَمَا يَنْطِقُ عَنِ الْهَوَى إِنْ هُوَ إِلَّا وَحْيٌ يُوحَى) فَالْقُرْآنُ وَحْيٌ، وَالسُّنَّةُ وَحْيٌ، وَالْفَرْقُ بَيْنَهُمَا، أَنَّ الْقُرْآنَ كَلَامُ اللهِ، وَالسُّنَّةُ كَلَامُ رَسُولِهِ.

وَهُنَاكَ فُرُوقَاتٌ أُخْرَى، لَيْسَ هَذَا مَجَالَ ذِكْرِهَا. فَأَهْلُ السُّنَّةِ إِذاً يَقُولُونَ بِعِصْمَةِ النَّبِيِّ، فِي التَّبْلِيغِ، سَوَاءٌ كَانَ قُرْآنَ أَوْسُنَّةً. وَيَقُولُونَ أَيْضا بِعِصْمَتِهِ وَغَيْرِهِ مِنَ الْأَنْبِيَاءِ مِنَ الْكَبَائِرِ، وَمِنْ خَوَارِمِ الْمَرْوءَةِ، وَاخْتَلَفُوا فِي عِصْمَتِهِ مِنَ الصَّغَائِرِ، وَالصَّحِيحُ أَنَّ النَّبِيَّ تَقَعُ مِنْهُ الصَّغَائِرُ!!! ((رَسُولُ اللهِ مُحَمَّدٍ يَقَعُ فِي صَغَائِرِ الْمَعَاصِي!!!))

أَلنَّقْلُ مَفْسَدَةٌ لِلْعَقْلِ!

تَغَيَّرَ لَوْنُ الدُّكْتُورَةِ، ثُمَّ قَالَتْ شَيْخِي:

كَيْفَ صَنَّفْتُمْ أَقْوَالَ الرَّسُولِ بَيْنَ مَا هُوَ وَحْيٌ وَمَا هُوَ هَزْلٌ؟ هَلْ كَانَ الرَّسُولُ يُصَنِّفُ أَقْوَالَهُ وَأَفْعَالَهُ؟ وَإِذَا فَعَلَ: لِمَاذَا خَلَطَ الصَّحَابَةُ بَيْنَ مَا هُوَ سُنَّةٌ، وَبَيْنَ مَا هُوَ غَيْرُ سُنَّةٍ؟

وَإِلَّمْ يَقُلْ، وَيُبَلِّغْ، فَهَذَا تَقْصِيرٌ وَتَشْوِيهٌ وَتَزْوِيرٌ؛ إِمَّا مِنْ جَانِبِ الرَّسُولِ أَوْ مِنْ جَانِبِ الَّذِينَ جَمَعُوا هَذِهِ السُّنَّةَ!

تَمَنَّيْتُ لَوْ لَمْ أَسْمَعْ هَذَا الْخَلْطَ مِنْكَ! أَنَا أُحَاوِرُكَ كَعَالِمٍ وَأُرِيدُ أَنْ أَتَعَلَّمَ مِنْكَ! صَحِيحٌ أَنَا دُكْتُورَةٌ وَقَدْ أَكُونُ لَا أَعْلَمُ كُلَّ شَيْءٍ فِي الدِّينِ، وَلَكِنِّي أَيْضًا لَسْتُ مِنَ الْعَوَامِ، وَأَنَا عَرَبِيَّةٌ، وَثَقَافَتِي عَرَبِيَّةٌ، وَأَوَّلُ أَطْرُوحَةٍ دُكْتُورَاه لِي كَانَتْ بِاللُّغَةِ الْعَرَبِيَّةِ!

شَيْخِي أَنَا أَتَفَهَّمُ حُبَّكَ وَحِرْصَكَ عَلَى هَذَا الدِّينِ، وَأَعْلَمُ أَنَّكَ مُؤْمِنٌ صَادِقٌ فِيمَا تَعْتَقِدُهُ.

شَيْخِي، الْوَاضِحُ مِنْ كَلَامِكَ أَنَّكَ تُؤْمِنُ أَنَّ أَنْبِيَاءَ اللهِ وَرُسُلَهُ تُخْطِئُ وَتُصِيبُ، وَسَيِّدَنَا مُحَمَّدٌ يُخْطِئُ وَيُصِيبُ.

أَمَّا عُمَرُ، وَالصَّحَابَةُ الْمُقَرَّبُونَ وَبَعْضُ التَّابِعِينَ فَجَمِيعُهُمْ مَعْصُومُونَ!؟ شَيْخِي، فِي كُتُبِ الْمُسْلِمِينَ مَعْلُومَاتٌ لَا يَقْبَلُهَا عَقْلٌ تَقُولُ أَنَّ اللهَ أَيْضًا يُخْطِئُ وَيُصِيبُ؟

<h1 style="text-align:center">أَلنَّقْلُ مَفْسَدَةٌ لِلْعَقْلِ!</h1>

قَالَ الشَّيْخُ: أُخْتِي الْكَرِيمَةُ، لَا أَذْكُرُ أَحَدًا مِنْ عُلَمَاءِ الْمُسْلِمِينَ، أَقَرَّ أَنَّ اللهَ بِجَلَالِهِ يُخْطِئُ وَيُصِيبُ!

قَالَتِ الدُّكْتُورَةُ: الصَّلَاةُ، بِالرُّغْمِ مِنْ مَكَانَتِهَا الدِّينِيَّةِ، مُحَاطَةٌ بِالشُّكُوكِ وَالتَّسَاؤُلَاتِ وَالْغُمُوضِ وَالْإِبْهَامِ وَعَدَمِ الْعَقْلَانِيَّةِ.

عُمَرُ يُغَيِّرُ سُنَّةَ الرَّسُولِ فِي الصَّلَاةِ لِأَنَّهُ اسْتَحَبَّ كَيْفِيَّةَ خُضُوعِ أَسْرَى الْفُرْسِ. وَأَيْضًا يَحْذِفُ حَيَّ عَلَى خَيْرِ الْعَمَلِ مِنَ الْأَذَانِ، لِأَنَّ عُمَرَ يَعْتَقِدُ أَنَّ خَيْرَ الْأَعْمَالِ، الصَّلَاةُ!

وَالْعِزَّةُ الْإِلَهِيَّةُ غَيَّرَتْ -تَتْرا- عِدَّةَ مَرَّاتٍ عَدَدَ الصَّلَوَاتِ الْيَوْمِيَّةِ، لِأَنَّ سَيِّدَنَا مُوسَى اكْتَشَفَ مَا لَمْ يَكْتَشِفْهُ اللهُ؛ فِي أَنَّ النَّاسَ لَا تَقْدِرُ، وَلَنْ تَتَحَمَّلَ خَمْسِينْ صَلَاةً يَوْمِيَّةً! كَيْفَ اكْتَشَفَ هَذَا مُوسَى، وَلَمْ يَكُ يُعْلَمُهُ اللهُ؟ وَكَيْفَ يَرْضَى اللهُ أَنْ تَتَغَيَّرَ أَحْكَامُهُ تَتْرا؟

هَذَا جَاءَ فِي حَدِيثٍ عَنْ أَنَسِ بْنِ مَالِكٍ، قَالَ: قَالَ رَسُولُ اللهِ: فَرَضَ اللهُ عَلَى أُمَّتِي خَمْسِينَ صَلَاةً، فَرَجَعْتُ بِذَلِكَ، حَتَّى آتِي عَلَى مُوسَى، فَقَالَ مُوسَى: مَاذَا افْتَرَضَ رَبُّكَ عَلَى أُمَّتِكَ؟ قُلْتُ: فَرَضَ عَلَيَّ خَمْسِينَ صَلَاةً، قَالَ: فَارْجِعْ إِلَى رَبِّكَ، فَإِنَّ أُمَّتَكَ لَا تُطِيقُ ذَلِكَ، فَرَاجَعْتُ رَبِّي، فَوَضَعَ عَنِّي شَطْرَهَا، فَرَجَعْتُ إِلَى مُوسَى فَأَخْبَرْتُهُ، فَقَالَ: ارْجِعْ إِلَى رَبِّكَ، فَإِنَّ أُمَّتَكَ لَا تُطِيقُ ذَلِكَ، فَرَاجَعْتُ رَبِّي، فَقَالَ: هِيَ خَمْسٌ وَهِيَ خَمْسُونَ، لَا يُبَدَّلُ الْقَوْلُ لَدَيَّ، فَرَجَعْتُ إِلَى مُوسَى، فَقَالَ: ارْجِعْ إِلَى رَبِّكَ، فَقُلْتُ: قَدِ اسْتَحْيَيْتُ مِنْ رَبِّي. هَلْ هَذَا صَحِيحٌ؟

أَلنَّقْلُ مَفْسَدَةٌ لِلْعَقْلِ!

قَالَ الشَّيْخُ: نَعَمْ هَذَا صَحِيْحٌ!

قَالَتِ الدُّكْتُورَة: هَذَا لَا يَقْبَلُهُ أَيُّ عَاقِلٍ. كُنْتُ أُحِبُّ أَنْ أَتَعَمَّقَ مَعَكَ أَكْثَرَ، خُصُوصًا فِي عِصْمَةِ اللهِ وَالرُّسُلِ وَالْقُرْآنِ، وَلَكِنِّي يَا شَيْخِي أَرَى فِي عُيُونِ بَعْضِ الْحَاضِرِينَ وَفِي حَرَكَاتِ أَجْسَادِهِمْ تَمَلْمُلاً وَاسْتِنْكَارًا وَعَدَمَ رِضًى عَمَّا أَسْأَلُ! أَتَمَنَّى أَلَّا أَكُونَ قَدْ أَفْسَدْتُ سَهْرَتَكُمْ. سَأَتْرُكُ مِنْبَرَ الْأَسْئِلَةِ لِلْحُضُورِ!

قَالَ الشَّيْخُ: يَا أُخْتِيَ الْكَرِيمَةَ، إِنَّ لِسَانَ عُمَرَ وَأَلْسِنَةَ الصَّحَابَةِ كَانَتْ دَائِمًا تَقُولُ: لَوْلَا عَلِيٌّ لَهَلَكَ عُمَرُ، وَكُتُبُ الْمُسْلِمِينَ تَتَحَدَّثُ أَنَّ أَبَا الْحَسَنَيْنِ أَنْقَذَ سَيِّدَنَا عُمَرَ فِي مَوَاقِعَ عِدَّةٍ! (أَرَادَ الشَّيْخُ الْهُرُوبَ إِلَى الْأَمَامِ؟)

قَالَتِ الدُّكْتُورَةُ: شَيْخِي! مَا دَخْلُ هَلَاكِ عُمَرَ فِي مَوْضُوعِنَا! وَشُكْرًا لِأَبِي الْحَسَنِ الَّذِي أَنْقَذَ عُمَرَ -الَّذِي أَنْقَذَ النَّبِيَّ الَّذِي لَا يَنْطِقُ عَنِ الْهَوَى إِنْ هُوَ إِلَّا وَحْيٌ يُوحَى، كَمَا أَخْبَرَنَا اللهُ – فَجَاءَ أَبُو الْحَسَنَيْنِ يُصَحِّحُ أَخْطَاءَ عُمَرَ- فَأَنْزَلَ اللهُ قُرْآنًا عَلَى عُمَرَ، وَأَنْقَذَ الْقُرْآنَ وَالْإِسْلَامَ مِنْ هَفَوَاتِ الرَّسُولِ!! وَلَكِنْ شَيْخِي لَدَيَّ سُؤَالٌ أَخِيرٌ.

أَجَابَهَا الشَّيْخُ بِهُدُوءٍ: تَفَضَّلِي يَا دُكْتُورَةُ.

قَالَتْ: شَيْخِي، هَلْ كَانَ مَا أَنْزَلَ اللهُ عَلَى عُمَرَ وَحْيًا؟ وَهَلْ مَا أَنْزَلَ اللهُ عَلَى عُمَرَ، أَنْزَلَهُ عَلَى بَاقِي الصَّحَابَةِ؟

ألنَّقْلُ مَفْسَدَةٌ لِلْعَقْلِ!

قَالَ الشَّيْخُ بِهُدُوءٍ: لَقَدْ أَوْحَى اللهُ لِكَثِيرِينَ: إِلَى أُمِّ مُوسَى، إِلَى مَرْيَمَ بِنْتِ عُمْرَانَ، إِلَى النَّحْلِ، وَإِلَى كَثِيرِينَ. وَسَيِّدُنَا عُمَرُ وَالصَّحَابَةُ أَفْضَلُ مِنْ جَمِيعِ هؤُلاءِ!!! (تَعَصُّبٌ أَعْمَى وَتَجْهِيلٌ)

قَالَتِ الدُّكْتُورَةُ: أَنْزَلَ اللهُ وَحْيَهُ عَلَى كَثِيرٍ مِنْ عِبَادِهِ وَمَا زَالَ؛ إِيحَاءَاتٍ خَاصَّةً بِكُلِّ وَاحِدٍ مِنْهُمْ أَوْ وَاحِدَةٍ مِنْهُنَّ، وَلَمْ يُنَزِّلْ عَلَى أَيٍّ مِنْ هؤُلاءِ قُرْآنًا، وَأَنْتَ شَيْخِي تَدَّعِي أَنَّ اللهَ أَنْزَلَ قُرْآنًا عَامًّا عَلَى عُمَرَ.

وَادَّعَيْتَ أَنَّ عُمَرَ وَالصَّحَابَةَ أَفْضَلُ مِنَ الَّتِي طَهَّرَهَا وَاصْطَفَاهَا اللهُ رَبُّ الْعَالَمِينَ! وَإِذْ قَالَتِ الْمَلَائِكَةُ يَا مَرْيَمُ إِنَّ اللهَ اصْطَفَاكِ وَطَهَّرَكِ وَاصْطَفَاكِ عَلَى نِسَاءِ الْعَالَمِينَ (42). هَلْ كَانَ عُمَرُ أَحَدَ الْأَنْبِيَاءِ أَوْ قَدْ يَكُونُ أَفْضَلَ الْأَنْبِيَاءِ!؟

قَالَ الشَّيْخُ: يَا دُكْتُورَةُ، ظَاهِرٌ أَنَّ مِهْنَةَ الْمُحَامَاةِ مُسَيْطِرَةٌ عَلَى تَفْكِيرِكِ. وَهُوَ أَنَّكِ تُرَافِعِينَ لِيَكُونَ اسْتِنْتَاجُ الْحِوَارِ لِصَالِحِ الْقَضِيَّةِ الْآنِيَّةِ الَّتِي عَنْهَا تُدَافِعِينَ.

أَمَّا عُلَمَاءُ الشَّرِيعَةِ وَعُلَمَاءُ الْفِقْهِ الْمُقَارِنِ، فَلَهُمْ مُقَارَبَاتٌ مُخْتَلِفَةٌ عَنْكُمْ وَعَنْكُنَّ أَهْلَ الْقَانُونِ الْمَدَنِيِّ وَالْحَضَارِيِّ. مُشَرِّعُو الْفِقْهِ عِنْدَنَا يُرَاعُونَ فِي تَشْرِيعَاتِهِمْ وَتَفَاسِيرِهِمِ الْمَصْلَحَةَ الْعَامَّةَ فِي كُلِّ الْأَزْمَانِ.

لِهَذَا تَشْرِيعَاتُنَا سُنَّةٌ لَا تَتَغَيَّرُ وَإِنْ تَغَيَّرَ الزَّمَانُ وَالْمَكَانُ. الِاجْتِهَادُ فِي السُّنَّةِ مُقْفَلٌ وَغَيْرُ مُبَاحٍ. بَيْنَمَا الْقَوَانِينُ الْوَضْعِيَّةُ مُتَبَدِّلَةٌ زَمَانًا وَمَكَانًا. عُلَمَاؤُنَا وَأَئِمَّتُنَا رَضِيَ اللهُ عَنْهُمْ وَأَرْضَاهُمْ، آرَاؤُهُمْ وَفَتَاوَاهُمْ أَيْضًا لَا تَتَغَيَّرُ زَمَانًا أَوْ مَكَانًا.

ألنَّقْلُ مَفْسَدَةٌ لِلْعَقْلْ!

إنَّها كَمَا ذَكَرْتُ لَكِ مُنْذُ قَلِيلٍ وَأُكَرِّرُ: إنَّها سُنَّةٌ. لأنَّ اللهَ جَعَلَ حَلالَ مُحَمَّدٍ حَلالًا إِلَى يَوْمِ الْقِيَامَةِ وَحَرَامَهُ حَرَامًا إِلَى يَوْمِ الْقِيَامَةِ!!! **(هَذَا مَفْسَدَةٌ لِلْعَقْلِ)**

هَتَفَ أَحَدُ الْحَاضِرِينَ تَكْبِيرًا، أَجَابَهُ الْجَمْعُ تَكْبِيرًا، وَصَفَّقَ مُعْظَمُ الْحَاضِرِينَ. وَفِي التَّصْفِيقِ؛ حُسِمَ الأَمْرُ... اعْتَقَدَ الشَّيْخُ وَمَنْ صَفَّقَ مَعَهُ أَنَّهُمْ رَبِحُوا، وَهُمُ الْخَاسِرُونَ! هَذَا دَاءُ الْعُلَمَاءِ الَّذِينَ يُعَطِّلُونَ الْعَقْلَ انْتِصَارًا لِلنَّقْلِ، لِيَقَعَ الْجَمِيعُ فِي مَطَبَّاتِ التَّوْرِيَةِ وَالتَّحْوِيرِ وَالتَّأْوِيلِ مِنْ دُونِ عِلْمٍ... لِهَذَا، عَلَى غَيْرِ الْعَادَةِ، أَنَا شَخْصِيًّا، الْتَزَمْتُ الصَّمْتَ وَلَمْ أُشَارِكْ فِي الْحِوَارِ!

أَلْعَقْلُ مُغَرَّبٌ وَمُغَيَّبٌ فِي حِوَارَاتِ الْمُسْلِمِينَ، وَضَعَ عُلَمَاءُ الْمُسْلِمِينَ حُدُودًا وَمَفَاهِيمَ لَا يُمْكِنُ اجْتِيازُهَا أَوِ الِاعْتِرَاضُ عَلَيْهَا، وَمُعْظَمُ الْمُسْلِمِينَ مُسْتَعِدُّونَ لِلدَّفَاعِ عَنْهَا حَتَّى الرَّمَقِ الأَخِيرِ!!!

الصَّلَاةُ لَيْسَتْ مَظَاهِرَ أَوْ طُقُوسًا وَشَعَائِرَ وَأَشْكَالًا وَاحْتِفَالَاتٍ. هِيَ عَلَاقَةٌ خَاصَّةٌ بَيْنَ الْمَرْءِ وَبَارِئِهِ. هَذِهِ الْعَلَاقَةُ وَاضِحَةٌ جَلِيَّةٌ فِي كِتَابِهِ الْكَرِيمِ، وَلَمْ يُفَرِّطِ اللهُ فِي الْكِتَابِ مِنْ شَيْءٍ... إِنَّ كُلَّ مَنْ يَزِيدُ عَلَى مَا فِي الْكِتَابِ، يَتَّهِمُ الْقُرْآنَ بِالنَّقْصِ!

أَلنَّقْلُ مَفْسَدَةٌ لِلْعَقْلْ!

لَقَدْ أَمَرَ اللَّهُ النَّاسَ: أَقِيمُوا الصَّلَاةَ، حَافِظُوا عَلَى الصَّلَوَاتِ وَالصَّلَاةِ الْوُسْطَى وَقُومُوا لِلَّهِ قَانِتِينَ، فَإِذَا قَضَيْتُمُ الصَّلَاةَ؛ فَاذْكُرُوا اللهَ قِيَامًا وَقُعُودًا، وَعَلَى جُنُوبِكُمْ، فَإِذَا اطْمَأْنَنْتُمْ فَأَقِيمُوا الصَّلَاةَ؛ إِنَّ الصَّلَاةَ كَانَتْ عَلَى الْمُؤْمِنِينَ كِتَابًا مَوْقُوتًا. يَا أَيُّهَا الَّذِينَ آمَنُوا إِذَا قُمْتُمْ إِلَى الصَّلَاةِ، فَاغْسِلُوا وُجُوهَكُمْ وَأَيْدِيكُمْ إِلَى الْمَرَافِقِ، وَامْسَحُوا بِرُؤُوسِكُمْ وَأَرْجُلَكُمْ إِلَى الْكَعْبَيْنِ، وَإِنْ كُنْتُمْ جُنُبًا فَاطَّهَّرُوا، وَإِنْ كُنْتُمْ مَرْضَى أَوْ عَلَى سَفَرٍ أَوْ جَاءَ أَحَدٌ مِنْكُمْ مِنَ الْغَائِطِ أَوْ لَامَسْتُمُ النِّسَاءَ، فَلَمْ تَجِدُوا مَاءً فَتَيَمَّمُوا صَعِيدًا طَيِّبًا؛ فَامْسَحُوا بِوُجُوهِكُمْ وَأَيْدِيكُمْ مِنْهُ، مَا يُرِيدُ اللهُ لِيَجْعَلَ عَلَيْكُمْ مِنْ حَرَجٍ، وَلَكِنْ يُرِيدُ لِيُطَهِّرَكُمْ، وَلِيُتِمَّ نِعْمَتَهُ عَلَيْكُمْ لَعَلَّكُمْ تَشْكُرُونَ. وَأَقِمِ الصَّلَاةَ طَرَفَيِ النَّهَارِ (2)، وَزُلَفًا مِنَ اللَّيْلِ (1). إِنَّ الْحَسَنَاتِ يُذْهِبْنَ السَّيِّئَاتِ، ذَلِكَ ذِكْرَى لِلذَّاكِرِينَ. (أَقِمِ الصلاة لدلوك الشمس إلى غسق الليل وقرآن الفجر إن قرآن الفجر كان مشهودا.)

فَالْغَسَقُ هُوَ تَرَاكُمُ اللَّيْلِ وَاشْتِدَادُ الظُّلْمَةِ. بِهَذَا تَكُونُ أَوْقَاتُ الصَّلَاةِ الْأَرْبَعَةُ مُمْتَدَّةً مِنَ الزَّوَالِ إِلَى نِصْفِ اللَّيْلِ. فَالظُّهْرُ وَالْعَصْرُ يَنْتَهِيَانِ فِي الْغُرُوبِ (1). وَالْمَغْرِبُ وَالْعِشَاءُ إِلَى نِصْفِ اللَّيْلِ (1). أَمَّا صَلَاةُ الصُّبْحِ فَقَدِ اخْتَصَّهَا اللهُ بِقَوْلِهِ (وَقُرْآنَ الْفَجْرِ إِنَّ قُرْآنَ الْفَجْرِ كَانَ مَشْهُودًا) (1). هَذَا مَا يَقُولُهُ الْقُرْآنُ، الَّذِي حَفِظَهُ اللهُ فِي كِتَابٍ مَكْنُونٍ آلَافَ السِّنِينَ قَبْلَ خَلْقِ آدَمَ! هَلْ نَسِيَ اللهُ عَزَّ وَعَلَا، أَوْ أَنَّهُ غَيَّرَ رَأْيَهُ، ثُمَّ نَسِيَ أَنْ يُغَيِّرَ مَا فِي الْقُرْآنِ؟ عَرَّفَنَا اللهُ كَيْفِيَّةَ الْوُضُوءِ، ثُمَّ مَوَاقِيتَ الصَّلَاةِ، وَمِنْ ثُمَّ عَدَدَهَا، وَبَعْدَ هَذَا أَمَرَنَا بِإِقَامَتِهَا فَقَطْ! لَمْ يُعَرِّفْنَا كَيْفَ أَوْ حَتَّى كَيْفِيَّةَ أَوْ عَدَدَ رَكَعَاتِهَا! هَلْ هَذَا تَقْصِيرٌ مِنَ اللهِ، أَمْ لِعَدَمِ قِيمَتِهَا لِأَنَّهَا مُجَرَّدُ طُقُوسٍ مَادِّيَّةٍ؟

أَلنَّقْلُ مَفْسَدَةٌ لِلْعَقْلِ!

أُريدُ أَنْ أَلْفِتَ تَفْكيرَ الْقَارِئِ وَنَظَرَهُ إِلَى مَشْهَدِ صَلَاةِ الْجُمْعَةِ فِي أَيِّ مَسْجِدٍ. أَنْظُرْ إِلَى الصَّفِّ الْأَوَّلِ. التَّكْتِيفُ: كَيْفَ وَكَمْ طَريقَةً لِلتَّكْتِيفِ فِي بَدْءِ الصَّلَاةِ؟!!!!

يَا سَلَام ... أَرْبَعُ مَذَاهِبَ، ثَلاثَةٌ تَتَكَتَّفُ، وَيَضَعُ أَتْبَاعُهَا أَيْدِيَهُمْ فِي ثَلَاثَةِ أَمَاكِنَ مُخْتَلِفَةٍ، وَالرَّابِعُ وَهُوَ مَالِكٌ يَسْدُلُ يَدَيْهِ. لَا بُدَّ إِذَا أَنْ يَكُونَ أَكْثَرُ مِنْ جَمَاعَةٍ تَعْصِي إِمَّا رَسُولَ اللهِ أَوْ تَعْصِي عُمَرَ!

إِنَّ هَذَا هُوَ الْإِسْلَامُ الَّذِي بِهِ يَتَعَبَّدُونَ! شَتَّانَ بَيْنَهُ وَبَيْنَ الْإِيمانِ! قَالَتِ الْأَعْرَابُ ءَامَنَّا قُل لَّمْ تُؤْمِنُواْ وَلَـكِن قُولُواْ أَسْلَمْنَا وَلَمَّا يَدْخُلِ الْإِيمَانُ فِي قُلُوبِكُمْ وَإِن تُطِيعُواْ اللهَ وَرَسُولَهُ لَا يَلِتْكُم مِّنْ أَعْمَالِكُمْ شَيْئًا إِنَّ اللهَ غَفُورٌ رَّحِيمٌ (14) إِنَّمَا الْمُؤْمِنُونَ الَّذِينَ ءَامَنُواْ بِاللهِ وَرَسُولِهِ ثُمَّ لَمْ يَرْتَابُواْ وَجَهَدُواْ بِأَمْوَلِهِمْ وَأَنفُسِهِمْ فِي سَبِيلِ اللهِ أُوْلَئِكَ هُمُ الصَّدِقُونَ...

كَمَا ذَكَرْتُ آنِفًا، إِنَّ النَّاسَ أَعْدَآءُ مَا يَجْهَلُونَ...

"

حَدِيثُ الْإِسْرَاءِ

لَا بُدَّ مِنْ عَرْضِ حَدِيثِ الْإِسْرَاءِ وَسَرْدِه، لِلَّذِينَ لَا يَعْلَمُونَ: يَقُولُ رَسُولُ اللَّهِ صَلَّى اللَّهُ عَلَيْهِ وَسَلَّمَ - كَمَا جَاءَ فِي رِوَايَةِ الْبُخَارِيِّ عَنْ مَالِكِ بْنِ صَعْصَعَةَ رَضِيَ اللَّهُ عَنْهُ -: "ثُمَّ فُرِضَتْ عَلَيَّ الصَّلَوَاتُ خَمْسِينَ صَلَوةً كُلَّ يَوْم، فَرَجَعْتُ فَمَرَرْتُ عَلَى مُوسَى، فَقَالَ: بِمَا أُمِرْتَ؟ قُلْتُ: أُمِرْتُ بِخَمْسِينَ صَلَوةً كُلَّ يَوْم. قَالَ: إِنَّ أُمَّتَكَ لَا تَسْتَطِيعُ خَمْسِينَ صَلَوةً كُلَّ يَوْم، وَإِنِّي وَاللهِ قَدْ جَرَّبْتُ النَّاسَ قَبْلَكَ، وَعَالَجْتُ بَنِي إِسْرَائِيلَ أَشَدَّ الْمُعَالَجَةِ، فَارْجِعْ إِلَى رَبِّكَ فَاسْأَلْهُ التَّخْفِيفَ لِأُمَّتِكَ.

فَرَجَعْتُ فَوَضَعَ عَنِّي عَشْرًا، فَرَجَعْتُ إِلَى مُوسَى فَقَالَ مِثْلَهُ، فَرَجَعْتُ فَوَضَعَ عَنِّي عَشْرًا، فَرَجَعْتُ إِلَى مُوسَى فَقَالَ مِثْلَهُ، فَرَجَعْتُ فَوَضَعَ عَنِّي عَشْرًا، فَرَجَعْتُ إِلَى مُوسَى فَقَالَ مِثْلَهُ، فَرَجَعْتُ فَأُمِرْتُ بِعَشْرِ صَلَوَاتٍ كُلَّ يَوْم، فَرَجَعْتُ فَقَالَ مِثْلَهُ، فَرَجَعْتُ فَأُمِرْتُ بِخَمْسِ صَلَوَاتٍ كُلَّ يَوْم، فَرَجَعْتُ إِلَى مُوسَى، فَقَالَ: بِمَ أُمِرْتَ؟

قُلْتُ: أُمِرْتُ بِخَمْسِ صَلَوَاتٍ كُلَّ يَوْم. قَالَ: إِنَّ أُمَّتَكَ لَا تَسْتَطِيعُ خَمْسَ صَلَوَاتٍ كُلَّ يَوْم، وَإِنِّي قَدْ جَرَّبْتُ النَّاسَ قَبْلَكَ وَعَالَجْتُ بَنِي إِسْرَائِيلَ أَشَدَّ الْمُعَالَجَةِ، فَارْجِعْ إِلَى رَبِّكَ فَاسْأَلْهُ التَّخْفِيفَ لِأُمَّتِكَ. قَالَ: سَأَلْتُ رَبِّي حَتَّى اسْتَحْيَيْتُ، وَلَكِنِّي أَرْضَى وَأُسَلِّمُ. قَالَ: فَلَمَّا جَاوَزْتُ، نَادَى مُنَادٍ: أَمْضَيْتُ فَرِيضَتِي، وَخَفَّفْتُ عَنْ عِبَادِي!؟

أَلنَّقْلُ مَفْسَدَةٌ لِلْعَقْلِ!

مُوسَى يُنْقِذُ الْأُمَّةَ مِنْ إِلَهٍ جَاهِلٍ وَنَبِيٍّ سَاذَجٍ!!! أَلإِسْلَامُ وَالْمُسْلِمُونَ يُبَشِّرُونَ وَيَعِظُونَ وَيُعْلِنُونَ:

أَنَّ مُوسَى أَكْثَرُ عِلْمًا بِالنَّاسِ وَأَكْثَرُ رَحْمَةً مِنَ اللهِ وَمِنْ رَسُولِهِ. مُوسَى يُصَحِّحُ للهِ وَلِرَسُولِهِ وَيُعَلِّمُهُمَا...

ثُمَّ لَاحِقًا يَأْتِي بْنُ الْخَطَّابِ وَيُصَحِّحُ لِرَسُولِ اللهِ أَخْطَاءَ فِي أَكْثَرَ مِنْ عِشْرِينَ مَوْقِعًا! أَسْعَى أَلَّا أُكَرِّرَ نَفْسِي، وَلَـكِنْ لَا بُدَّ أَنْ أَسْأَلَكَ أَيُّهَا الْقَارِئُ الْكَرِيمُ:

لِمَاذَا لَـمْ تَصِلْ رِسَالَةُ مُحَمَّدٍ إِلَى أَصْحَابِهَا: "لِلنَّاسِ كَـافَّةً"؟

أَكْتُبُ لَكَ أَيُّهَا الْقَارِئُ الْكَرِيمُ، لِأَنِّي أَحْتَرِمُ عَقْلَكَ وَأَقْدِرُ قُدْرَتَكَ عَلَى التَّفْكِيرِ، وَالْاسْتِيعَابِ، وَأَعْلَمُ أَنَّ لَدَيْكَ مِنَ الْوَعْي مَا يَجْعَلُكَ قَادِرًا عَلَى التَّفْرِيقِ بَيْنَ مَا هُوَ عَقْلَانِيٌّ وَمَا هُوَ شَيْطَانِيٌّ! وَلَا رَيْبَ فِي أَنْ أَطْرَحَ هَذِهِ الْمَقُولَةَ الَّتِي تَقُولُ: حَدِّثِ الْعَاقِلَ بِمَا لَا يَلِيقُ لَهُ، فَإِنْ لَاقَ لَهُ لَا عَقْلَ لَهُ!

كُنْتُ أُرِيدُ أَنْ أَبْقَى نَاقِلًا لِمَا يُقَدِّمُهُ الْمُسَمَّوْنَ عُلَمَاءَ لِلْعَالَمِ فِي التَّعَامُلِ وَالْعَقِيدَةِ. وَلَـكِنْ لَا يُمْكِنُنِي أَنْ أَكُونَ شَاهِدَ زُورٍ عَلَى هَـذَا الْفِكْرِ. أَمَّا تَعَامُلَاتُ الْمُسْلِمِينَ مَعَ بَعْضِهِمِ الْبَعْضِ فَيَعْرِفُهَا الْقَاصِي وَالدَّانِي. وَتَعَامُلَاتُهُم مَعَ بَاقِي الْأُمَمِ فَحَدِّثْ وَلَا حَرَجَ...

فِي قَضَايَا الْإِرْهَابِ وَطُرُقِهِ وَأَسَالِيبِهِ وَأَنْمَاطِهِ وَأَشْكَالِهِ وَفُنُونِهِ، لَمْ يَسْبِقْهُمْ أَحَدٌ يَخْشَى إِلَهًا أَوْ خَـالِقًا، فِي التَّارِيخ...

حَدُّ الذَّبْحِ حَتَّى لِلْأَطْفَالِ!

وَلَدٌ يَافِعٌ لَمْ يُشَارِفْ سِنَّ الْإِحْتِلَامِ، لِأَبَوَيْنِ مُسْلِمَيْنِ يُذْبَحُ يَافِعًا مُسْلِمًا، أَمَامَ أَعْيُنِ النَّاسِ - مِنْ عُلَمَاءَ مُسْلِمِينَ، وَعَامَّةٍ - وَأَمَامَ الْكَامِيرَاتِ، وَأَمَامَ وَالِدِ الطِّفْلِ الْمَذْبُوحِ، ثُمَّ يُعْرَضُ هَـذَا الْكُفْرُ عَلَى شَاشَاتِ التِّلْفَزَةِ، وَعَلَى وَسَائِلِ التَّوَاصُلِ الْاِجْتِمَاعِيِّ.

الْقَاتِلُ يَحُزُّ بِسِكِّينِهِ رَقَبَةَ الْمَذْبُوحِ، وَيَنْطِقُ بِالشَّهَادَتَيْنِ! وَكَـذَلِكَ الْمَذْبُوحُ يَنْطِـقُ بِالشَّهَـادَتَيْنِ، وَالْحَـاضِرُونَ مِنْ عُلَمَاءِ دِينٍ وَغَيْرِهِمْ، يَصْرُخُونَ تَكْبِيـرًا! وَلَا تَسْمَعُ صَوْتَ مُعْظَمِ عُلَمَاءِ الْأُمَّةِ، إِلَّا الْقَلِيلَ!

سِكِّينُ الْقَـاتِلِ دَفَعَ ثَمَنَهَا مُسْلِمٌ، وَشُهَدَاءُ هَـذِهِ الْجَرِيمَةِ مُسْلِمُونَ - عَامَّةٌ وَمَشَايِخُ - وَمَحَطَّـاتُ بَثِّ هَـذَا الْإِرْهَابِ يَدْفَعُ أُجُورَهَا مُسْلِمُونَ، وَالْقَاتِلُ وَالْمَقْتُولُ مُسْلِمَانِ، وَالْمُكَبِّرُونَ ((تَكْبِير؛ أَللَّهُ أَكْبَرُ)) مُسْلِمُونَ! أَيَّ إِلَـهٍ يُكَبِّرُونَ؟

طَبْعًا عِنْدَمَا يَكُونُ الْإِلَـهُ جَاهِلًا بِأُمُورِ مَخْلُوقَاتِهِ وَعِبَادِهِ، وَرَسُولُهُ أَيْضًا قَاصِرًا، بَسِيطًا، وَجَاهِلًا يُخْطِئُ وَيُصِيبُ؛ مِنَ الطَّبِيعِيِّ أَنْ يَحْصُلَ الَّذِي حَصَلَ!

وَلَـكِنْ أَيْنَ الرَّحْمَةُ الَّتِي وَعَدَ اللهُ وَرَسُولُهُ النَّاسَ بِهَا؟ ﴿وَمَآ أَرْسَلْنَكَ إِلَّا رَحْمَةً لِّلْعَٰلَمِينَ﴾.

مَنْ هُمُ الَّذِينَ قَالُوا آمَنَّا بِأَفْوَاهِهِمْ وَلَمْ تُؤْمِنْ قُلُوبُهُمْ؟

أَيُّهَا الْقَارِئُ الْكَرِيمُ، لَقَدْ قَرَّرْتُ أَنْ أَخْرُجَ عَنْ صَمْتِي لِكَي لَا أَكُونَ شَيْطَانًا أَخْرَسَ، ثُمَّ لِيَعْلَمَ الْعَالَمُ أَنَّ هُنَاكَ تَشَابُهَ أَسْمَاءٍ!

اللهُ الْخَالِقُ، وَرَسُولُهُ الَّذِي خُلِقَ الْكَوْنُ لِأَجْلِهِ وَالَّذِي لَا يَنْطِقُ عَنِ الْهَوَى، بُرَآءُ مِنْ هَذَا الْإِسْلَامِ، وَالْقُرْآنُ بَرَاءٌ مِنْ هَذَا الدِّينِ.

أَيُّهَا النَّاسُ، اللهُ وَرَسُولُهُ بَرَآءٌ أَيْضًا مِنْ مُعْظَمِ مَنْ يَدَّعُونَ أَنَّهُمْ مُسْلِمُونَ!

أَيُّهَا الْقَارِئُ، أَدْعُوكَ لِلتَّمَعُّنِ فِي مَا يَقُولُهُ اللهُ فِي كِتَابِهِ الْكَرِيمِ: إِنَّ الَّذِينَ يَشْتَرُونَ بِعَهْدِ اللهِ وَأَيْمَانِهِمْ ثَمَنًا قَلِيلًا أُولَئِكَ لَا خَلَاقَ لَهُمْ فِي الْآخِرَةِ وَلَا يُكَلِّمُهُمُ اللهُ وَلَا يَنْظُرُ إِلَيْهِمْ يَوْمَ الْقِيَامَةِ وَلَا يُزَكِّيهِمْ وَلَهُمْ عَذَابٌ أَلِيمٌ (٧٧ ءَالِ عِمْرَان.

وَأَنزَلْنَا إِلَيْكَ الْكِتَابَ بِالْحَقِّ مُصَدِّقًا لِمَا بَيْنَ يَدَيْهِ مِنَ الْكِتَابِ وَمُهَيْمِنًا عَلَيْهِ فَاحْكُم بَيْنَهُم بِمَا أَنزَلَ اللهُ وَلَا تَتَّبِعْ أَهْوَاءَهُمْ عَمَّا جَاءَكَ مِنَ الْحَقِّ.

أَلنَّقْلُ مَفْسَدَةٌ لِلْعَقْلْ!

يَا أَيُّهَا الرَّسُولُ لَا يُحْزِنْكَ الَّذِينَ يُسَارِعُونَ فِي الْكُفْرِ مِنَ الَّذِينَ قَالُوا آمَنَّا بِأَفْوَاهِهِمْ وَلَمْ تُؤْمِن قُلُوبُهُمْ ۚ وَمِنَ الَّذِينَ هَادُوا ۖ سَمَّاعُونَ لِلْكَذِبِ سَمَّاعُونَ لِقَوْمٍ آخَرِينَ لَمْ يَأْتُوكَ يُحَرِّفُونَ الْكَلِمَ مِن بَعْدِ مَوَاضِعِهِ يَقُولُونَ إِنْ أُوتِيتُمْ هَذَا فَخُذُوهُ وَإِن لَّمْ تُؤْتَوْهُ فَاحْذَرُوا وَمَن يُرِدِ اللهُ فِتْنَتَهُ فَلَن تَمْلِكَ لَهُ مِنَ اللهِ شَيْئًا أُولَئِكَ الَّذِينَ لَمْ يُرِدِ اللهُ أَن يُطَهِّرَ قُلُوبَهُمْ لَهُمْ فِي الدُّنْيَا خِزْيٌ ۖ وَلَهُمْ فِي الْآخِرَةِ عَذَابٌ عَظِيمٌ...

أَيَّ رَسُولٍ يُخَاطِبُ اللهُ؟ مَنْ غَيْرُ الْمُصْطَفَى؟!

وَمَنِ الَّذِينَ كَانُوا يُسَارِعُونَ فِي الْكُفْرِ؟ يُسَارِعُ فِي الْكُفْرِ مَنْ كَانَ قَدْ آمَنَ، ثُمَّ ارْتَدَّ! وَمَنْ غَيْرُ الصَّحَابَةِ؟

لَقَدْ وَعَدْتُ فِي بِدَايَةِ هَذَا الْبَحْثِ أَلَّا أَكْشِفَ مَصَادِرِي وَلَكِنِّي أَحْبَبْتُ أَنْ أُوَكِّدَ لَكَ أَيُّهَا الْقَارِئُ الْكَرِيمُ، أَنِّي إِنْ شَاءَ اللهُ مِنَ الْمُسْلِمِينَ الْمُؤْمِنِينَ، وَأَنَّ الْقُرْآنَ كَمَا سَمَّاه اللهُ أَكْرَمُ الْأَكْرَمِينَ: " قُرْآنٌ كَرِيمٌ ".

وَاللهِ الَّذِي لَا إِلَهَ إِلَّا هُوَ؛ إِنْ أَقْبَلْتَ أَيُّهَا الْقَارِئُ الْكَرِيمُ عَلَى الْقُرْآنِ بِقَلْبٍ وَعَقْلٍ مَفْتُوحَيْنِ خَاشِعَيْنِ، طَالِبًا الْهِدَايَةَ لَوَجَدْتَهُ كَرِيمًا صَادِقًا هَادِيًا وَعَاصِمًا لَكَ فِي الدُّنْيَا، وَفِي يَوْمِ الْقِيَامَةِ...

أَلنَّقْلُ مَفْسَدَةٌ لِلْعَقْلِ!

إنَّ هؤُلاءِ الَّذِينَ تَقَمَّصُوا دِيْنَ اللهِ المُرْسَلَ عَلَى قَلْبِ رَسُولِهِ مُحَمَّدٍ، لا يَرْجُونَ حُرْمَةً لِلهِ وَلا لِرَسُولِهِ وَلا لِخَلْقِهِ... أُنْظُرْ حَوْلَكَ تَجِدْهُمْ فِي كُلِّ أنحاءِ العَالَمِ يَعِيثُونَ فِي الأرْضِ فَسَادًا، وَيَقتُلُونَ الأبْرِيَاءَ. لَيْسَ إحْيَاءً لِدِينِ اللهِ إنَّمَا إرْهَابًا وَتَنْكِيلًا بِمَا وَمَنْ خَلَقَ اللهُ! فَلا تَبْتَئِسْ، إنَّ اللهَ يُمْهِلُهُمْ فِي طُغْيَانِهِم...

هؤُلاءِ لا يَرْعَوْنَ حُرْمَةً لِلهِ. وَاللهِ لَوْ قَرَأْتَ كُتُبَ المُسْلِمِينَ بِجَمِيعِ مَذَاهِبِهِم، بِمَوْضُوعِيَّةٍ وَعَقْلَانِيَّةٍ وَبِدُونِ تَحَيُّزٍ، لَوَجَدْتَ مُعْظَمَهَا أَسَاطِيرَ وَحِكَايَاتٍ وَأَضَالِيلَ وَأَبَاطِيلَ...

تَقُولُ كُتُبُ المُسْلِمِينَ وَهِيَ أمامَكَ أيُّهَا القَارِئُ الكَرِيمُ: الحَدِيثُ الذِي رَوَاهُ ابْنُ أَبِي عَاصِمٍ فِي كُتُبِ السُّنَّةِ، قَالَ: ثَنَا أَيُّوبُ بنُ مُحَمَّدٍ الوَزَّانِ ثَنَا عَبْدُ اللهِ بْنُ جَعْفَرٍ عَنْ عُبَيْدِ اللهِ بْنِ عَمرو عَنْ زَيدِ بنِ أَبِي أُنَيْسَةَ عَنْ طَارِقِ بنِ عَبْدِ الرَّحْمَنِ، قَالَ: سَمِعتُ سَعِيدَ بْنَ جُبَيْرٍ يَقُولُ: سَمِعْتُ بْنَ عَبَّاسٍ يَقُولُ: إنَّ اللهَ تَعَالَى لَيُمْهِلُ فِي شَهْرِ رَمَضَانَ كُلَّ لَيْلَةٍ، حَتَّى إذَا ذَهَبَ ثُلُثُ اللَّيلِ الأوَّلُ، وَهَبَطَ إلَى السَّمَاءِ الأُولَى، ثُمَّ قَالَ: هَلْ مِنْ سَائِلٍ يُعْطَى؟ هَلْ مِنْ مُسْتَغْفِرٍ يُغْفَرُ لَهُ؟ هَلْ مِنْ تَائِبٍ يُتَابُ عَلَيه... قَالَ الشَّيْخُ الأَلْبَانِيُّ فِي كِتابه "ظِلَالُ الجَنَّةِ فِي تَخْرِيجِ السُّنَّةِ" تَحْتَ رَقمٍ: 513: إسْنَادُهُ صَحِيحٌ... وَالحَدِيثُ ظَاهِرُهُ أَنَّ اللهَ -تَعَالَى- يَهْبِطُ إلَى سَمَاءِ الدُّنْيَا فِي رَمَضَانَ حِينَ يَمْضِي ثُلُثُ اللَّيْلِ الأوَّلُ، لَكِنْ لَمْ نَجِدْ مِنْ أَهْلِ العِلْمِ مَنْ نَصَّ عَلَى أَنَّ ذَلِكَ خَاصٌّ بِرَمَضَانَ دُونَ غَيْرِهِ مِنْ سَائِرِ شُهُورِ العَامِ، وَقَدْ وَرَدَتْ نُصُوصٌ أُخْرَى مُطْلَقَةٌ غَيْرُ مُقَيَّدَةٍ بِرَمَضَانَ، تَدُلُّ عَلَى أَنَّهُ -تَعَالَى- يَنْزِلُ حِينَ يَمْضِي ثُلُثُ اللَّيْلِ الأوَّلُ.

مِنْهَا مَا رَوَاهُ مُسْلِمٌ فِي صَحِيحِهِ عَنْ أَبِي هُرَيْرَةَ عَنْ رَسُولِ اللهِ صَلَّى اللهُ عَلَيْهِ وَسَلَّمَ قَالَ: يَنْزِلُ اللهُ إِلَى السَّمَاءِ الدُّنْيَا كُلَّ لَيْلَةٍ حِينَ يَمْضِي ثُلُثُ اللَّيْلِ الْأَوَّلُ، فَيَقُولُ: أَنَا الْمَلِكُ، أَنَا الْمَلِكُ، مَنْ ذَا الَّذِي يَدْعُونِي فَأَسْتَجِيبَ لَهُ، مَنْ ذَا الَّذِي يَسْأَلُنِي فَأُعْطِيَهُ، مَنْ ذَا الَّذِي يَسْتَغْفِرُنِي فَأَغْفِرَ لَهُ. فَلَا يَزَالُ كَذَلِكَ حَتَّى يُضِيءَ الْفَجْرُ. وَهَذَا الْحَدِيثُ أَخْرَجَهُ التِّرْمِذِيُّ كَذَلِكَ، وَقَالَ بَعْدَهُ: قَالَ أَبُو عِيسَى: حَدِيثُ أَبِي هُرَيْرَةَ حَدِيثٌ حَسَنٌ صَحِيحٌ، وَقَدْ رُوِيَ هَذَا الْحَدِيثُ مِنْ أَوْجُهٍ كَثِيرَةٍ عَنْ أَبِي هُرَيْرَةَ عَنِ النَّبِيِّ صَلَّى اللهُ عَلَيْهِ وَسَلَّمَ. وَرُوِيَ عَنْهُ أَنَّهُ قَالَ: يَنْزِلُ اللهُ -عَزَّ وَجَلَّ- حِينَ يَبْقَى ثُلُثُ اللَّيْلِ الْآخِرُ، وَهُوَ أَصَحُّ الرِّوَايَاتِ. انْتَهَى...

وَجَاءَتْ نُصُوصٌ أُخْرَى تُشِيرُ إِلَى أَنَّهُ -تَعَالَى- يَنْزِلُ نِصْفَ اللَّيْلِ... مِنْهَا مَا جَاءَ كَذَلِكَ فِي صَحِيحِ مُسْلِمٍ عَنْ أَبِي هُرَيْرَةَ قَالَ: قَالَ رَسُولُ اللهِ صَلَّى اللهُ عَلَيْهِ وَسَلَّمَ: إِذَا مَضَى شَطْرُ اللَّيْلِ، أَوْ ثُلُثَاهُ، يَنْزِلُ اللهُ -تَبَارَكَ وَتَعَالَى- إِلَى السَّمَاءِ الدُّنْيَا، فَيَقُولُ: هَلْ مِنْ سَائِلٍ يُعْطَى؟ هَلْ مِنْ دَاعٍ يُسْتَجَابُ لَهُ؟ هَلْ مِنْ مُسْتَغْفِرٍ يُغْفَرُ لَهُ؟ حَتَّى يَنْفَجِرَ الصُّبْحُ.

قَالَ النَّوَوِيُّ فِي شَرْحِ صَحِيحِ مُسْلِمٍ: قَوْلُهُ صَلَّى اللهُ عَلَيْهِ وَسَلَّمَ: يَنْزِلُ رَبُّنَا -تَبَارَكَ وَتَعَالَى- كُلَّ لَيْلَةٍ إِلَى السَّمَاءِ الدُّنْيَا حِينَ يَبْقَى ثُلُثُ اللَّيْلِ الْآخِرُ، وَفِي الرِّوَايَةِ الثَّانِيَةِ: حِينَ يَمْضِي ثُلُثُ اللَّيْلِ الْأَوَّلُ، وَفِي رِوَايَةٍ: إِذَا مَضَى شَطْرُ اللَّيْلِ أَوْ ثُلُثَاهُ... قَالَ الْقَاضِي عِيَاضٌ: الصَّحِيحُ رِوَايَةُ: حِينَ يَبْقَى ثُلُثُ اللَّيْلِ الْآخِرُ، كَذَا قَالَهُ شُيُوخُ الْحَدِيثِ، وَهُوَ الَّذِي تَظَاهَرَتْ عَلَيْهِ الْأَخْبَارُ بِلَفْظِهِ وَمَعْنَاهُ... قَالَ: وَيُحْتَمَلُ أَنْ يَكُونَ النُّزُولُ بِالْمَعْنَى الْمُرَادِ بَعْدَ الثُّلُثِ الْأَوَّلِ. وَقَوْلُهُ: مَنْ يَدْعُونِي، بَعْدَ الثُّلُثِ الْآخِرِ. هَذَا كَلَامُ الْقَاضِي...

أَلنَّقْلُ مَفْسَدَةٌ لِلْعَقْلِ!

وَيُحْتَمَلُ أَنْ يَكُونَ النَّبِيُّ صَلَّى اللهُ عَلَيْهِ وَسَلَّمَ أُعْلِمَ بِأَحَدِ الْأَمْرَيْنِ فِي وَقْتٍ فَأَخْبَرَ بِهِ، ثُمَّ أُعْلِمَ بِالْآخَرِ فِي وَقْتٍ آخَرَ فَأَعْلَمَ بِهِ. وَسَمِعَ أَبُو هُرَيْرَةَ الْخَبَرَيْنِ فَنَقَلَهُمَا جَمِيعًا، (رَسُولٌ يَهْذِي وَيَنْسَى وَلَا يَعْلَمُ مَتَى يَنْزِلُ إِلَهُهُ!)

وَسَمِعَ أَبُو سَعِيدٍ الْخُدْرِيُّ خَبَرَ الثُّلُثِ الْأَوَّلِ فَقَطْ فَأَخْبَرَ بِهِ مَعَ أَبِي هُرَيْرَةَ، كَمَا ذَكَرَهُ مُسْلِمٌ فِي الرِّوَايَةِ الْأَخِيرَةِ، وَهَذَا ظَاهِرٌ...

رَسُولُ اللهِ عِنْدَ الْمُسْلِمِينَ يَسْهُو، يَقُولُ شَيْئًا ثُمَّ يَقُولُ عَكْسَهُ، وَيُحَاوِلُ الِانْتِحَارَ.

يَدْعُونِي فَأَسْتَجِيبَ لَهُ، مَنْ ذَا الَّذِي يَسْأَلُنِي فَأُعْطِيَهُ، مَنْ ذَا الَّذِي يَسْتَغْفِرُنِي فَأَغْفِرَ لَهُ. فَلَا يَزَالُ كَذَلِكَ حَتَّى يُضِيءَ الْفَجْرُ ...

أَنَا أُرِيدُ أَنْ أَسْأَلَ اللهَ الْمَغْفِرَةَ وَالْمَعْذِرَةَ! لَمْ أَجِدْ وَقْتًا مُحَدَّدًا فِي هَذَا الْحَدِيثِ لِكَيْ أَطْلُبَ الْعَفْوَ وَالْمَغْفِرَةَ، وَلَا أَدْرِي إِذَا كَانَ يَصْعَدُ لِيَنْزِلَ بَعْدَ أَنْ يُضِيءَ الْفَجْرُ، أَمْ يَبْقَى؟!! هَذِهِ خِسَارَةٌ وَاللهِ، كَيْفَ هَذَا الرَّسُولُ دَائِمًا يُخْطِئُ؟ الْإِلَهُ يُرِيدُ أَنْ يَتُوبَ عَلَيْنَا وَرَسُولُهُ يَسْهُو وَيَنْسَى وَيُخْطِى!؟

أَيُّ رَسُولٍ هُوَ هَذَا؟ لِمَاذَا لَمْ يَتَدَخَّلْ عُمَرُ كَعَادَتِهِ وَيُصَحِّحْ لَنَا هَذِهِ الْهَفْوَةَ؟

وَكَيْفَ يَرْضَى اللهُ لَنَا هَذَا؟ يَنْزِلُ بِجَلَالِهِ عَنْ عَرْشِهِ مِنَ السَّمَاءِ السَّابِعَةِ إِلَى السَّمَاءِ الدُّنْيَا، لِيَغْفِرَ لَنَا، وَلَا أَحَدَ يَعْلَمُ التَّوْقِيتَ؟ لِمَاذَا لَمْ يَبْعَثِ اللهُ عُمَرَ بَدَلًا مِنْ مُحَمَّدٍ، مَثَلًا؟! مُحَمَّدٌ كَثُرَ سَهْوُهُ وَتَقْصِيرُهُ! رَبِّ كَيْفَ تَرْضَى هَذَا لَنَا؟ مَا ذَنْبُنَا إِذَا قَصَّرَ رَسُولُكَ؟ أَرْسِلْ أَبَا هُرَيْرَةَ بَدَلًا مِنْهُ!

أَلنَّقْلُ مَفْسَدَةٌ لِلْعَقْلِ!

وَأَيْضًا قَدْ كَانَ أَبُو هُرَيْرَةَ أَكْثَرَ الْحُفَّاظِ عَنْ رَسُولِكَ! مَا كَانَ رَسُولُكَ قَدْ نَسِيَ حَفِظَهُ أَبُو هُرَيْرَةَ: عَدَدُ الْأَحَادِيثِ الَّتِي رَوَاهَا الصَّحَابِيُّ الْجَلِيلُ أَبُو هُرَيْرَةَ رَضِيَ اللهُ عَنْهُ خَمْسَةُ آلَافٍ وَثَلَاثُمِئَةٍ وَثَلَاثَةٌ وَسَبْعُونَ حَدِيثًا!!! هَذَا يَكْفِي، أَنْ يَكُونَ أَبُو هُرَيْرَةَ وَحْدَهُ السُّنَّةَ...

إِنَّ هَذِهِ الْأَحَادِيثَ الَّتِي صَحَّحَهَا مُعْظَمُ عُلَمَاءِ الْمُسْلِمِينَ، وَذُكِرَتْ فِي مُعْظَمِ كُتُبِ الْإِسْنَادِ؛ فِيهَا اعْتِدَاءٌ صَارِخٌ بِالْجَهْلِ وَالسَّذَاجَةِ عَلَى الْعِزَّةِ الْإِلَهِيَّةِ، (اللهُ أَكْبَرُ) ... الْإِلَهُ الشَّابُّ الْأَمْرَدُ -إِلَهُ بْنِ تَيْمِيَّةَ- الَّذِي يَنْزِلُ وَيَصْعَدُ، يَعْنِي مُتَحَرِّكٌ، وَيَحْتَاجُ لِلْحَرَكَةِ (يَعْنِي مُحْتَاجٌ)، الَّذِي يَأْتَمِرُ لِعُمَرَ، وَالَّذِي يَقْبَلُ اعْتِرَاضَ مُوسَى عَلَى أَوَامِرِهِ!

وَهَذَا الْإِلَهُ الْجَاهِلُ الَّذِي لَا يَعْرِفُ أَنَّ الثُّلُثَ الْأَخِيرَ مِنَ اللَّيْلِ سَرْمَدِيٌّ مَا دَامَ الْكَوْنُ عَلَى حَالِهِ! الْإِلَهُ الْبَعِيدُ عَنْ مَخْلُوقَاتِهِ، وَالَّذِي سَمْعُهُ ضَعِيفٌ، فَيَضْطَرُّ لِلْهُبُوطِ إِلَى السَّمَاءِ السُّفْلَى، أَمْ، أَمْ، أَمْ! الْإِلَهُ الشَّابُّ الْأَمْرَدُ: ((رَأَيْتُ رَبِّي فِي الْمَنَامِ فِي صُورَةِ شَابٍّ مُوَقَّرٍ فِي خُضْرٍ، عَلَيْهِ نَعْلَانِ مِنْ ذَهَبٍ، وَعَلَى وَجْهِهِ فَرَاشٌ مِنْ ذَهَبٍ)) ... رَجَاءً ابْحَثُوا! يَقُولُ شَيْخُ الْإِسْلَامِ بْنُ تَيْمِيَّةَ: "رَأَيْتُ رَبِّي فِي صُورَةِ شَابٍّ أَمْرَدَ، لَهُ وَفْرَةٌ جَعْدٌ قَطَطٌ، فِي رَوْضَةٍ خَضْرَاءَ"...

وَيُمْكِنُ أَنْ تَبْحَثُوا أَيْضًا عَنْ رُؤْيَةِ أَحْمَدَ غُلَامَ الْقَادِيَانِيِّ لِلَّهِ فِي الْمَنَامِ... يَقُولُ الْقَادِيَانِيُّ غُلَامٌ أَنَّهُ رَأَى اللَّهَ فِي مَنَامِهِ فَقَالَ لَهُ: (Good Morning). هَذَا يَعْنِي أَنَّ اللهَ إِنْجِلِيزِي!

ألنَّقْلُ مَفْسَدَةٌ لِلْعَقْلْ!

وَرَدَ فِي كُتُبِ الْمُسْلِمِينَ:

أَوَّلًا: أَخْرَجَ الْبُخَارِيُّ فِي صَحِيحِهِ (1145) وَمُسْلِمٌ (1261) عَنْ أَبِي هُرَيْرَةَ رَضِيَ اللهُ عَنْهُ، أَنَّ النَّبِيَّ صَلَّى اللهُ عَلَيْهِ وَسَلَّمَ قَالَ: " يَنْزِلُ رَبُّنَا تَبَارَكَ وَتَعَالَى كُلَّ لَيْلَةٍ إِلَى السَّمَاءِ الدُّنْيَا حِينَ يَبْقَى ثُلُثُ اللَّيْلِ الآخِرُ.

يَقُولُ: "مَنْ يَدْعُونِي فَأَسْتَجِيبَ لَهُ مَنْ يَسْأَلُنِي فَأُعْطِيَهُ مَنْ يَسْتَغْفِرُنِي فَأَغْفِرَ لَهُ".

وَقَدْ رُوِيَ هَذَا الْحَدِيثُ عَنِ النَّبِيِّ صَلَّى اللهُ عَلَيْهِ وَسَلَّمَ نَحْوٌ مِنْ ثَمَانِيَةٍ وَعِشْرِينَ صَحَابِيًّا ـ رَضِيَ اللهُ عَنْهُمْ. وَاتَّفَقَ الْمُسْلِمُونَ عَلَى تَلَقِّي ذَلِكَ بِالْقُبُولِ. وَقَدْ سَبَقَ الْكَلَامُ عَلَى هَذَا الْحَدِيثِ وِفْقَ مُعْظَمِ مَذَاهِبِ الْمُسْلِمِينَ فِي: رَقْمِ الْفَتْوَى: (20081) ...

ثَانِيًا: شَيْخُ الإِسْلَامِ بْنُ تَيْمِيَّةَ إِمَامٌ كَبِيرٌ مِنْ أَئِمَّةِ الإِسْلَامِ، وَعَلَمٌ مِنْ أَعْلَامِ الْهُدَى، وَذَلِكَ بِاعْتِرَافِ جَمَاهِيرِ أَئِمَّةِ الْعِلْمِ وَالدِّينِ، وَقَدْ سَبَقَ بَيَانُ جُمَعٍ مِنْ أَقْوَالِ الْعُلَمَاءِ، وَمِنْهُمُ الْحَافِظُ بْنُ حَجَرٍ الْعَسْقَلَانِيُّ، فِي تَزْكِيَةِ شَيْخِ الإِسْلَامِ بْنِ تَيْمِيَّةَ وَالثَّنَاءِ عَلَيْهِ، فَلْيُرَاجَعْ ذَلِكَ فِي الْفَتْوَى رَقْمِ 96323

ثَالِثًا: ذَكَرَ الْحَافِظُ بْنُ حَجَرٍ الْعَسْقَلَانِيُّ فِي كِتَابِهِ (الدُّرَرُ الْكَامِنَةُ) أَنَّ جَمَاعَةً ذَكَرُوا أَنَّ بْنَ تَيْمِيَّةَ رَحِمَهُ اللهُ كَانَ عَلَى الْمِنْبَرِ، فَقَالَ: إِنَّ اللهَ جَلَّ شَأْنُهُ يَنْزِلُ كُلَّ لَيْلَةٍ إِلَى السَّمَاءِ الدُّنْيَا كَنُزُولِي هَذَا، ثُمَّ نَزَلَ عَلَى دَرَجِ الْمِنْبَرِ دَرَجَتَيْن ...

النَّقْلُ مَفْسَدَةٌ لِلْعَقْلِ!

إِلَهٌ مُحْتَاجٌ؛ يَحْتَاجُ إِلَى حَرَكَةٍ لِكَيْ يَنْزِلَ وَيَصْعَدَ، وَقَدْ يَحْتَاجُ إِلَى سُلَّمٍ أَوْ دَابَّةٍ، سَمْعُهُ ضَعِيفٌ، لِكَيْ يَسْمَعَ الدُّعَاءَ، يَتَنَزَّلُ كُلُّهُ أَوْ جُزْءٌ مِنْهُ (طَبْعًا، يَتَنَزَّلُ رَأْسُهُ لِكَيْ يَسْمَعَ الدُّعَاءَ، أَوْ قَدْ يَنْزِلُ وَلَا يَتْرُكَ عَرْشَهُ، إِلَهٌ مُرَكَّبٌ) مِنَ السَّمَاءِ السَّابِعَةِ، إِلَى السَّمَاءِ الْأُولَى فِي الثُّلُثِ الْأَخِيرِ مِنْ كُلِّ لَيْلٍ ...

أَيِّ لَيْلٍ، لَيْلَ أُسْتُرَالِيَا، لَيْلَ أَمْرِيكَا، أَمْ لَيْلَ بِرِيطَانِيَا، أَمْ قَدْ يَكُونُ لَيْلَ مَكَّةَ؟! هَذَا الْإِلَهُ مُرَكَّبٌ، يَنْقَسِمُ أَوْ يَجْعَلُ لِنَفْسِهِ تَوْأَمًا أَوْ تَوَائِمَ!؟ إِلَهٌ جَاهِلٌ لَا يَعْلَمُ أَنَّ فِي كُلِّ جُزْءٍ مِنَ الثَّانِيَةِ يَدْخُلُ ثُلُثُ لَيْلٍ جَدِيدٌ عَلَى مَنْطَقَةٍ فِي الْكُرَةِ الْأَرْضِيَّةِ.

إِنَّ هَذَا الْإِلَهَ كُلَّهُ أَوْ جُزْءًا مِنْهُ (رَأْسُهُ) مَا يَزَالُ عَالِقًا فِي السَّمَاءِ الدُّنْيَا... كَيْفَ يَنْزِلُ الْخَالِقُ وَيَصْعَدُ؟ هَلْ يَتَكَوَّنُ هَذَا الْإِلَهُ مِنْ كُتْلَةٍ مَا؟ أَلَمْ يُخْبِرْنَا الْقُرْآنُ عَنْ حَالِهِ؟ سَبَّحَ لِلَّهِ مَا فِي السَّمَاوَاتِ وَالْأَرْضِ ۖ وَهُوَ الْعَزِيزُ الْحَكِيمُ (1) لَهُ مُلْكُ السَّمَاوَاتِ وَالْأَرْضِ ۖ يُحْيِي وَيُمِيتُ ۖ وَهُوَ عَلَىٰ كُلِّ شَيْءٍ قَدِيرٌ (2)

هُوَ الْأَوَّلُ وَالْآخِرُ وَالظَّاهِرُ وَالْبَاطِنُ ۖ وَهُوَ بِكُلِّ شَيْءٍ عَلِيمٌ (3) هُوَ الَّذِي خَلَقَ السَّمَاوَاتِ وَالْأَرْضَ فِي سِتَّةِ أَيَّامٍ ثُمَّ اسْتَوَىٰ عَلَى الْعَرْشِ ۚ يَعْلَمُ مَا يَلِجُ فِي الْأَرْضِ وَمَا يَخْرُجُ مِنْهَا وَمَا يَنْزِلُ مِنَ السَّمَاءِ وَمَا يَعْرُجُ فِيهَا ۖ وَهُوَ مَعَكُمْ أَيْنَ مَا كُنْتُمْ ۚ وَاللَّهُ بِمَا تَعْمَلُونَ بَصِيرٌ (4) الحَديد.

وَيَقُولُ اللهُ فِي سُورَةِ ق: وَلَقَدْ خَلَقْنَا الْإِنْسَانَ وَنَعْلَمُ مَا تُوَسْوِسُ بِهِ نَفْسُهُ وَنَحْنُ أَقْرَبُ إِلَيْهِ مِنْ حَبْلِ الْوَرِيدِ (16).

وَأَسِرُّوا قَوْلَكُمْ أَوِ اجْهَرُوا بِهِ ۖ إِنَّهُ عَلِيمٌ بِذَاتِ الصُّدُورِ (13).

ألنَّقْلُ مَفْسَدَةٌ لِلْعَقْل!

وَيَقُولُ: وَنَحْنُ أَقْرَبُ لِلإنْسَانِ مِنْ حَبْلِ العَاتِقِ؛ وَالوَرِيدُ: عِرْقٌ بَيْنَ الحَلْقومِ وَالعِلباوَيْنِ وَالحَبْلُ: هُوَ الوَرِيدُ.

هُوَ اللهُ الغَنِيُّ الَّذي لا يَحْتَاجُ لِلْحَرَكَةِ، أَوِ التَّنَقُّلِ؛ لا نُزُولاً وَلا صُعوداً... اللهُ نُورُ السَّمَوَتِ وَالأَرضِ...

أَمَّا إِلَهُ مُعْظَمُ المُسْلِمِينَ، مُحْتَاجٌ أَنْ يَنْزِلَ لِكَيْ يَسْمَعَ، لأنَّهُ أَطرش!

مَاذَا تَنْتَظِرون مِنْ إِلَهٍ جَاهِلٍ، لَمْ يَزَلْ كُلُّهُ أَوْ نِصْفُهُ أَوْ جُزءٌ مِنْهُ عَالِقاً في السَّماءِ الدُّنْيا يَنْتَظِر نِهايَة الثُّلُثِ الأَخيرِ مِنَ اللَّيْلِ لِيَرْجِع وَيَجْلِسَ عَلى عَرْشِه؟!

إِلَهٌ جَاهِلٌ لا يَعْلَمُ أَنَّ الثُّلُثَ الأَخيرَ مِنَ اللَّيْلِ سَرمَدِيٌّ لا يَنْتَهِي!

هَذا الجَهْلُ المُسَيْطِرُ عَلى إِلَهِهِمْ وَعَلى نَبِيِّهِمْ سَيْطَرَ عَلى عُقُولِ عُلَماءِ المُسْلِمِينَ، مُذْ تَنَطَّعَ وَتَحَذَّقَ وَتَنَطَّقَ وَتَأَلَّقَ المُنافِقُونَ وَالجَهَلَةِ؛ وَتَصَدَّرُوا الإِفْتَاءَ...

أَلنَّقْلُ مَفْسَدَةٌ لِلْعَقْلِ!

نُزُولُ اللهِ يَوْمَ عَرَفَة!

أَلْقُرْآنُ، وَأَهْلُ الْقُرْآنِ، وَالْمُؤْمِنونَ جَمِيعاً يَسْألُونَ: كَيْفَ تَتَنَزَّلَ إِلَهُهُمْ صَبِيحَةَ يَوْمِ عَرَفَة؟

أَلَمْ يَكُ قَدْ نَزَلَ في الثُّلُثِ الأَخِيرِ مِنْ لَيْلَةِ عَرَفَة؟

أَمْ أَنَّ مَا بَقِيَ مِنْهُ في اللَّيْلِ نَزَلَ في النَّهَارِ؟!

إِنَّ وَرَاءَ هَذَا الفِكْرِ التَّجْهِيلِيِّ مَدَارِسَ مَدْعومَةً مِنْ دُوَلٍ وَأَنْظِمَةٍ تَصْرِفُ عَلَيْهَا مِلْيَارَاتٍ مِنَ العُمْلَاتِ في جَمِيعِ أَنْحَاءِ العَالَمِ، هَدَفُها التَّضْلِيلُ وَبَثُّ الحِقْدِ وَالفُرْقَةِ عَلَناً، وَمِنْ مَنَابِرَ مَعْروفَةٍ، تُسَخَّرُ لَهَا إِذاعَاتٌ وَقَنَواتُ تَلْفَزَةٍ، وَدُعَاةٌ مَأْجورونَ لِنَشْرِ هَذَا الفِكْرِ الإِرْهابِيِّ وَإِذْكَاءِ نِيرَانِ القَتْلِ

وَالتَّدْمِيرِ وَإِفْسَادِ الدِّينِ وَالعَقِيدَةِ، في عَمَلِيَّةٍ مُمَنْهَجَةٍ وَرَاءَهَا تُجَّارُ المَوْتِ وَالسِّلَاحِ.

كُلُّ هَذَا، وَمُعْظَمُ عُلَمَاءَ مَنْ يُسَمَّوْنَ مُسْلِمِينَ، صُمٌّ بُكْمٌ عُمْيٌ فَهُمْ لَا يَعْقِلُونَ؛ لِأَنَّهُمْ خُدَّامٌ وَتُجَّارٌ يَسْتَرْزِقُونَ تَحْتَ أَقْدَامِ الحُكَّامِ.

هَذَا الإِسْلَامُ مُنْذُ نَشْأَتِهِ حَوَّلَ أُمَّةَ رَسُولِ اللهِ المُصْطَفى مُحَمَّدٍ حَطَبًا يَحْتَرِقُ في لَهِبِهِ المُسْلِمُونَ. وَذَلِكَ مُذْ اغْتِيلَ رَسُولُ الإِنْسَانِيَّةِ. حَيْثُ انْقَسَمَتِ الأُمَّةُ بَعْدَ مُؤَامَرَةِ السَّقِيفَةِ، وَمَا زَالُوا يَتَشَرْذَمُونَ إِلَى ظَالِمِينَ أَوْ ضَحَايَا!

أَلنَّقْلُ مَفْسَدَةٌ لِلْعَقْلِ!

إنَّ الفِسْقَ الَّذي اسْتَشْرَى بَعْدَ اسْتِشْهادِ حبيبِ اللهِ، شجَّعَ المُنافِقينَ لإظهار ما في قُلوبِهم. اسْتَوْلَى نُزَلَاءُ (السَّقيفَة) على الحُكْمِ والمَحْكُومِيَّة مِنْ غَيرِ حقٍّ أوْ عِلْمٍ.

ولَكنَّ اللهَ والقُرآنَ كانَا دائماً لَهُمْ بالمِرصادِ!

ما أَبْدَعَ القُرآنَ وما أَعْظَمَ القُرآنَ وما أَحْكَمَ القُرآنَ العَظيمَ يَفْضَحُ هؤُلاءِ المُزوِّرينَ المُتَنَطِّعينَ...

هُوَ الَّذي أنزَلَ عليْكَ الكِتَبَ منهُ ءايَتٌ مُحكَمَتٌ هُنَّ أُمُّ الكِتَب وأُخَرُ مُتَشَبِهَتٌ فأَمَّا الَّذينَ فى قُلوبِهم زيغٌ فيَتَّبِعُونَ ما تَشَبَهَ منهُ ابتِغَاءَ الفِتنَةِ وابتِغَاءَ تأَويلِهِ وَما يَعلَمُ تأَويلَهُ إلَّا اللهُ والرَّسِخُونَ فى العِلمِ يقُولُونَ ءامَنَّا بهِ كُلٌّ مِّن عِندِ ربِّنَا وَما يَذَّكَّرُ إلَّآ أُولُوا الألبَب... طبْعاً كَما تَعْلَمُ أيُّها القارِئ الكَريمُ. كُلُّ تفَاسِيرِ القُرآنِ تَبْدَأُ بجُمْلَةِ "اخْتَلَفَ العُلَمَاءُ"، إمْعانًا في التَّجْهيلِ.

"وَما يَعلَمُ تأَويلَهُ إلَّا اللهُ، والرَّسِخُونَ فى العِلمِ يقُولُونَ ءامَنَّا به". هَذه عَيِّنَةٌ مِنْ هَذا الإخْتِلَافِ المَنْقُولِ حرْفيًّا مِنْ كُتُبِ المُسْلِمينَ: هَذا مَحَلُّ خِلافٍ بيَنَ أهْلِ العِلْمِ ((عِلمُ التَّجْهيلِ)) في مَوْضِعِ الوُقوفِ عِنْدَ قِرَاءَةِ الآيَةِ:

هَلِ الوُقوفُ على لَفْظِ الجَلالَةِ {وَما يَعلَمُ تأَويلَهُ إلَّا اللهُ} [سُورَةُ آلِ عِمِرَن: آيَة 7]. {والرَّسِخُونَ فى العِلمِ يقُولُونَ ءامَنَّا به} [سُورَةُ آلِ عِمِرَن: آيَة 7] جُمْلَةٌ مُسْتَأْنَفَةٌ أَمْ أنَّ الرَّاسِخينَ في العِلْمِ معْطوفُونَ عَلَى لَفْظِ الجَلالَةِ، وَلَا يتَعَيَّنُ الوُقوفُ على لَفْظِ الجَلالَةِ؟!

أَلنَّقْلُ مَفْسَدَةٌ لِلْعَقْلِ!

وَهَذَا يَرْجِعُ إِلَى مَعْنَى التَّأْوِيلِ وَالمُرَادِ بِهِ. فَإِنْ كَانَ المُرَادُ بِالتَّأْوِيلِ التَّفْسِيرَ وَمَعْرِفَةَ المَعْنَى فَإِنَّهُ يَصِحُّ العَطْفُ عَلَى لَفْظِ الجَلَالَةِ فَتَقْرَأُ الآيَةَ: "وَمَا يَعْلَمُ تَأْوِيلَهُ إِلَّا اللهُ وَالرَّاسِخُونَ فِي العِلْمِ" [سورة آل عمران: آية 7] بِمَعْنَى أَنَّ الرَّاسِخِينَ فِي العِلْمِ يَعْرِفُونَ مَعَانِيَ المُتَشَابِهِ وَيُفَسِّرُونَهُ بِأَنْ يَحْمِلُوهُ عَلَى المُحْكَمِ وَيَرُدُّونَهُ إِلَى المُحْكَمِ.

وَإِنْ أُرِيدَ بِالتَّأْوِيلِ هُنَا مَآلُ الشَّيْءِ وَكَيْفِيَّتُهُ وَمَا يَؤُولُ إِلَيْهِ الشَّيْءُ مِنَ الأُمُورِ الَّتِي أَخْبَرَ اللهُ عَنْهَا مِنَ المُغَيَّبَاتِ فَهَذَا لَا يَعْلَمُهُ إِلَّا اللهُ وَيَتَعَيَّنُ الوَقْفُ عَلَى لَفْظِ الجَلَالَةِ فَتَقْرَأُ الآيَةَ: "وَمَا يَعْلَمُ تَأْوِيلَهُ إِلَّا اللهُ" [سورة آلِ عمران: آية 7]

وَالوَقْفُ عَلَى لَفْظِ الجَلَالَةِ يَعْنِي أَنَّ الحَقِيقَةَ الَّتِي يَؤُولُ إِلَيْهَا وَالكَيْفِيَّةَ ▢لَّتِي هُوَ عَلَيْهَا مِمَّا أَخْبَرَ اللهُ عَنْهَا فِي كِتَابِهِ مِنَ الأُمُورِ المُغَيَّبَةِ كَذَاتِهِ سُبْحَانَهُ وَتَعَالَى وَكَيْفِيَّةِ صِفَاتِهِ وَمَا فِي الدَّارِ الآخِرَةِ مِنَ النَّعِيمِ وَالعَذَابِ وَغَيْرِ ذَلِكَ فَهَذَا لَا يَعْلَمُهُ إِلَّا اللهُ.

وَمِنْ هَذَا قَوْلُهُ تَعَالَى: "هَلْ يَنْظُرُونَ إِلَّا تَأْوِيلَهُ يَوْمَ يَأْتِي تَأْوِيلُهُ يَقُولُ الَّذِينَ نَسُوهُ مِنْ قَبْلُ قَدْ جَاءَتْ رُسُلُ رَبِّنَا بِالحَقِّ" [سورة الأعراف: آية 53] فَالمُرَادُ بِتَأْوِيلِهِ هُنَا حَقِيقَتُهُ الَّتِي يَؤُولُ إِلَيْهَا وَكَيْفِيَّتُهُ لَا تَفْسِيرُهُ وَمَعْنَاهُ...

يَا صَلَاةَ الزَّيْنِ! مَا دَخْلُ الحَقِيقَةِ الَّتِي يَؤُولُ إِلَيْهَا؟ هَذِهِ المُعَاضَلَةُ تُذَكِّرُنِي بِمُعَاضَلَةِ ذَبْحِ البَقَرَةِ: وَإِذْ قَالَ مُوسَى لِقَوْمِهِ إِنَّ اللهَ يَأْمُرُكُم أَنْ تَذْبَحُوا بَقَرَةً... إِلَى آخِرِهِ ...

أَلْنَّقْلُ مَفْسَدَةٌ لِلْعَقْلِ!

وَلَكِنَّ هَؤُلَاءِ النَّاسَ مَا زَالُوا يُصِرُّونَ عَلَى خِدَاعِهِم وَمُخَادَعَتِهِم فِي تَشْتِيتِ الْحَقَائِقِ! التَّأْوِيلُ فِي اللُّغَةِ الْعَرَبِيَّةِ، يَعْنِي التَّفْسِيرَ وَبَيَانَ الْمَعْنَى! وَلَكِنَّ هَؤُلَاءِ الْمُتَأَوِّلُونَ اتَّبَعُوا مَا تَشَابَهَ مِنْهُ ابْتِغَاءَ الْفِتْنَةِ وَابْتِغَاءَ تَأْوِيلِهِ، ادَّعُوا بَاطِلًا الْعِلْمَ، يُفَسِّرُونَ الْقُرْآنَ بِمَا يَتَمَاشَى مَعَ مُعْتَقَدَاتِهِم، وَمَا يُنَاسِبُ أَهْوَاءَهُم.

أَرَادُوا مِنْ كُلِّ هَذِهِ الِاخْتِلَافَاتِ إِبْعَادَ الْمُصْطَفَى عَنْ تَأْوِيلِ الْقُرْآنِ وَتَفْسِيرِهِ، وَأَرَادُوا أَيْضًا تَصْغِيرَهُ، وَأَيْضًا إِبْعَادَ الرَّاسِخِينَ فِي الْعِلْمِ – الَّذِينَ أَخْبَرَ ☐ اللَّهُ عَنْهُم فِي كِتَابِهِ، وَرَسُولِهِ- عَنْ دَائِرَةِ عِلْمِ الْقُرْآنِ!

أَوَّلًا بِالْوُقُوفِ فِي الْقِرَاءَةِ بَعْدَ اسْمِ الْجَلَالَةِ، جَعَلُوا الْجُمْلَةَ الَّتِي بَعْدَهَا مُسْتَأْنَفَةً، أَيِ اسْتَثْنُوا الرَّسُولَ الْأَعْظَمَ مِنْ تَأْوِيلِ الْقُرْآنِ.

ثَانِيًا كَمَا ذَكَرْنَا فِي قِصَّةِ مُوسَى فِي الصَّلَاةِ.

ثَالِثًا فِي نُبُوءَاتِ عُمَرَ، وَرَابِعًا وَخَامِسًا وَأَلْفًا مِمَّا أَفَكُوا مِنْ قِصَصٍ بَاطِلَةٍ لِرَفْعِ الْعِصْمَةِ عَنْ خَيْرِ خَلْقِ اللهِ.

سَوْفَ أَكْشُفُ بَعْضًا مِنْهَا فِي هَذَا الْبَحْثِ، وَالْبَاقِي سَأَتَنَاوَلُهُ فِي أَبْحَاثٍ أُخْرَى إِذَا أَمَدَّنِي اللهُ بِالْعُمْرِ. ابْحَثُوا بِعُقُولِكُم سَتَكْتَشِفُونَهَا أَنْتُم أَيْضًا بِإِذْنِ اللهِ. يَعْتَقِدُ الْمُسْلِمُونَ أَنَّ اللهَ وَحْدَهُ لَا غَيْرَ يَعْلَمُ تَأْوِيلَ الْقُرْآنِ!

أَمَّا الرَّاسِخُونَ فِي الْعِلْمِ، فَإِنَّهُم يُؤَكِّدُونَ هَذِهِ الْحَقِيقَةَ!

أَوَّلًا، هَلْ يَحْتَاجُ اللهُ لِمَنْ يُؤَكِّدُ قَوْلَهُ؟

أَلنَّقْلُ مَفْسَدَةٌ لِلْعَقْلِ!

ثَانِيًا، رَاسِخُونَ فِي العِلْمِ وَلَا يَعْلَمُونَ!

ثَالِثًا، إِذَا مَا ادَّعَوْهُ صَحِيحًا، لِمَاذَا لَمْ يُخْبِرُونَا أَسْمَاءَ هَؤُلَاءِ الرَّاسِخِينَ فِي العِلْمِ؟!

هَلِ الرَّسُولُ الأَعْظَمُ مِنْ هَؤُلَاءِ؟!

إِذَا كَانَ الرَّسُولُ لَا يَعْلَمُ تَأْوِيلَ القُرْآنِ؟ كَمَا أَرْسَلْنَا فِيكُم رَسُولًا مِّنكُم يَتْلُو عَلَيكُم ءَايَـٰتِنَا وَيُزَكِّيكُم وَيُعَلِّمُكُمُ الكِتَـٰبَ وَالحِكمَةَ وَيُعَلِّمُكُم مَّا لَم تَكُونُوا تَعلَمُونَ [١٥١ البقرة].

وَأَيضًا: لَقَد مَنَّ اللهُ عَلَى المُؤمِنِينَ إِذ بَعَثَ فِيهِم رَسُولًا مِّن أَنفُسِهِم يَتْلُو عَلَيهِم ءَايَـٰتِهِ وَيُزَكِّيهِم وَيُعَلِّمُهُمُ الكِتَـٰبَ وَالحِكمَةَ وَإِن كَانُوا مِن قَبلُ لَفِى ضَلَـٰلٍ مُّبِينٍ [١٦٤ آل عمران].

وَأَيضًا. رَبَّنَا وَابعَث فِيهِم رَسُولًا مِّنهُم يَتْلُوا عَلَيهِم ءَايَـٰتِكَ وَيُعَلِّمُهُمُ الكِتَـٰبَ وَالحِكمَةَ وَيُزَكِّيهِمْ إِنَّكَ أَنتَ العَزِيزُ الحَكِيمُ [١٢٩ البقرة].

وَأَيضًا. لَقَد مَنَّ اللَّهُ عَلَى المُؤمِنِينَ إِذ بَعَثَ فِيهِم رَسُولًا مِّن أَنفُسِهِم يَتْلُوا عَلَيهِم ءَايَـٰتِهِ وَيُزَكِّيهِم وَيُعَلِّمُهُمُ الكِتَـٰبَ وَالحِكمَةَ وَإِن كَانُوا مِن قَبلُ لَفِى ضَلَـٰلٍ مُّبِينٍ [١٦٤ آل عمران].

أَعتَقِدُ أَنَّ هَذَا يَكفِي، لِأُذَكِّرَ بِالْمَثَلِ القَائِلِ: إِن كُنتَ لَا تَستَحِي فَافعَل مَا بَدَا لَكَ!

أَلنَّقْلُ مَفْسَدَةٌ لِلْعَقْلْ!

رَسُولُ الْمُسْلِمِينَ بَعَثَهُ إِلَهُ الْمُسْلِمِينَ بِالْكِتَابِ (الْقُرْآن) – كَمَا يَقُولُ اللهُ فِي كِتَابِهِ، لِكَيْ يُزَكِّيَ وَيُعَلِّمَ النَّاسَ الْكِتَابَةَ وَالْحِكْمَةَ – وَلَكِنَّ هَذَا الرَّسُولَ لَا يَعْلَمُ تَأْوِيلَ هَذَا الْقُرْآنِ...

مِنْ أَيْنَ جَاءَ هَؤُلَاءِ الْجَهَلَةُ بِاحْتِمَالِيَّةِ تَبْعِيضِ الْقُرْآنِ؟

أَنَا مُضْطَرِبٌ جِدًّا، لِأَنِّي مُلْزَمٌ أَنْ أُرُدَّ عَلَى هَؤُلَاءِ الَّذِينَ يَنْفُثُونَ دُخَانًا سَامًّا لِحَجْبِ الْبَصِيرَةِ – وَلَيْسَ الْبَصَرَ فَقَطْ - عِنْدَ النَّاسِ، وَقَدْ نَجَحُوا عَلَى مَدَى خَمْسَةَ عَشَرَ قَرْنًا.

لِأَنَّهُ مِنْ طَبْعِ مُعْظَمِ الْبَشَرِ أَنْ يَخْتَارُوا الْأَسْهَلَ: يُغْمِضُونَ أَعْيُنَهُمْ وَيَسُدُّونَ آذَانَهُمْ، ثُمَّ يَسِيرُونَ مَعَ الْقَطِيعِ!

أَقْرَاصُ الدَّوَاءِ وَحُبُوبُ الْفِيتَامِينِ أَسْهَلُ مِمَّا هُوَ طَبِيعِيٌّ، لِأَنَّهَا الْمُوضَةُ، وَالْحُصُولُ عَلَيْهَا أَسْرَعُ وَأَسْهَلُ، وَهِيَ أَيْضًا أَكْثَرُ فَعَالِيَّةً لِأَنَّهَا أَكْثَرُ كَثَافَةً وَتَرْكِيزاً.

صَنَعَهَا أُخِصَّائِيُّونَ مِمَّا جَعَلَهَا أَكْثَرَ فَائِدَةً. كَمَا صُنِعَ هَذَا الْإِسْلَامُ!

أَلنَّقْلُ مَفْسَدَةٌ لِلْعَقْلِ!

أَلآيَةُ الَّتِي نَحْنُ بِصَدَدِهَا، وَاضِحَةٌ، سَهْلَةُ الْقِرَاءَةِ وَالْفَهْمِ. يَقُولُ اللهُ فِيهَا لِلْعَالَمِينَ أَنَّ هَذَا الْقُرْآنَ فِيهِ آيَاتٌ مُحْكَمَاتٌ. فَالْمُحْكَمُ هُوَ مَا عُلِمَ مُرَادُهُ بِظَاهِرِهِ، مِنْ غَيْرِ قَرِينَةٍ! كَقَوْلِهِ تَعَالَى: ((إِنَّ اللهَ لَا يَظْلِمُ النَّاسَ شَيْئًا)) وَقَوْلِهِ: ((لَا يَظْلِمُ مِثْقَالَ ذَرَّةٍ)) وَقَوْلِهِ أَيْضًا: ((أَقِمِ الصَّلَاةَ)) لِأَنَّهُ لَا يَحْتَاجُ فِي مَعْرِفَةِ الْمُرَادِ بِهِ إِلَى دَلِيلٍ!

مَعْنَاهَا الْمَقْصُودُ وَاضِحٌ لَا يُشْتَبَهُ بِالْمَعْنَى غَيْرِ الْمَقْصُودِ، لِذَا يَجِبُ الْإِيمَانُ بِمِثْلِ هَذِهِ الْآيَاتِ، وَالْعَمَلُ بِهَا!

أَمَّا الْمُتَشَابِهُ: فَهُوَ الْآيَاتُ الَّتِي لَا تُقْصَدُ ظَوَاهِرُهَا، مَعْنَاهَا الْحَقِيقِيَّ! مَاذَا تَفْعَلُ بِهَا؟ تَسْتَفْتِي الرَّاسِخِينَ فِي الْعِلْمِ إِنْ وُجِدُوا، أَوْ تَحْتَاطُ! لِذَا حَذَّرَ اللهُ عِبَادَهُ مِنَ الَّذِينَ فِي قُلُوبِهِم مَرَضٌ! أَيُّ مَرَضٍ يَا إِلَهِي؟ ((النِّفَاق)) إِذْ يَقُولُ الْمُنَافِقُونَ وَالَّذِينَ...

فِي قُلُوبِهِم مَّرَضٌ مَّا وَعَدَنَا اللهُ وَرَسُولُهُ إِلَّا غُرُورًا (١٢ الأحزاب) ... ((أَصْحَابُ الْقُلُوب الْمَرِيضَة)).

وَيَقُولُ الَّذِينَ آمَنُوا لَوْلَا نُزِّلَتْ سُورَةٌ فَإِذَا أُنْزِلَتْ سُورَةٌ مُّحْكَمَةٌ وَذُكِرَ فِيهَا الْقِتَالُ رَأَيْتَ الَّذِينَ فِي قُلُوبِهِم مَّرَضٌ يَنْظُرُونَ إِلَيْكَ نَظَرَ الْمَغْشِيِّ عَلَيْهِ مِنَ الْمَوْتِ فَأَوْلَى لَهُمْ (٢٠ محمد) ... لَئِنْ لَمْ يَنْتَهِ الْمُنَافِقُونَ وَالَّذِينَ فِي قُلُوبِهِم مَّرَضٌ وَالْمُرْجِفُونَ فِي الْمَدِينَةِ لَنُغْرِيَنَّكَ بِهِمْ ثُمَّ لَا يُجَاوِرُونَكَ فِيهَا إِلَّا قَلِيلًا (٦٠ الأحزاب) ...

أَلنَّقْلُ مَفْسَدَةٌ لِلْعَقْلِ!

أَلْمُنافِقونَ وَالَّذينَ في قُلوبِهِمْ مَرَضٌ، وَالمُرْجِفونَ؛ جَاوَروا رَسولَ الإِنْسانِيَّةِ في المَدينَةِ!؟ فَهَلْ هُمْ مِنَ الصَّحابَةِ!؟ فَلا تَغُرَّنَّكَ الأَلْقابُ، وَالعَنْعَناتُ!

المُحْكَمُ ما لَمْ تَشْتَبِهْ مَعانيه، وَالمُتَشابَهُ: ما اشْتَبَهَتْ مَعانيه. وَإِنَّما يَقَعُ الاشْتِباهُ في أُمورِ الدّينِ، كَالتَّوْحيدِ وَنَفْيِ التَّشْبيهِ وَالجَوْرِ... إِنَّ المُحْكَمَ ما لا يَحْتَمِلُ مِنَ التَّأْويلِ إِلَّا وَجْهاً واحِداً، وَالمُتَشابَهُ: ما يَحْتَمِلُ وَجْهَيْنِ فَصاعِداً... إِنَّ المُحْكَمَ ما لَمْ تَتَكَرَّرْ أَلْفاظُهُ، وَالمُتَشابَهَ ما تَتَكَرَّرُ أَلْفاظُهُ كَقِصَّةِ موسى وَالبَقَرَةِ، وَغَيْرِ ذَلِكَ...

إِذاً أَرَدْتَ أَيُّها القارِئُ الكَريمُ تَفْسيرَ القُرْآنِ الَّذي لا يَعْلَمُ تَفْسيرَهُ إِلَّا اللهُ!!! وَلَكِنْ هَؤُلاءِ وُعَّاظُ السَّلاطينِ يُفَسِّرونَهُ؛ هَذا شَأْنُكَ! أَو ابْحَثْ هَدانا اللهُ وَهَداك...

يَقولونَ أَنَّ الواوَ قَبْلَ الرَّاسِخينَ في العِلْمِ لَيْسَتْ واوَ العَطْفِ إِنَّما هِيَ (واوٌ) اسْتِئْنافِيَّة! هَذا يَعْني أَنَّ الرَّاسِخينَ في العِلْمِ يُؤَكِّدونَ أَنَّهُمْ لا يَعْلَمونَ تَأْويلَ القُرْآنِ! (راسخون في العِلْمِ وَلا يَعْلَمون!!!).

أَمَّا وُعَّاظُ السَّلاطينِ فَطَبْعًا يَعْلَمونَ تَأْويلَ القُرْآنِ وَتَفْسيرَه!

لَوْ سَأَلْنا، - أَنا وَأَنْتَ - هَؤُلاءِ الَّذينَ أَخَذُوا عَلى عاتِقِهِمْ هِدايَةَ النَّاسِ بَدَلًا مِنَ الرَّسولِ: مَنْ هُمْ هَؤُلاءِ الرَّاسِخونَ في العِلْمِ؟ هَلْ تَعْلَمُهُمْ أَيُّها القارِئُ الكَريمُ؟! هَلِ الرَّسولُ الأَعْظَمُ مِنَ الرَّاسِخينَ في العِلْمِ؟

أَلنَّقْلُ مَفْسَدَةٌ لِلْعَقْلِ!

هَلْ في أُمَّةِ المُصْطَفى مَنْ يُوازِي الرَّسُولَ الأَعْظَمَ عِلْمًا، لِكَيْ يَعُدَّهُ اللهُ مَعَهُ في عِلْمِ تَأْوِيلِ القُرْآنِ؟

لا بُدَّ أَنْ يَكونَ هُناكَ أَكْثَرُ مِنِ اثْنَيْنِ لِكَيْ يُسَمَّوا بِالرَّاسِخينَ (جَمْعًا)!؟ مِمَّا وَرَدَ في كُتُبِ المُسْلِمينَ -شَخْصِيًّا- أُرَشِّحُ عُمَرَ بْنَ الخَطَّابِ. يَسْتَحِقُّ بْنُ الخَطَّابِ أَنْ يَكونَ مِنَ الرَّاسِخِينَ في العِلْمِ...

في العِلْمِ، عُمَرُ هُوَ أَرْفَعُ دَرَجَةٍ مِنْ رَسُولِ اللهِ! أَكْثَرَ مِنْ عِشْرينَ مَرَّةً وَافَقَ إلَهُ المُسْلِمينَ عُمَرَ وَخالَفَ الرَّسُولَ، وَهَذا طَبْعًا يُخَوِّلُهُ أَنْ يَكونَ أَوَّلَ الرَّاسِخينَ في العِلْمِ!

كَيْفَ يَحُلُّ عُلَماءُ المُسْلِمينَ هَذِهِ المُعْضِلَةَ؟ النَّاسُ لَيْسُوا سَواسِيَةً: (يَرْفَعِ اللهُ الَّذينَ آمَنُوا مِنْكُمْ وَالَّذينَ أُوتُوا الْعِلْمَ دَرَجاتٍ وَاللهُ بِما تَعْمَلُونَ خَبِيرٌ). مَنْ كانَ يُوازِي عُمَرَ في الإيمانِ وَالْعِلْمِ؟ أَنَا أَخافُ أَنْ أَقُولَ ما يُساوِرُني!

لَوْ سُئِلَ غَيْرُ مُسْلِمٍ أَوْ عِلْمانِيٌّ: مَنْ هُمُ الرَّاسِخُونَ في العِلْمِ؟ بِماذا يُجِيبُ؟! هَلْ هُمُ الصَّحابَةُ الَّذينَ يَتَعَبَّدُ المُسْلِمُونَ بِما عُنْعِنَ عَنْهُم مِنْ أَحادِيثَ مَنْسُوبَةٍ لِرَسُولِ اللهِ؟!؟

أَيْنَ عِلْمُهُمْ، ماذا تَرَكُوا لَنا مِنَ الْعُلُومِ؟ هَؤُلاءِ جَعَلَهُمْ عُلَماءُ المُسْلِمينَ، شُهَداءَ عَلَى أَنَّ اللهَ وَحْدَهُ، وَلا أَحَدَ سِوَى اللهِ يَعْلَمُ تَأْوِيلَ الْقُرْآنِ! ...

أَلنَّقْلُ مَفْسَدَةٌ لِلْعَقْلِ!

قَدْ يَنْدَهِشُ الْبَعْضُ وَيَتَفَاجَأُونَ، وَيَعْتَرِضُ آخَرُونَ عَلَى هَذَا الْبَحْثِ لِأَنَّهُ يَتَعَرَّضُ إِلَى مَسْأَلَةٍ حَسَّاسَةٍ، يَخْشَى الْمُحَقِّقُونَ الْوُلُوجَ فِي دَهَالِيزِهَا.

إِنَّهَا خَطٌّ أَحْمَرُ وَالنِّقَاشُ فِيهَا يُثِيرُ غَضَبَ الْكَثِيرِ مِنَ الْمُتَحَفِّظِينَ، حَيْثُ أَنَّ الْبَعْضَ يُؤْمِنُ أَنَّ عُلَمَاءَ الْمُسْلِمِينَ وَكُتُبَهُمْ، وَمُحَدِّثِيهِمْ وَالصَّحَابَةَ خَطٌّ أَحْمَرُ.

وَكُلُّ شَكٍّ فِي مَا وَرَدَ عَنْهُمْ كُفْرٌ، وَغَيْرُ مَقْبُولٍ. وَقَدْ يُكَفَّرُ مَنْ يَتَجَرَّأُ عَلَى التَّشْكِيكِ فِي عَدَالَةِ رُوَاتِهَا وَكُتَّابِهَا؛ فَكَيْفَ أَتَجَرَّأُ – أَنَا – عَلَى التَّشْكِيكِ فِي مَا وَرَدَ فِي (الْكُتُبِ)، وَقَدْ أَجْمَعَتِ الْأُمَّةُ عَلَى صِحَّتِهَا!؟

إِنَّ مَنْ يَعْتَمِدُ الْقُرْآنَ، وَقَوَاعِدَ اللُّغَةِ الْعَرَبِيَّةِ الَّتِي رَسَّخَهَا الْقُرْآنُ، وَيُجِيرُ الْعَقْلَ؛ لَا يَحْتَاجُ تَخْوِيلًا، وَلَا يَخَافُ قِيلًا.

إِنَّ الْقُرْآنَ هُوَ الْأَوْحَدُ الَّذِي يُمَثِّلُ الْعَدَالَةَ الْإِلَهِيَّةَ الْمُطْلَقَةَ لِلْمُؤْمِنِينَ فِي هَذِهِ الدُّنْيَا، وَحَتَّى فِي الْآخِرَةِ، خُصُوصًا فِي كُلِّ مَا يَتَعَلَّقُ بِالْحَلَالِ وَالْحَرَامِ وَكَذَلِكَ فِي السِّيرَةِ النَّبَوِيَّةِ الشَّرِيفَةِ. إِنَّ هَذَا الْقُرْآنَ يَهْدِي لِلَّتِي هِيَ أَقْوَمُ وَيُبَشِّرُ الْمُؤْمِنِينَ الَّذِينَ يَعْمَلُونَ الصَّالِحَاتِ أَنَّ لَهُمْ أَجْرًا كَبِيرًا (٩) ... وَمَا تَكُونُ فِي شَأْنٍ وَمَا تَتْلُو مِنْهُ مِنْ قُرْآنٍ وَلَا تَعْمَلُونَ مِنْ عَمَلٍ إِلَّا كُنَّا عَلَيْكُمْ شُهُودًا إِذْ تُفِيضُونَ فِيهِ وَمَا يَعْزُبُ عَنْ رَبِّكَ مِنْ مِثْقَالِ ذَرَّةٍ فِي الْأَرْضِ وَلَا فِي السَّمَاءِ وَلَا أَصْغَرَ مِنْ ذَلِكَ وَلَا أَكْبَرَ إِلَّا فِي كِتَابٍ مُبِينٍ (٦١)

ألنَّقْلُ مَفْسَدَةٌ لِلْعَقْلْ!

وَيَوْمَ نَبْعَثُ فِي كُلِّ أُمَّةٍ شَهِيدًا عَلَيْهِم مِّنْ أَنفُسِهِمْ وَجِئْنَا بِكَ شَهِيدًا عَلَى هَؤُلَاءِ وَنَزَّلْنَا عَلَيْكَ الْكِتَابَ تِبْيَانًا لِّكُلِّ شَيْءٍ وَهُدًى وَرَحْمَةً وَبُشْرَى لِلْمُسْلِمِينَ...

إِنَّ الَّذِينَ يَخْتَلِفُونَ مَعِي فِي هَذِهِ الحَقِيقَةِ، أَعْذُرُهُم وَأَتَمَنَّى عَلَيْهِم أَنْ يُعَامِلُونِي بِالْمِثْلِ وَيَعْذُرُونِي... آيَاتُ القُرْآنِ لَنْ تَتَغَيَّرَ أَبَدًا، وَقَوَانِينُ اللُّغَةِ العَرَبِيَّةِ سَتَبْقَى النَّصَّ ضِمْنَ سِيَاقِهِ، مَهْمَا حَاوَلَ اللُّغَوِيُّونَ اللَّعِبَ عَلَى وَتَرِ هَذَا العِلْمِ، وَسَيَبْقَى العَقْلُ المِيزَانَ، لِيَكُونَ رَمْزًا لِلْعَدْلِ وَالإِنْصَافِ وَلِضَبْطِ المَشَاعِرِ وَالأَمَانِي... اللهُ الَّذِي أَنزَلَ الْكِتَابَ بِالْحَقِّ وَالْمِيزَانَ وَمَا يُدْرِيكَ لَعَلَّ السَّاعَةَ قَرِيبٌ... أَلآيَاتُ المُحْكَمَاتُ سَتَبْقَى خَارِجَ مَلْعَبِ المُتَفَاصِحِينَ وَمَلْعَبِ مَنْ يَبْتَغِي الفِتْنَةَ. وَالمُتَشَابِهُ مِنْهُ سَيَبْقَى فِتْنَةً لِلَّذِينَ يَبْغُونَ الفِتْنَةَ.

لِهَذَا إِنَّ رَغْبَتِي العِلْمِيَّةَ وَالرُّوحِيَّةَ وَالعَقْلِيَّةَ فِي التَّعَامُلِ مَعَ القُرْآنِ الكَرِيمِ – الكَامِلِ المُكَمَّلِ، وَالَّذِي لَا يَأْتِيهِ الْبَاطِلُ مِنْ بَيْنِ يَدَيْهِ وَلَا مِنْ خَلْفِهِ تَنْزِيلٌ مِنْ حَكِيمٍ حَمِيدٍ – كَمُسْلِمٍ قُرْآنِيٍّ، وَكَخِرِّيجٍ جَامِعِيٍّ مُثَقَّفٍ، وَكَلُغَوِيٍّ وَبَاحِثٍ صَامِتٍ فِي التَّفْسِيرِ وَالدِّرَاسَاتِ القُرْآنِيَّةِ...

إِنَّ رَغْبَتِي وَحُبِّي لِهَذَا العِلْمِ دَفَعَانِي لِكَيْ أُوَاصِلَ تَجْرِبَتِي البَحْثِيَّةَ، مُجَسِّدًا نَمُوذَجًا تَطْبِيقِيًّا وَمَوْضُوعِيًّا وَعِلْمِيًّا فِي اسْتِنْبَاطِ مَا يُسْتَطَاعُ مِنَ الأَحْكَامِ – مِنَ القُرْآنِ الكَرِيمِ – دُونَ الرُّجُوعِ إِلَى سِوَاهُ حَيْثُ صَدَرَ حُكْمُ اللهِ فِي القُرْآنِ: لَا يَمَسُّهُ إِلَّا المُطَهَّرُونَ!

أَلنَّقْلُ مَفْسَدَةٌ لِلْعَقْلِ!

وَمُسْتَعِينًا فَقَطْ بِمَنْ طَهَّرَهُمُ اللَّهُ، وَجَعَلَهُمْ فِي غَايَةِ التَّمَامِ وَالْكَمَالِ وَالْمَعْرِفَةِ... مَنْ هُمُ الْمُطَهَّرُونَ وَمَا صِلَتُهُم بِالرَّاسِخِينَ فِي العِلْمِ؟ ((الرَّاسِخُونَ فِي العِلْمِ)).

{وَمَا يَعْلَمُ تَأْوِيلَهُ إِلاَّ اللهُ وَالرَّاسِخُونَ فِي العِلْمِ} {لَا يَمَسُّهُ إِلَّا الْمُطَهَّرُونَ}.

لَا أَشُكُّ فِي أَنَّكَ أَيُّهَا الْقَارِئُ الْكَرِيمُ تَتَّفِقُ كُلِّيًا مَعِي فِي مَا يَلِي:

إِنَّ الْقُرْآنَ الَّذِي أُنْزِلَ بِالْحَقِّ مِنْ عِندِ اللَّهِ، الْمَحْفُوظَ بِحِفْظِ اللَّهِ، أَلْمُعْجِزَ، غَيْرَ الْمُفْتَرَى، وَالْمُهَيْمِنَ عَلَى كُلِّ مَا سَبَقَ مِنْ كِتَابٍ مُنْزَلٍ قَبْلَهُ؛ لَهُ السُّلْطَانُ الْقَضَائِيُّ وَسُلْطَةُ الْقَضَاءِ الْمُطْلَقِ وَنِطَاقُهُ فِي الْفَصْلِ بَيْنَ الْمُتَنَاقِضِ، وَالْمُتَضَارِبِ، وَالْمُتَفَاوِتِ، وَالْمُتَنَافِرِ، وَالْمُخَالِفِ، وَالْمُخْتَلِفِ، وَالْمُغَايِرِ، وَالْمُتَبَايِنِ. وَفِي تَصْوِيبِ الْأَحْكَامِ بَيْنَ النَّاسِ لِمَا هُوَ شَرْعِيٌّ أَمْ لَا.

وَإِنَّ حُكْمَ الْقُرْآنِ لَا يَجُوزُ إِنْكَارُهُ، أَوْ جَحْدُهُ، أَوْ نَفْيُهُ، أَوْ حَجْبُهُ، أَوْ مَنْعُهُ مِن مُقَاضَاةِ كُلِّ فِعْلٍ وَقَعَ، أَوْ قَوْلٍ أَوْ دَعْوَى أَوْ مُمَارَسَةٍ نُسِبَتْ صِحَّتُهَا أَوْ بُطْلَانُهَا لِحَدِيثٍ مَنْسُوبٍ لِرَسُولِ اللهِ وَإِن كَانَ صَحِيحًا (مُصَحَّحًا)، وَلَكِنَّهُ يُخَالِفُ مَا جَاءَ فِي الْقُرْآنِ!!!!

لَقَدْ حَذَّرَ الْقُرْآنُ مِنْ تَأْوِيلِ الَّذِينَ فِي قُلُوبِهِمْ زَيْغٌ فِي الْمُتَشَابِهِ مِنَ الْآيَاتِ: فَأَمَّا الَّذِينَ فِي قُلُوبِهِمْ زَيْغٌ فَيَتَّبِعُونَ مَا تَشَابَهَ مِنْهُ ابْتِغَاءَ الْفِتْنَةِ وَابْتِغَاءَ تَأْوِيلِهِ. فَمَا بَالُكُم بِالْجَهَلَةِ وَبِالَّذِينَ لَمْ يُخَوَّلُوا التَّأْوِيلَ!

ألنَّقْلُ مَفْسَدَةٌ لِلْعَقْلْ!

دَعُونَا نَسْبُرُ أَغْوَارَ بَعْضِ آيَاتِ الْقُرْآنِ الْكَرِيمِ لِنُقِيمَ الدَّعْوَى مُبَاشَرَةً عَلَى مَنْ تَطَاوَلَ عَلَى تَفْسِيرِ الْقُرْآنِ وَشَرْحِهِ وَتَأْوِيلِهِ افْتِرَاءً وَمِنْ دُونِ تَخْوِيلٍ، أَوْ عِلْمٍ، وَلَا قُدْرَةٍ أَوْ طَهَارَةٍ. الَّذِينَ جَعَلُوا مِنْ هَذِهِ التَّفَاسِيرِ الْمُتَنَاقِضَة قُرْآنًا مُبْتَكَرًا مُفْتَرًى نَسَبُوهُ ظُلْمًا وَافْتِرَاءً إِلَى اللهِ وَإِلَى الرَّسُولِ؛ حَيْثُ أَنَّ اللهَ يَعْلَمُ أَيْنَ يَجْعَلُ رِسَالَتَهُ، فَجَعَلَ قُرْآنَهُ وَرِسَالَتَهُ فِي الْمُطَهَّرِينَ.

يُسَبِّحُ للهِ مَا فِي السَّمَاوَاتِ وَمَا فِي الْأَرْضِ الْمَلِكِ الْقُدُّوسِ الْعَزِيزِ الْحَكِيمِ (1) هُوَ الَّذِي بَعَثَ فِي الْأُمِّيِّينَ رَسُولًا مِّنْهُمْ يَتْلُو عَلَيْهِمْ آيَاتِهِ وَيُزَكِّيهِمْ وَيُعَلِّمُهُمُ الْكِتَابَ وَالْحِكْمَةَ وَإِن كَانُوا مِن قَبْلُ لَفِي ضَلَالٍ مُّبِينٍ (2) وَآخَرِينَ مِنْهُمْ لَمَّا يَلْحَقُوا بِهِمْ وَهُوَ الْعَزِيزُ الْحَكِيمُ (3) ذَٰلِكَ فَضْلُ اللهِ يُؤْتِيهِ مَن يَشَاءُ وَاللهُ ذُو الْفَضْلِ الْعَظِيمِ (4) مَثَلُ الَّذِينَ حُمِّلُوا التَّوْرَاةَ ثُمَّ لَمْ يَحْمِلُوهَا كَمَثَلِ الْحِمَارِ يَحْمِلُ أَسْفَارًا بِئْسَ مَثَلُ الْقَوْمِ الَّذِينَ كَذَّبُوا بِآيَاتِ اللهِ وَاللهُ لَا يَهْدِي الْقَوْمَ الظَّالِمِينَ (5) قُلْ يَا أَيُّهَا الَّذِينَ هَادُوا إِن زَعَمْتُمْ أَنَّكُمْ أَوْلِيَاءُ لِلّهِ مِن دُونِ النَّاسِ فَتَمَنَّوُا الْمَوْتَ إِن كُنتُمْ صَادِقِينَ (6) وَلَا يَتَمَنَّوْنَهُ أَبَدًا بِمَا قَدَّمَتْ أَيْدِيهِمْ وَاللّهُ عَلِيمٌ بِالظَّالِمِينَ (7). قُلْ إِنَّ الْمَوْتَ الَّذِي تَفِرُّونَ مِنْهُ فَإِنَّهُ مُلَاقِيكُمْ ثُمَّ تُرَدُّونَ إِلَى عَالِمِ الْغَيْبِ وَالشَّهَادَةِ فَيُنَبِّئُكُم بِمَا كُنتُمْ تَعْمَلُونَ. (8) ...

أَلنَّقْلُ مَفْسَدَةٌ لِلْعَقْلْ!

إِنَّهُ لَقُرْآنٌ كَرِيمٌ. فِي كِتَابٍ مَكْنُونٍ. لَا يَمَسُّهُ إِلَّا الْمُطَهَّرُونَ

التَّفَاسِيرُ أَجْمَعَتْ عَلَى أَنَّ كَلِمَةَ يَمَسُّهُ تَعْنِي يَلْمَسُهُ إِلَّا الْقَلِيل. مَا عَدَا هَذَا الرَّأْي - وَمِنْ هَؤُلَاء الشَّيْخُ الشَّعْرَاوِيُّ - الَّذِي يَقُولُ: (إِنَّهُ لَا يَصِحُّ أَنْ يُسْتَدَلَّ بِهَا عَلَى وُجُوب الْوُضُوء قَبْلَ لَمْسِ الْقُرْآنِ وَأَنَّ مَا قِيلَ عَنْ وُجُوب الْوُضُوء قَبْلَ لَمْس الْمُصْحَف هُوَ مِنَ التَّقْدِيسِ لِكَلَامِ اللهِ وَلَيْسَ بِنَهْيٍ مِنْ تِلْكَ الْآيَة "لَا" نَافِيَة وَلَيْسَتْ نَاهِيَة.) ((هَذَا أَوَّلُ الْغَيْثِ)) وَهُنَاكَ رَأْيٌ آخَرُ جَاءَ بِما هُوَ أَدْهَى: بِأَنَّ الْمَقْصُودَ مِنَ الْقُرْآنِ هُوَ الْمَوْجُودُ فِي اللَّوْحِ الْمَحْفُوظِ، وَالْمَقْصُودَ مِنْ" الْمُطَهَّرُونَ "اسْم الْمَفْعُول (الْمُطَهَّرُون) هُوَ الْمَلَائِكَة! يَدَّعِي عُلَمَاءُ الْمُسْلِمِينَ أَنَّ هَذَا الِاخْتِلَاف الْمُتَنَاقِض لَنْ يُفْقِدَ هَذَا الْقُرْآنَ مِصْدَاقِيَّته، لِتَنَاقُضِ التَّفَاسِيرِ، لِأَنَّ كُلَّ التَّفَاسِيرِ صَحِيحَةٌ! كَيْفَ تَصِحُّ الْأَضْدَادُ؟

هَلْ "لَا" فِي لَا يَمَسُّهُ نَاهِيَةٌ أَمْ نَافِيَةٌ؟

وَهَلْ "يَمَسُّهُ" تَعْنِي يَلْمَسُهُ؟

وَ "إِلَّا"، طَبْعًا حَرْفٌ مُرَكَّبٌ مِنْ إِنَّ الشَّرْطِيَّة وَلَا النَّافِيَة: - إِلَّا تَنْصُرُوهُ فَقَدْ نَصَرَهُ اللهُ.

وَ "إِلَّا" حَرْفُ الِاسْتِثْنَاء، يُسْتَثْنَى مَا بَعْدَه مِنْ حُكْم مَا قَبْلَهُ: كُلُّ شَيْءٍ يَنْقُص بِالِانْفَاقِ إِلَّا الْعِلْمَ، - كُلُّ شَيْءٍ هَالِكٌ إِلَّا اللهَ. {فَشَرِبُوا مِنْهُ إِلَّا قَلِيلًا مِنْهُمْ}...

أَلنَّقْلُ مَفْسَدَةٌ لِلْعَقْلِ!

إِمَّا عَنْ قَصْدٍ أَوْ عَنْ جَهْلٍ بِاللُّغَةِ الْعَرَبِيَّةِ وَبِإِحْكَامِ الْقُرْآنِ، إِعْتَقَدَ هَؤُلَاءِ الْمُفَسِّرُونَ وَلَمْ يَخْطُرْ فِي بَالِهِمْ أَنَّ اللَّا النَّاهِيَةِ فِي الْقُرْآنِ يَأْتِي بَعْدَهَا عِقَابٌ أَوْ نَذِيرٌ. وَيَا قَوْمِ هَذِهِ نَاقَةُ اللَّهِ لَكُمْ آيَةً فَذَرُوهَا تَأْكُلْ فِي أَرْضِ اللَّهِ وَلَا تَمَسُّوهَا بِسُوءٍ فَيَأْخُذَكُمْ عَذَابٌ قَرِيبٌ (٦٤) هُود. فَقَالَ لَهُمْ رَسُولُ اللَّهِ نَاقَةَ اللَّهِ وَسُقْيَاهَا (13). الشَّمْسُ. فَكَذَّبُوهُ فَعَقَرُوهَا فَدَمْدَمَ عَلَيْهِمْ رَبُّهُمْ بِذَنْبِهِمْ فَسَوَّاهَا (14). الشَّمْس...

كَيْفَ مَسُّوهَا بِسُوءٍ؟ كَيْفَ عَقَرُوهَا؟ هَلْ لَمَسُوهَا فَعُقِرَتْ؟ أَمْ أَصَابُوهَا بِسُوءٍ فَعُقِرَتْ؟ مَتَى كَانَ اللَّمْسُ يَعْقِرُ الْمَلْمُوسَ؟

مَعْنَى عَقَرَ فِي الْمُعْجَمِ:

1. عَقَرَ الشَّاةَ: "ذَبَحَهَا".

2. عَقَرَ الْبَعِيرَ: "قَطَعَ إِحْدَى قَوَائِمِهِ لِيَسْقُطَ وَيَتَمَكَّنَ مِنْ نَحْرِهِ".

3. عَقَرَ السَّرْجُ أَوِ الرَّحْلُ الظَّهْرَ: "جَرَحَهُ".

4. عَقَرَ الْكَلْبُ الْوَلَدَ: "عَضَّهُ".

5. عَقَرَهُ عَنْ حَاجَتِهِ: "قَطَعَهُ عَنْهَا".

كَيْفَ حَوَّرَ، وَزَوَّرَ، وَأَوَّلَ، وَتَعَامَى عُلَمَاءُ الْمُسْلِمِينَ عَنْ هَذِهِ الْحَقِيقَةِ، وَلِمَاذَا؟؟

أَلنَّقْلُ مَفْسَدَةٌ لِلْعَقْلِ!

أُشْفِقُ عَلَى الْمَلْجُومِينَ بِحِقْدِ الْجَاهِلِيَّةِ، وَالصَّامِتِينَ دِفَاعًا عَنْ أَصْنَام ابْتَدَعُوهَا، وَأَزْدَرِي النَّوَاصِبَ الَّذِينَ شَرِبُوا أَرِيجَ الْمُجْتَرِّ حَتَّى الثَّمَالَة! إِنَّ آيَاتِ مَسِّ النَّاقَةِ تُحَذِّرُ، تُنْذِرُ، وَتَعِدُ بِعِقَابٍ إِذَا مَا حَصَلَ الْمَحْذُورُ...

إِذَا كَانَ أَلْمَقْصُودُ نَفْياً فَلَا دَاعِيَ لِلتَّحْذِيرِ وَالْوَعِيدِ. لَذَلِكَ لَا نَجِدُ قَبْلَ أَوْ بَعْدَ آيَةِ أَلْمَسِّ (لَا يَمَسُّهُ إِلَّا أَلْمُطَهَّرون) ذِكْرًا لِتَحْذِيرٍ أَوْ لِعِقَابٍ!

أَلنَّهْيُ يُمْكِنُ أَنْ نَقْبَلَهُ أَوْ نَعْصَاهُ، وَنُعَاقَبَ عَلَيْهِ حِينَ نَعْصَاهُ أَوْ نُثَابَ أَوْ نُحْمَدَ عَلَيْهِ إِنْ أَطَعْنَا، أَيُّ أَحَدٍ يُمْكِنُ أَنْ يَلْمَسَ الْقُرْآن. مِثَالٌ عَلَى ذَلِكَ اتِّفَاقُ الْبَعْضِ عَلَى حَرْقِ الْقُرْآنِ انْتِقَامًا لِحَادِثَةِ ١١ سبْتَمْبَر؛ فَكَيْفَ يَحُلُّ أَصْحَابُ الْمَسِّ هَذَا التَّنَاقُض؟ كَيْفَ أَنَّ الْقُرْآنَ - فِي هَذِهِ الْآيَةِ - يَنْهَى عَنْ مَسِّ النَّاقَةِ بِسُوءٍ، وَيُحَذِّرُ مِنْ عَذَابٍ قَرِيبٍ؟ وَلَكِنْ لَا عِقَابَ لِمَنْ يَمَسُّ الْقُرْآنَ بِالتَّحْرِيقِ؟

تَعْرِيفُ وَمَعْنَى مَسَّ، مُسَّ فِي مُعْجَمِ أَلْمَعَانِي أَلْجَامِع

مَسَّ: (فِعْل)، يَمَسُّ، أَمْسِسْ / مَسَّ، مَسًّا وَمَسِيسًا، فَهُوَ مَاسٌّ، وَالْمَفْعُولُ مَمْسُوسٌ.

مَسَّ مِنْهُ: أَخَذَ

مَسَّهُ بِالسَّوْطِ: ضَرَبَهُ

رَجُلٌ ممسوس: مَجْنُونٌ، أَصَابَهُ مَسٌّ مِنَ الْجِنّونِ أَوِ السِّحْرِ،

أَلنَّقْلُ مَفْسَدَةٌ لِلْعَقْلِ!

مَسَّهُ الْخَيْرُ: عَرَضَ لَهُ،

مَسَّهُ الشَّيْطَانُ / مُسَّ فُلَانٌ: جُنَّ،

مَسَّتِ الْحَاجَةُ إِلَى كَذَا: أَلْجَأَتْ إِلَيْهِ،

هُوَ فِي أَمَسِّ الْحَاجَةِ إِلَى كَذَا: أَحْوَجُ، أَشَدُّ حَاجَةً،

هُوَ فِي حَاجَةٍ مَاسَّةٍ لِلنَّصِيحَةِ: فِي حَاجَةٍ مُهِمَّةٍ،

مَسَّتِ الْحَاجَةُ إِلَى تَعْزِيزِ الصُّفُوفِ: دَعَتْ إِلَى، دَفَعَتْ إِلَى

وَمَسَّتْ بِهِ رَحِمُ فُلَانٍ: قَرُبَتْ،

بَيْنَ الْجَارَيْنِ رَحِمٌ مَاسَّةٌ: قَرَابَةٌ قَرِيبَةٌ.

إِنَّ مَا يُعَلِّمُنَا الْقُرْآنُ مِنْ كَلِمَةِ الْمَسِّ فِي كُلِّ الْآيَاتِ؛ يَعْنِي الْإِدْرَاكَ، وَهُوَ إِدْرَاكُ شَيْءٍ مَادِّيٍّ لِشَيْءٍ مَعْنَوِيٍّ - أَوْ غَيْرِ حِسِّيٍّ - أَوِ الْعَكْسُ إِدْرَاكُ شَيْءٍ غَيْرِ حِسِّيٍّ لِشَيْءٍ حِسِّيٍّ.

قَالَ أَبَشَّرْتُمُونِي عَلَىٰ أَنْ مَسَّنِيَ الْكِبَرُ فَبِمَ تُبَشِّرُونَ. الحجر.

وَأَيُّوبَ إِذْ نَادَىٰ رَبَّهُ أَنِّي مَسَّنِيَ الضُّرُّ وَأَنْتَ أَرْحَمُ الرَّاحِمِينَ الأنبياء.

أَلنَّقْلُ مَفْسَدَةٌ لِلْعَقْلْ!

وَاذْكُرْ عَبْدَنَا أَيُّوبَ إِذْ نَادَى رَبَّهُ أَنِّي مَسَّنِيَ الشَّيْطَانُ بِنُصْبٍ وَعَذَابٍ.

عَقْلِيًّا وَلُغَوِيًّا لَوْ كَانَ الْمَطْلُوبُ مِنَ الْمَسِّ أَنْ يَكُونَ لَمْسًا، لَتَطَلَّبَ الْمَوْقِفُ أَنْ يَكُونَ الَّذِي يَلْمَسُ مُطَهَّرًا! مَنْ، مِنْ جَمِيعِ الَّذِينَ يَلْمَسُونَ الْقُرْآنَ مُطَهَّرٌ؟

بِالْكَادِ بَعْضُهُمْ، يَتَطَهَّرُ مِنْ نَجَاسَةٍ!

إِنَّ أَضْعَفَ الْإِيمَانِ، وَقَوَاعِدَ اللُّغَةِ الْعَرَبِيَّةِ، وَالْبَدِيهِيَّاتِ لَدَى جَمِيعِ الْمُؤْمِنِينَ، يُنَزِّهُ كِتَابَ اللهِ عَنِ الْكَذِبِ وَالْخَطَأِ...

إِنَّ الْقُرْآنَ لَا يُمْكِنُ أَنْ يَمَسَّهُ إِلَّا الْمُطَهَّرُونَ مَهْمَا حَدَثَ، فَلَا إِرَادَةَ لَنَا فِي مَسِّهِ، إِلَّا كَمَا أَرَادَ اللهُ لَهُ الْمَسَّ. الْقُرْآنُ – كُلِّيًّا – طَاهِرٌ مُطَهَّرٌ وَمُطَهِّرٌ!

وَلَا يُوجَدُ فِي هَذَا الْكَوْنِ حَيِّزٌ يُجْمَعُ فِيهِ الْقُرْآنُ! الْقُرْآنُ نُورٌ: قَدْ جَاءَكُمْ مِّنَ اللهِ نُورٌ وَكِتَابٌ مُّبِينٌ... وَاتَّبَعُوا النُّورَ الَّذِي أُنْزِلَ مَعَهُ... فَآمِنُوا بِاللهِ وَرَسُولِهِ وَالنُّورِ الَّذِي أَنزَلْنَا... وَأَنزَلْنَا إِلَيْكُمْ نُورًا مُّبِينًا...

الْقُرْآنُ كَلَامُ اللهِ الْمُنَزَّهِ الْمُطَهَّرِ، وَعَلَى الَّذِي يَمَسُّهُ أَنْ تَكُونَ طَهَارَتُهُ طَهَارَةَ نُورِ الْقُرْآنِ - جَعْلٌ مِنَ اللهِ – طَهَارَةً لَا تَتَنَجَّسُ. مَنْ مِنَ الَّذِينَ يَمَسُّونَ الْقُرْآنَ، طَهَارَتُهُمْ تُوَازِي طَهَارَةَ الْقُرْآنِ وَنَقَاءَهُ؟!! غِسْلُ النَّاسِ فِعْلُ إِرَادَةٍ؛ هَذِهِ حَقِيقَةٌ. قَدْ يَغْتَسِلُ النَّاسُ بِمَاءٍ نَجِسٍ؟!

مَنْ يَعْلَمُ يَقِينًا أَنَّ الْمَاءَ الَّذِي تَوَضَّأَ بِهِ لَمْ تَدْخُلْهُ نَجَاسَةٌ؟ وَمَا يَتَّبِعُ أَكْثَرُهُمْ إِلَّا ظَنًّا إِنَّ الظَّنَّ لَا يُغْنِي مِنَ الْحَقِّ شَيْئًا إِنَّ اللهَ عَلِيمٌ بِمَا يَفْعَلُونَ. (٣٦ يونس)

أَلنَّقْلُ مَفْسَدَةٌ لِلْعَقْلِ!

وَمَا لَهُمْ بِهِ مِنْ عِلْمٍ إِنْ يَتَّبِعُونَ إِلَّا الظَّنَّ وَإِنَّ الظَّنَّ لَا يُغْنِي مِنَ الْحَقِّ شَيْئًا (٢٨ النجم) وَلَكِنَّ الْقُرْآنَ يَقِينٌ!

أَلْقُرْآنُ يُجِيبُ فِي أَرْبَعِ كَلِمَاتٍ قِصَارٍ: لَا يَعْلَمُ وَلَا يَعِي وَلَا يَمْتَلِكُ وَلَا يَفْقَهُ وَلَا يَسْتَحْوِذُ وَلَا يُفَسِّرُ أَلْقُرْآنَ إِلَّا مُطَهَّرٌ.

أَنْتُمْ يَا مَنْ تَطَاوَلْتُم عَلَى تَفْسِيرِ الْقُرْآنِ لَنْ تَكُونُوا أَكْثَرَ مِمَّنْ يَعْتَقِدُ أَنَّهُ تَطَهَّرَ مِنْ نَجَاسَةٍ بَدَنِيَّةٍ فَقَطْ! مُطَهَّرِين، اسم مَفْعُول.

اللهُ الَّذِي يُطَهِّرُهُمْ بَدَنِيًّا وَعَقْلِيًّا وَرُوحِيًّا. أَمَّا بَاقِي النَّاسِ فَلَنْ يَكُونُوا مُطَهَّرِينَ بِمُجَرَّدِ أَنْ تَوَضَّأُوا! يَا أَيُّهَا الَّذِينَ آمَنُوا إِذَا قُمْتُمْ إِلَى الصَّلَاةِ فَاغْسِلُوا وُجُوهَكُمْ وَأَيْدِيَكُمْ إِلَى الْمَرَافِقِ وَامْسَحُوا بِرُءُوسِكُمْ وَأَرْجُلَكُمْ إِلَى الْكَعْبَيْنِ وَإِنْ كُنْتُمْ جُنُبًا فَاطَّهَّرُوا... وَإِذْ قَالَتِ الْمَلَائِكَةُ يَا مَرْيَمُ إِنَّ اللهَ اصْطَفَاكِ وَطَهَّرَكِ وَاصْطَفَاكِ عَلَى نِسَاءِ الْعَالَمِينَ!!! هَلْ مَرْيَمُ مُطَهَّرَةٌ، أَمْ فَقَطْ كَمَا مُعْظَمِ النَّاسِ مُتَطَهِّرَةٌ؟

مَنْ، مِنَ النَّاسِ مُطَهَّرٌ أَوْ مُطَهَّرَةٌ؟

هَلْ هَؤُلَاءِ الَّذِينَ يُفَسِّرُونَ الْقُرْآنَ - الْمُسَمَّوْنَ عُلَمَاءَ - مُطَهَّرُونَ؟ أُقْسِمُ بِاللهِ إِنَّهُمْ جَمِيعًا غَيْرُ مُطَهَّرِينَ! إِنْ أَحْسَنُوا، قَدْ يُطَهِّرُ بَعْضُهُمْ أَجْسَادَهُمْ فَقَطْ ثُمَّ تَنْجُسُ ثُمَّ يُطَهِّرُونَهَا، وَهَكَذَا دَوَالِيكَ!!

كَيْفَ كَانُوا (يَمَسُّونَ) - يَلْمِسُونَ - الْقُرْآنَ وَهُمْ غَيْرُ مُطَهَّرِينَ؟

أَلنَّقْلُ مَفْسَدَةٌ لِلْعَقْلِ!

إِنَّ جَمِيعَ النَّاسِ مُسْتَثْنَوْنَ مِنْ مَسِّ القُرْآنِ بِحَرْفِ (إِلَّا) لِأَنَّهُمْ غَيْرُ مُطَهَّرِينَ... لَا يَمَسُّهُ إِلَّا الْمُطَهَّرُونَ، هَلْ هُوَ أَمْرٌ أَوْ نَهْيٌ، إِخْبَارٌ، إِنْذَارٌ أَمْ بُشْرَى؟ كُلُّ كُتُب مَا يُسَمَّى "تَفْسِير" أَجْمَعَتْ عَلَى عَنْعَنَةِ مَوْتَى! وَمُعْظَمُهُمْ، مُسْتَعْرِبُونَ وَزُكُّوا وَدُعِمُوا مِنْ سُلْطَاتٍ غَاصِبَةٍ مُغْتَصِبَةٍ، اسْتَعَانَتْ بِهِمْ لِتَثْبِيتِ سُلْطَانِهَا. حَيْثُ كَانَ مُعْظَمُ مَنْ أَسَّسَ هَذَا الفِقْهَ مِنْ غَيْرِ العَرَبِ.

أَوَّلُهُمْ أَبُو حَنِيفَة، الَّذِي لَمْ يَتَجَرَّأِ الْمُؤَرِّخُونَ عَلَى ذِكْرِ أَصْلِهِ، بَلْ عَلَى العَكْسِ طَمَسَ أَبُو حَنِيفَة عُلَمَاءُ الْمُسْلِمِينَ أَصْلَهُ، بِكَثْرَةِ البَدَائِلِ! ((عِلْمُ التَّجْهِيلِ)) فَكَانَ أَبُو حَنِيفَة أَوَّلَ الْمُتَمَذْهِبِينَ. وَبَعْدَهُ كَرَّتِ السُّبْحَة!!!

ثَانِيهِمْ، عِمَادُ هَذَا الدِّينِ وَصَاحِبُ الكِتَابِ الَّذِي يَدَّعُونَ أَنَّهُ يُسَاوِي القُرْآنَ صِحَّةً وَصِدْقًا وَعِلْمًا وَطُهْرًا، لِهَذَا سَمُّوه صَحِيحًا! إِنَّهُ مُحَمَّدُ بْنُ إِسْمَاعِيلَ بْنُ إِبْرَاهِيمَ بْنُ الْمُغِيرَةِ بْنُ بَرْدِزْبَه الْجُعْفِيُّ الْبُخَارِيُّ.!

ثَالِثُهُمْ: مُسْلِمُ بْنُ الْحَجَّاجِ بْنِ مُسْلِمِ بْنِ وَرْدِ بْنِ كُوشَاذَ الْقَشِيرِيُّ النَّيْسَابُورِيُّ.

رَابِعُهُمْ: هُوَ مُحَمَّدُ بْنُ جَرِيرِ بْنِ غَالِبِ الطَّبَرِيُّ، وَالْمَعْرُوفُ بِاسْمِ أَبِي جَعْفَر الطَّبَرِيِّ، وَالَّذِي يُعْتَبَرُ وَاحِدًا مِنْ أَهَمِّ أَئِمَّةِ الْإِسْلَامِ، فَقَدْ كَانَ مُفَسِّرًا، وَفَقِيهًا، وَمُؤَرِّخًا، أَصِيلًا وَبَعِيدًا عَنِ التَّقْلِيدِ، وَمُجْتَهِدًا فِي أَحْكَامِهِ الَّتِي يُصْدِرُهَا، وَيُشَارُ إِلَى أَنَّهُ صَاحِبُ أَكْبَرِ كِتَابَيْنِ، وَأَفْضَلِهِمَا فِي مَجَالِ التَّارِيخِ، وَالتَّفْسِيرِ، وَهُمَا: تَفْسِيرُ الطَّبَرِيِّ، وَتَارِيخُ الطَّبَرِيِّ!!؟

خَامِسُهُمْ، أَبُو عَبْدِ اللهِ مُحَمَّدُ بْنُ عُمَرَ بْنِ الْحَسَنِ بْنِ الْحُسَينِ التَّيْمِيُّ الرَّازِيُّ الْمُلَقَّبُ بِفَخْرِ الدِّينِ الرَّازِيِّ خَطِيبُ الرَّيِّ...

وَمِنَ الْمُعَاصِرِينَ: أَلْأَلْبَانِي، وَأَبُو الطَّيِّبِ مُحَمَّدُ صِدِّيقِ خَانِ بْنِ حَسَنِ بْنِ عَلِيِّ بْنِ لُطْفِ اللهِ الْحُسَينِيِّ الْبُخَارِيِّ الْقَنُّوجِيِّ، الَّذِي وُلِدَ وَنَشَأَ فِي قَنُّوج (بِالْهِنْد) وَتَعَلَّمَ فِي دِلْهِي...

هَذَا غَيْرُ آلَافٍ مِنَ الَّذِينَ امْتَهَنُوا هَذِهِ الْحِرْفَةَ مِنَ الْأَعْرَابِ الْعَرَبِ، لِسُهُولَتِهَا وَلِمَا تُقَدِّمُ هَذِهِ الْمِهْنَةُ مِنْ شُهْرَةٍ وَتَقْدِيسٍ وَاحْتِرَام. وَأَيْضًا لِوَفْرَةِ الْمُشَغِّلِينَ الَّذِينَ لَهُمْ مَأْرَبٌ فِي تَفْتِيتِ هَذِهِ الْأُمَّةَ وَإِفْسَادِها وَاسْتِحْمَارِها وَاسْتِعْبَادِها، وَلِوَفْرَةِ الْمَالِ لِكُلِّ مَنْ يُصْبِحُ مَرْحَلِيًّا خَادِمًا وَعَبْدًا وَمُنَظِّرًا أَمِينًا لِوَلَاءِ السُّلْطَانِ عَلَى مَرِّ عُصُورِ هَذِهِ الدَّعْوَةِ، الَّتِي اسْتَلَمَ فِيهَا سُدَّةَ الْحُكْمِ فِي الْعَالَمِ الْإِسْلَامِيِّ، سُلُطَاتٌ كُلَّمَا جَاءَتْ وَاحِدَةٌ لَعَنَتِ الَّتِي قَبْلَهَا...

وَمَا زَالَ هَذَا الْحَالُ حَتَّى يَوْمِنَا هَذَا. وَعُلَمَاءُ الْأُمَّةِ الْأَبْرَارُ مِنَ الْعَرَبِ؛ أَغْلَبُهُمْ وَأَفْقَهُهُمْ وَأَعْلَمُهُمْ إِمَّا مُحَارَبٌ أَوْ مُشَرَّدٌ أَوْ مَقْتُولٌ... فَكَثُرَتِ الْأَحَادِيثُ وَالْأَرَاءُ، بِالرَّغْمِ مِنْ تَبَايُنِهَا وَتَضَارُبِهَا. وَقُدِّمَتْ آرَاءُ بَعْضِ الصَّحَابَةِ، وَقُدِّسَ الْبَعْضُ، وَشُيْطِنَ آخَرُونَ، هَذَا بِالرَّغْمِ مِنْ تَقْدِيسِ الصَّحَابَةِ أَجْمَعِينَ. وَجَاءُوا بِأَحَادِيثَ صَحَّحَهَا الْمُعَنْعِنُونَ: ("أَصْحَابِي كَالنُّجُومِ، بِأَيِّهِم اقْتَدَيْتُمْ اهْتَدَيْتُمْ"، وَأَصْحَابِي أَمَانَةٌ لِأُمَّتِي.) ...

أَلنَّقْلُ مَفْسَدَةٌ لِلْعَقْلْ!

أُبعِدَ عِلْمُ الْقُرْآنِ عَنْ وَاجِهَةِ التَّشْرِيعِ لِصَالِحِ إِثْبَاتِ شَرْعِيَّةِ الْحَاكِمِ بِتَأْوِيلِ الْقُرْآنِ وَفِيمَا عَنْعَنْ بَعْضُ الصَّحَابَةِ. وَالْآيَاتُ الْمُبَارَكَاتُ السَّالِفَةُ الذِّكْرِ خَيْرُ دَلِيلٍ عَلَى هَذَا التَّزْوِيرِ! أَلْمُعَنْعِنُونَ يُرِيدُونَ مِنَّا أَنْ نَسْمَعَ وَأَلَا نَفْهَمَ!

أَمَّا الَّذِي فَهِمَ أَنَّ" لَا يَمَسُّ " نَهْيٌ عَنْ لَمْسِ الْقُرْآنِ إِلَّا عَلَى طَهَارَةٍ، نَسِيَ أَنَّ الْقُرْآنَ أَلْمَذْكُورَ فِي هَذِهِ الْآيَةِ مَكْنُونٌ وَمُسْتَحِيلٌ لَمْسُهُ! فِي كِتَابٍ مَكْنُونٍ!!! وَمَعْنَى مَكْنُونٍ فِي مُعْجَمِ الْمَعَانِي الْجَامِعِ: الْمَسْتُورُ الْبَعِيدُ عَنِ الْأَعْيُنِ، مَحْفُوظٌ وَمَصُونٌ وَمَسْتُورٌ!

طَبِيعِيٌّ هُنَا أَنْ يَبْرُزَ هَذَا السُّؤَالُ: كَيْفَ الْتَبَسَتْ هَذِهِ الْحَقِيقَةُ عَلَى الَّذِينَ يُسَمَّوْنَ بِالسَّلَفِ الصَّالِحِ مِنَ الْعُلَمَاءِ وَعَلَى مَنْ خَلَفَهُمْ عَلَى مَدَى أَلْعُصُورِ وَالْأَزْمَانِ، مُنْذُ عَهْدِ النَّبِيِّ؟ إِذَا كَانَ مَنْ يَحْفَظُ الْقُرْآنَ وَيَضْمَنُ اسْتِمْرَارِيَّتَهُ وَصِحَّتَهُ وَحِفْظَهُ إِلَى يَوْمِ الدِّينِ، أَعْرَابِيٌّ وَجَاهِلٌ بِعُلُومِ اللُّغَةِ الْعَرَبِيَّةِ، وَطَهَارَتُهُ مَنْقُوصَةٌ وَمَشْكُوكٌ فِي صِحَّتِهَا، وَلَنْ تَصِلَ إِلَى مَا عَلَيْهِ الْقُرْآنُ مِنْ طَهَارَةٍ! كَيْفَ يَضْمَنُ حِفْظَ الْقُرْآنِ وَسَلَامَتَهُ مِنَ التَّزْوِيرِ وَالتَّلْفِيقِ وَالتَّغْيِيرِ وَالتَّحْرِيفِ وَالتَّقْلِيدِ؟

إِنَّا نَحْنُ نَزَّلْنَا الذِّكْرَ وَإِنَّا لَهُ لَحَافِظُونَ (9) أَلْحِجْرِ... لَا يَحْفَظُ الْقُرْآنَ إِلَّا مُطَهَّرٌ طَهَارَةَ الْقُرْآنِ! أَمَّا الَّذِينَ يَدَّعُونَ مَقْدِرَةَ حِفْظِ الْقُرْآنِ بِالتِّلَاوَةِ وَالتَّجْوِيدِ وَالتَّلْحِينِ وَالتَّرْنِيمِ وَحِفْظِ اللِّسَانِ فَهُمْ بَشَرٌ يُخْطِئُونَ وَيَسْهَوْنَ ثُمَّ يَمُوتُونَ، وَالْقُرْآنُ بَاقٍ كَامِلاً تَامَّا سَالِماً سَلِيماً صَحِيحاً مُكْتَمِلاً وَافِياً، بَقَاءَ الْخَلْقِ؟ كِتَابٌ أَنزَلْنَاهُ إِلَيْكَ مُبَارَكٌ لِيَدَّبَّرُوا آيَاتِهِ وَلْيَتَذَكَّرَ أُولُو الْأَلْبَابِ...

أَفَلَمْ يَدَّبَّرُوا الْقَوْلَ أَمْ جَاءَهُمْ مَا لَمْ يَأْتِ آبَاءَهُمُ الْأَوَّلِينَ...

أَلنَّقْلُ مَفْسَدَةٌ لِلْعَقْلِ!

أَفَلَا يَتَدَبَّرُونَ الْقُرْآَنَ وَلَوْ كَانَ مِنْ عِندِ غَيْرِ اللهِ لَوَجَدُوا فِيهِ اخْتِلَافًا كَثِيرًا...، أَفَلَا يَتَدَبَّرُونَ الْقُرْآَنَ أَمْ عَلَى قُلُوبٍ أَقْفَالُهَا...

وَفِعْلُ تَدَبَّرَ يَعْنِي: تَأَمُّلٌ وَتَفَكُّرٌ فِي الشَّيْءِ عَلَى مَهْلٍ، وَنَظَرٌ فِي عَاقِبَتِهِ، أَيْ عَرَفَ الْأَمْرَ تَدَبُّرًا، أَيْ عَرَفَ الشَّيْءَ بِآَخِرِهِ....

هَلْ كَانَ هُؤُلَاءِ الْمُعَنْعِنُونَ يَعْلَمُونَ الْغَيْبَ؟! وَيَقُولُ اللهُ: مَا فَرَّطْنَا فِي الْكِتَابِ مِنْ شَيْءٍ. أَيِّ شَيْءٍ مَهْمَا صَغُرَ أَوْ كَبُرَ، وَكُلُّ مَا كَانَ وَمَا يَكُونُ وَمَا سَوْفَ يَكُونُ! وَإِلَّا لَمَا كَانَ هَذَا الْقُرْآَنُ لِكُلِّ زَمَانٍ وَمَكَانٍ!

مَنْ، مِنَ الْغَابِرِينَ أَوِ الْمُعَاصِرِينَ قَادِرٌ عَلَى مَعْرِفَةِ مُسْتَجِدَّاتِ الْأُمُورِ أَوْ مَعْرِفَةِ مَا تَؤُولُ إِلَيْهِ الْأَشْيَاءُ؟ وَالنَّاسُ فِي تَطَوُّرٍ فِكْرِيٍّ مُطَّرِدٍ، وَالْمُسْتَجِدَّاتُ الْعِلْمِيَّةُ تَتَتَالَى وَتَتَنَافَسُ لِمُوَاكَبَةِ هَذَا التَّطَوُّرِ الْمُتَسَارِعِ الْكَمِّ وَالْحَيِّزِ. كَيْفَ يَسْتَفِيدُ النَّاسُ مِنْ عِلْمِ الْقُرْآَنِ الْجَامِعِ الشَّامِلِ وَالْمُوَاكِبِ لِهَذَا التَّطَوُّرِ الْمُتَدَرِّجِ تَعْقِيدًا، وَالْمُتَشَابِكِ تَرَاكُمًا، وَالْمُتَضَاعِفِ صُعُوبَةً وَكَمًّا؛ إِذَا مَا وَظِّفَ الْأُمَّةُ مُسَمَّرَهُ فِي غَيَاهِبِ الْقُرُونِ الْغَابِرَةِ!

إِنَّ مُصِيبَةَ الْإِسْلَامِ وَسِرَّ تَخَلُّفِ الْمُسْلِمِينَ مَرْجِعُهُ وَمَرَدُّهُ لِاسْتِحْوَاذِ الْمُتَطَهِّرِ، الْمُتَبَدِّلِ، الْمُتَغَيِّرِ، الْمُخَمَّنِ، عَلَى الْمُطَهَّرِ، الثَّابِتِ، الرَّاسِخِ، الْكَامِلِ. وَعَلَى سَيْطَرَةِ الظَّنِّ عَلَى الْيَقِينِ، وَالْمَنْفَعَةِ الْخَاصَّةِ عَلَى الْمَنْفَعَةِ الْعَامَّةِ. يَأْتِي الْمَحْدُودُ لِيُفَسِّرَ الشَّامِلِ. أُنَاسٌ مَحْدُودُونَ بِحَيِّزٍ وَزَمَنٍ يُفَسِّرُونَ مَا هُوَ مُطْلَقٌ لِكُلِّ زَمَانٍ وَمَكَانٍ، وَهَذَا مَا حَصَلَ لِلدِّينِ الْإِسْلَامِيِّ...

أَلنَّقْلُ مَفْسَدَةٌ لِلْعَقْلِ!

هَذَا الْافْتِرَاءُ إِمَّا كَانَ جَهْلاً – وَهَذِهِ مُصِيبَةٌ – أَوْ كَانَ عَنْ سَابِقِ إِصْرَارٍ وَتَصْمِيمٍ – فَالْمُصِيبَةُ إِذَا أَعْظَمُ! كَأَنَّهُمْ لَمْ يَسْمَعُوا: إِنَّا نَحْنُ نَزَّلْنَا الذِّكْرَ وَإِنَّا لَهُ لَحَافِظُونَ...

مَا فَرَّطْنَا فِي الْكِتَابِ مِن شَيْءٍ... لَا يَمَسُّهُ إِلَّا الْمُطَهَّرُونَ... وَكُلَّ شَيْءٍ أَحْصَيْنَاهُ فِي إِمَامٍ مُّبِينٍ. يَا عَرَب!

هَذَا كَلَامٌ عَرَبِيٌّ مُبِينٌ: إِنَّ اللهَ يَحْفَظُ هَذَا الْقُرْآنَ وَعُلُومَهُ، وَمَا يَأْمُرُ بِهِ وَمَا يَنْهَى عَنْهُ، فِي كُلِّ زَمَانٍ وَمَكَانٍ، يَحْفَظُ كُلَّ شَارِدَةٍ أَوْ وَارِدَةٍ فِي قُلُوبٍ وَفِي عُقُولِ الْمُطَهَّرِينَ الَّذِينَ جَعَلَهُمُ اللهُ أَئِمَّةً، وَاحِدًا تِلْوَ الْآخَرِ، عَلَى مَرِّ الْأَزْمَانِ؛ لِهَذَا قَالَ اللهُ: وَكُلَّ شَيْءٍ أَحْصَيْنَاهُ فِي إِمَامٍ مُّبِينٍ!؟!

جَاءَ الْإِحْصَاءُ (فِي إِمَامٍ وَاحِدٍ) مُتَفَرِّدًا، لِأَنَّ الْإِحْصَاءَ يَأْتِي مُفَصَّلًا وَيَتَنَاسَبُ مَعَ كُلِّ مَرْحَلَةٍ زَمَنِيَّةٍ مُعَيَّنَةٍ، وَالتَّطْهِيرُ جَمْعًا، لِأَنَّ الْجَامِعَ الْمُشْتَرَكَ بَيْنَ جَمِيعِ مَنْ جَعَلَهُمُ اللهُ أَئِمَّةً، لَيْسَ الزَّمَانَ وَلَا الْمَكَانَ، إِنَّمَا عِلْمُ الْقُرْآنِ وَالتَّطْهِيرُ الْمُطْلَقُ: لَا يَمَسُّهُ إِلَّا الْمُطَهَّرُونَ.

أَلَمْ يَكُنِ الْمُسَمَّى خَلَفًا صَالِحًا يَعْلَمُ مَا سَلَفَ مِنْ آيَاتٍ بَيِّنَاتٍ، وَهَلْ قَصَّرَ الرَّسُولُ فِي التَّبْلِيغِ؟ أَلَمْ يَقُلِ اللهُ تَعَالَى اسْمُهُ: (الْيَوْمَ أَكْمَلْتُ لَكُمْ دِينَكُمْ وَأَتْمَمْتُ عَلَيْكُمْ نِعْمَتِي وَرَضِيتُ لَكُمُ الْإِسْلَامَ دِينًا) الْمَائِدَةِ.

وَلَكِنَّ مُعْظَمَ السَّلَفِ اخْتَارَ مَنْ هُوَ نَجِسٌ وَقَدْ يَتَطَهَّرُ جَسَدِيًّا وَمَرْحَلِيًّا، وَحَارَبَ وَاسْتَعْدَى الْمُطَهَّرِينَ أَبَدِيًّا!؟ يَقُولُ الله: ((وَكَذَلِكَ نُوَلِّي بَعْضَ الظَّالِمِينَ بَعْضًا بِمَا كَانُوا يَكْسِبُونَ)). ((وَأَضَلَّ فِرْعَوْنُ قَوْمَهُ وَمَا هَدَى)). ((رَبَّنَا إِنَّا أَطَعْنَا سَادَاتَنَا وَكُبَرَاءَنَا فَأَضَلُّونَا السَّبِيلَ رَبَّنَا آتِهِمْ ضِعْفَيْنِ مِنَ الْعَذَابِ وَالْعَنْهُمْ لَعْنًا كَبِيرًا)). وَقَالَ الْقُرْآنُ أَيْضًا: ((وَمَثَلُ الَّذِينَ كَفَرُوا كَمَثَلِ الَّذِي يَنْعِقُ بِمَا لَا يَسْمَعُ إِلَّا دُعَاءً وَنِدَاءً صُمٌّ بُكْمٌ عُمْيٌ فَهُمْ لَا يَعْقِلُونَ)). وَلِذَلِكَ وَلَّى اللهُ بَعْضَ الظَّالِمِينَ بَعْضًا بِمَا كَانُوا يَكْسِبُونَ. كَمَا أَضَلَّ فِرْعَوْنُ قَوْمَهُ وَمَا هَدَى... اللهُ عَلِمَ أَنَّكُمْ خُنْتُمُ اللهَ وَخُنْتُمْ أَنْفُسَكُمْ، وَكَفَرْتُمْ بِمَا رَأَيْتُمْ وَسَمِعْتُمْ مِنَ الْحَقِّ، عِنْدَمَا سُئِلْتُمْ صَمَتُّمْ؛ فَجَعَلَكُمُ اللهُ بُكْمًا كَالْأَنْعَامِ... أَقُولُ لِلَّذِينَ يُكَابِرُونَ، وَأَصَمُّوا آذَانَهُمْ، وَأَغْمَضُوا عُيُونَهُمُ ابْحَثُوا فِي تَفَاسِيرِ الْمُعَنْعِنِينَ عَمَّا وَرَدَ مِنْ آيَاتٍ مِنَ الْقُرْآنِ فِي هَذَا التَّحْقِيقِ، ثُمَّ تَابِعُوا مَعَنَا، إِذَا أَرَدْتُمُ الْحَقَّ. عَسَى اللهُ أَنْ يَهْدِيَكُمْ وَتَخْرُجُوا مِنْ حَظَائِرِ هَذَا الْإِسْلَامِ الَّذِي لَا يَمُتُّ إِلَى اللهِ وَرَسُولِهِ مُحَمَّدٍ بِصِلَةٍ...

أَعُودُ بَعْدَ مَا تَقَدَّمَ إِلَى آيَةِ الْمَسِّ، وَإِلَى الرَّأْيِ الَّذِي يَقُولُ أَنَّ الْقُرْآنَ الْمَقْصُودَ فِي آيَةِ الْمَسِّ، هُوَ قُرْآنُ اللَّوْحِ الْمَحْفُوظِ، لَا يَلْمَسُهُ أَوْ لَا يَفْقَهُهُ إِلَّا الْمَلَائِكَةُ...

ألسُّؤَالُ: مَاذَا أَرَادَ اللهُ بِهَذَا مَثَلًا!؟ وَمَا شَأْنُنَا نَحْنُ الْبَشَرَ فِي هَذَا الْكِتَابِ، إِلَّا إِذَا كَانَتِ الْمَلَائِكَةُ مَنْ يُعَلِّمُنَاهُ!؟ وَهَلْ كَانَ مُحَمَّدٌ مِنَ الْمَلَائِكَةِ؟ وَلَكِنَّ اللهَ يَقُولُ: تَنْزِيلٌ مِّن رَّبِّ الْعَالَمِينَ. مِنْ أَيْنَ جَاءَتِ الْمَلَائِكَةُ؟ وَاللَّوْحُ الْمَحْفُوظُ؟ إِنَّهُ فِي كِتَابٍ مَكْنُونٍ، لَا يَمَسُّهُ إِلَّا الْمُطَهَّرُونَ، تَنْزِيلٌ (1) مِن (2) رَبِّ (3) الْعَالَمِينَ (4) إِنَّهَا أَرْبَعُ كَلِمَاتٍ نَسَفَتْ كُلَّ مَا أَفَكُوا، إِنَّهُ "ألْكِتَابُ" (النُّور) الْمُنْزَلُ عَلَى قَلْبِ مُحَمَّدٍ...

أَلنَّقْلُ مَفْسَدَةٌ لِلْعَقْلِ!

وَيَقُولُ أَحَدُ الْمُفَسِّرِينَ الْمُعَاصِرِينَ، وَهَذَا الْقَوْلُ مَنْسُوبٌ لِلشَّيْخِ الشَّعْرَاوِيِّ إِذْ يَقُولُ: إِنَّمَا يُرَدِّدُهُ مَنْ كَانَ عَلَى طُهْرٍ!؟

كَيْفَ يَفْعَلُ حَافِظُ الْقُرْآنِ عِنْدَمَا يَذْهَبُ إِلَى الْغَائِطِ!؟

هَلْ يَمْحُو وَيَمْسَحُ مَا فِي عَقْلِهِ مِنْ آيَاتٍ وَبَعْدَ أَنْ يَتَطَهَّرَ يَسْتَرْجِعُهَا؟

وَاللهِ إِنِّي لَحَزِينٌ... الشَّيْخُ الشَّعْرَاوِيُّ، صَاحِبُ حَلَقَاتِ التَّفْسِيرِ الشَّيِّقَةِ، يَسْقُطُ مَرَّتَيْنِ:

الأُولَى حِينَ يَلْتَزِمُ بِآرَاءِ مَوْتَى يُقَدِّسُهُمْ!

وَالثَّانِيَةُ حِينَ يُزَوِّرُ تَفْسِيرَ الْآيَاتِ، كَمَا فَعَلَ فِي آيَةِ التَّطْهِيرِ.

وَثُمَّ أَيْضًا فِي هَذِهِ الْآيَةِ: إِنَّمَا وَلِيُّكُمُ اللهُ وَرَسُولُهُ وَالَّذِينَ آمَنُوا الَّذِينَ يُقِيمُونَ الصَّلَاةَ وَيُؤْتُونَ الزَّكَاةَ وَهُمْ رَاكِعُونَ (55) الْمَائِدَةِ.

يَقُولُ الشَّيْخُ الشَّعْرَاوِيُّ أَنَّ هَذِهِ الْآيَةَ عَامَّةٌ!

أَلَمْ يَكُ هَذَا الشَّيْخُ يَعْلَمُ أَنَّ " إِنَّمَا "حَصْرِيَّةٌ وَتُلْغِي الْعُمُومَ!؟

لَوْ كَانَتْ هَذِهِ الْآيَةُ عَامَّةً، لَخَلَتْ مِنْ إِنَّمَا الْحَصْرِيَّةِ! وَ لَوَجَبَ عَلَيْكَ شَيْخِي وَعَلَى كُلِّ الْمُؤْمِنِينَ إِيتَاءُ الزَّكَاةِ، فِي الصَّلَاةِ وَهُمْ رَاكِعُونَ!؟

أَلنَّقْلُ مَفْسَدَةٌ لِلْعَقْلِ!

وَلَكَانَ جَمِيعُ الْمُؤْمِنِينَ أَوْلِيَاءَ اللهِ!؟

هَلْ أَنْتَ شَيْخِي وَلِيُّ اللهِ!؟

أَلَمْ يَكُ أَجْدَرُ بِكَ، وَأَنْتَ الْعَالِمُ، أَنْ تَتَصَدَّقَ وَأَنْتَ تُصَلِّي فَتُصْبِحَ وَلِيَّ اللهِ؟

هَلْ كُنْتَ تَقُولُ شِعْرًا شَيْخَنَا، لَهَذَا سُمِّيتَ بِالشَّعْرَاوِيِّ!؟

وَالشُّعَرَاءُ يَتَّبِعُهُمُ الْغَاوُونَ...

يَا أَيُّهَا الَّذِينَ آمَنُوا لِمَ تَقُولُونَ مَا لَا تَفْعَلُونَ كَبُرَ مَقْتًا عِندَ اللهِ أَن تَقُولُوا مَا لَا تَفْعَلُونَ. (الصَّفّ 3،2)

لَا شَكَّ عِندِي أَيُّهَا الشَّيْخُ الْكَرِيمُ أَنَّكَ قَرَأْتَ الرِّوَايَاتِ الْمُسْتَفِيضَةَ، وَالْمُتَوَاتِرَة في سَبَبِ نُزُولِ آيَةِ الْوِلَايَة وَتَفْسِيرِها. في نُصُوص رِوَائِيَّةٍ وَبالِغَةٍ مَا فَوْقَ حَدِّ التَّوَاتُرِ، تُثْبِتُ أَنَّ الْوِلَايَةَ الثَّابِتَةَ لِلْإِمَام عَلِيِّ بْنِ أَبِي طَالِبٍ، هِيَ الْوِلَايَةُ الَّتِي تُفِيدُ مَعْنَى الْإِمَامَةِ وَالْخِلَافَةِ، مِنْها رِوَايَةُ الْغَدِير الَّتِي تَشْمَلُ عِبَارَةَ " أَنْتَ وَلِيُّ كُلِّ مُؤْمِنٍ مِنْ بَعْدِي " الَّتِي أَخْرَجَها جُمْلَةٌ مِنْ أَعْلَامِ الْمُسْلِمِينَ.

لِمَاذَا شَيْخِي؟

طَلَبْتَ الدُّنْيَا، وَلَمْ تَنَلْ أَكْثَرَ مِمَّا كَتَبَهُ اللهُ لَكَ.

أَلنَّقْلُ مَفْسَدَةٌ لِلْعَقْلِ!

وَلَكِنْ: " إِنَّ الَّذِينَ يَضِلُّونَ عَنْ سَبِيلِ اللهِ لَهُمْ عَذَابٌ شَدِيدٌ بِمَا نَسُوا يَوْمَ الْحِسَابِ." (26) ص

وَمِنْ غَرَائِبِ مَا يَرْوِيهِ الشَّيْخُ الشَّعْرَاوِيُّ رَحِمَهُ اللهُ: أَنَّهُ احْتَارَ الشَّيْخُ الشَّعْرَاوِيُّ فِي تَفْسِيرِ قَوْلِهِ تَعَالَى:

(وَهُوَ الَّذِي فِي السَّمَاءِ إِلَهٌ وَفِي الْأَرْضِ إِلَهٌ وَهُوَ الْحَكِيمُ الْعَلِيمُ) الزُّخْرُفُ: 84

فَقَالَ الشَّيْخُ الشَّعْرَاوِيُّ:

هُنَاكَ قَاعِدَةٌ فِي النَّحْوِ تَقُولُ:

(إِذَا تَكَرَّرَتِ النَّكِرَةُ مَرَّتَيْنِ كَانَتْ الْأُولَى غَيْرَ الثَّانِيَةِ)؟!

يَعْنِي لَوْ قُلْنَا مَثَلًا: أَكْرَمْتُ رَجُلًا فِي الْبَيْتِ وَرَجُلًا فِي الشَّارِعِ لَكَانَ الرَّجُلُ الَّذِي فِي الْبَيْتِ غَيْرَ الرَّجُلِ الَّذِي فِي الشَّارِعِ!

فَالنَّكِرَةُ هِيَ "الْكَلِمَةُ مِنْ غَيْرِ أَلِفٍ وَلَامٍ" فَإِذَا تَكَرَّرَتِ اخْتَلَفَ الْمَعْنَى!

وَاللهُ يَقُولُ: (وَهُوَ الَّذِي فِي السَّمَاءِ إِلَهٌ وَفِي الْأَرْضِ إِلَهٌ)

جَاءَتْ نَكِرَةً وَتَكَرَّرَتْ!؟

إِذًا عَلَى حَسَبِ الْقَاعِدَةِ النَّحْوِيَّةِ، الْإِلَهُ الَّذِي فِي السَّمَاءِ، غَيْرُ الْإِلَهِ الَّذِي فِي الْأَرْضِ.

أَيْ أَنَّ هُنَاكَ إِلَهَيْنِ!؟

وَقَفَ الشَّيْخُ الشَّعْرَاوِيُّ حَائِرًا حَزِينًا عَاجِزًا وَهُوَ يَقُولُ: مَا هَذَا الَّذِي أَقُولُهُ؟

أَسْتَغْفِرُ اللَّهَ الْعَظِيمَ، وَلَكِنْ مَا الْجَوَابُ؟!

ثُمَّ قَالَ: لَا بُدَّ مِنْ سُؤَالِ أَسَاتِذَتِي وَإِخْوَانِي!

وَبِالْفِعْلِ بَادَرَ الْإِمَامُ الشَّعْرَاوِيُّ مُهَرْوِلًا إِلَى شَيْخِهِ، وَكَانَ شَيْخُهُ يَقْضِي إِجَازَتَهُ مَعَ أَهْلِهِ فِي الْقَرْيَةِ، فَذَهَبَ إِلَيْهِ شَيْخُنَا الشَّعْرَاوِيُّ وَقَصَّ عَلَيْهِ مَا اسْتَشْكَلَ عَلَيْهِ.

فَقَالَ لَهُ شَيْخُهُ: تَعَالَ أَوَّلًا نَسْتَعِدَّ لِصَلَاةِ الْعَصْرِ فَقَدْ قَرُبَتْ. وَصَلَّى الشَّيْخُ الشَّعْرَاوِيُّ مَعَ شَيْخِهِ فِي الْمَسْجِدِ، وَكَانَ مَسْجِدًا بَسِيطًا يَقَعُ فِي آخِرِ الْقَرْيَةِ. وَبَعْدَ الصَّلَاةِ جَلَسَا يَتَنَاقَشَانِ فِي الْمَسْأَلَةِ، وَلِلْأَسَفِ لَمْ يَصِلَا لِشَيْءٍ وَبَيْنَمَا هُمَا كَذَلِكَ إِذْ دَخَلَ عَلَيْهِمَا رَجُلٌ قَرَوِيٌّ (فَلَّاحٌ بَسِيطٌ) وَقَالَ: السَّلَامُ عَلَيْكُمْ!

فَرَدَّا عَلَيْهِ السَّلَامَ!

ثُمَّ قَالَ وَبِلُغَةٍ عَرَبِيَّةٍ فُصْحَى وَقَدْ تَغَيَّرَتْ لَهْجَتُهُ: تَسْأَلُونَ فِي قَوْلِهِ تَعَالَى: (وَهُوَ الَّذِي فِي السَّمَاءِ إِلَهٌ وَفِي الْأَرْضِ إِلَهٌ)؟

أَلنَّقْلُ مَفْسَدَةٌ لِلْعَقْلِ!

فَتَعَجَّبَ الشَّعْرَاوِيُّ وَشِيخُهُ!

كَيْفَ عَرَفَ هَذَا الرَّجُلُ مَا نَحْنُ فِيهِ، فَهُوَ لَمْ يَسْمَعْ مِنَّا كَلِمَةً وَاحِدَةً!

فَأَكْمَلَ الرَّجُلُ الْغَرِيبُ كَلَامَهُ قَائِلًا: أَنَسِيتُمُ الْاِسْمَ الْمَوْصُولَ (الَّذِي)؟

لَقَدْ نَسِيتُمُ الْقَاعِدَةَ الْأَهَمَّ وَالَّتِي تَقُولُ أَنَّ الْاِسْمَ الْمَوْصُولَ يَقْلِبُ النَّكِرَةَ مَعْرِفَةً! وَاللهُ قَالَ: (وَهُوَ الَّذِي فِي السَّمَاءِ) وَلَمْ يَقُلْ: (هُوَ فِي السَّمَاءِ)

بَلْ قَالَ: (هُوَ الَّذِي)، لِمَاذَا نَسِيتُمْ كَلِمَةَ (الَّذِي)؟

وَأَخَذَ هَذَا الرَّجُلُ يُشَرِّحُ السِّرَّ فِي وُجُودِ الْاِسْمِ الْمَوْصُولِ. وَلِمَاذَا جَاءَتِ الْآيَةُ عَلَى هَذَا النَّحْوِ، وَالشَّيْخُ الشَّعْرَاوِيُّ وَشِيخُهُ فِي ذُهُولٍ مِنَ الْمَوْقِفِ، ثُمَّ سَكَتَ الرَّجُلُ الْغَرِيبُ فَجْأَةً بَعْدَمَا أَتَمَّ الْمَسْأَلَةَ، وَانْصَرَفَ بِصَمْتٍ!

فَقَالَ الشَّيْخُ الشَّعْرَاوِيُّ لِشِيخِهِ: مَنْ هَذَا الْعَلَّامَةُ؟

فَقَالَ شِيخُهُ: أَنَا لَا أَعْرِفُهُ فَهُوَ لَيْسَ مِنْ بَلَدِنَا!؟

فَقَامَ الشَّيْخُ الشَّعْرَاوِيُّ مُسْرِعًا وَخَرَجَ مِنَ الْمَسْجِدِ، فَوَجَدَ جَمَاعَةً يَجْلِسُونَ أَمَامَ الْبَابِ، فَسَأَلَهُمْ: أَيْنَ ذَهَبَ الرَّجُلُ الَّذِي خَرَجَ الْآنَ؟

هَلْ تَعْرِفُونَهُ؟

أَلنَّقْلُ مَفْسَدَةٌ لِلْعَقْلِ!

وَهُنَا كَانَتِ الصَّدْمَةُ!

قَالُوا: لَمْ يَدْخُلْ عَلَيْكُمْ أَحَدٌ، وَلَمْ يَخْرُجْ أَحَدٌ!

قَالَ: كَيْفَ هَذَا؟! لَعَلَّهُ دَخَلَ وَخَرَجَ وَلَمْ تَرَوْنَهُ؟!

فَقَالُوا لَهُ: كَيْفَ هَذَا وَنَحْنُ نَنْتَظِرُ شَيْخَنَا الَّذِي يَجْلِسُ مَعَكَ لِنَسْأَلَهُ بَعْضَ الْأَسْئِلَةِ، وَنَحْنُ مُنْتَبِهُونَ لَكُمَا تَمَامًا، فَلَمْ يَدْخُلْ أَحَدٌ عَلَيْكُمَا!

فَقَالَ الشَّيْخُ الشَّعْرَاوِيُّ رَحِمَهُ اللهُ: إِنَّ اللهَ تَعَالَى يَنْصُرُ دِينَهُ وَيَحْفَظُ كِتَابَهُ بِجُنُودٍ لَا قِبَلَ لَنَا بِمَعْرِفَتِهَا! وَسُبْحَانَ مَنْ قَالَ: (إِنَّا نَحْنُ نَزَّلْنَا الذِّكْرَ وَإِنَّا لَهُ لَحَافِظُونَ)

لِمَاذَا يَا شَيْخُ لَمْ تُعَقِّبْ عَلَى هَذَا الْحَدَثِ؟

وَلَمْ تُخْبِرْ مَاذَا كَانَتْ رَدَّةُ فِعْلِ شَيْخِكَ؟

ثُمَّ شَيْخِي، لَا بُدَّ أَنْ تَكُونَ قَدْ سَأَلْتَ نَفْسَكَ مَنْ يَكُونُ هَذَا الَّذِي عَلَّمَكَ وَعَلَّمَ شَيْخَكَ مَا لَمْ تَكُونَا تَعْلَمَانِ!

إِنَّا نَحْنُ نَزَّلْنَا الذِّكْرَ وَإِنَّا لَهُ لَحَافِظُونَ! كَيْفَ حَفِظَ اللهُ هَذَا الذِّكْرَ، يَا عُلَمَاءَ الْمُسْلِمِينَ؟

كَيْفَ وَلِمَاذَا حَفِظَهُ اللهُ؟

أَلنَّقْلُ مَفْسَدَةٌ لِلْعَقْلِ!

أَتَمَنَّى عَلَى الْقُرَّاءِ الْأَكَارِمِ أَنْ يَسْتَفْسِرُوا مَنْ هَؤُلَاءِ الْمُتَصَدِّرِينَ تَعْلِيمِ الذِّكْرِ، عَنْ هَذِهِ الْحَادِثَةِ؟

أَلَمْ يَكُ أَجْدَرَ بِالشَّعْرَاوِيِّ وَبِشَيْخِهِ وَبِمَنْ يُسَمَّوْنَ عُلَمَاءَ الْمُسْلِمِينَ أَنْ يَحِلُّوا هَذَا اللُّغْزَ!؟

سَأُقَدِّمُ لَكُمْ أَيُّهَا الْقُرَّاءُ الْأَكَارِمُ تَفْسِيرَ الشَّيْخِ الشَّعْرَاوِيِّ لِآيَة

((إِنَّا نَحْنُ نَزَّلْنَا الذِّكْرَ وَإِنَّا لَهُ لَحَافِظُونَ!))

فِي مَوْقِعِ نِدَاءِ الْإِيمَانِ، تَفْسِيرُ سُورَةِ الْحِجْرِ لِلشَّيْخِ الشَّعْرَاوِيِّ – اخْتَرْتُ لَكُم مَا يَخُصُّ آيَةَ (إِنَّا نَحْنُ نَزَّلْنَا الذِّكْرَ وَإِنَّا لَهُ لَحَافِظُونَ!). يَقُولُ الشَّعْرَاوِيُّ: وَلِذَلِكَ لَمْ يَشَأِ الْحَقُّ سُبْحَانَهُ أَنْ يَتْرُكَ مَهَمَّةَ حِفْظِ الْقُرْآنِ كَتَكْلِيفٍ مِنْهُ لِلْبَشَرِ؛ لِأَنَّ التَّكْلِيفَ عُرْضَةٌ أَنْ يُطَاعَ وَعُرْضَةٌ أَنْ يُعْصَى، فَضْلاً عَنْ أَنَّ الْقُرْآنَ يَتَمَيَّزُ عَنِ الْكُتُبِ السَّابِقَةِ فِي أَنَّهُ يَحْمِلُ الْمَنْهَجَ، وَهُوَ الْمُعْجِزَةُ الدَّالَّةُ عَلَى صِدْقِ بَلَاغِ رَسُولِ اللهِ صَلَّى اللهُ عَلَيْهِ وَسَلَّمَ فِي الْوَقْتِ عَيْنِهِ.

وَلِذَلِكَ قَالَ الْحَقُّ سُبْحَانَهُ: {إِنَّا نَحْنُ نَزَّلْنَا الذِّكْرَ وَإِنَّا لَهُ لَحَافِظُونَ} [الْحِجْر: 9]

وَالذِّكْرُ إِذَا أُطْلِقَ انْصَرَفَ الْمَعْنَى إِلَى الْقُرْآنِ؛ وَهُوَ الْكِتَابُ الَّذِي يَحْمِلُ الْمَنْهَاجَ؛ وَسُبْحَانَهُ قَدْ شَاءَ حِفْظَهُ؛ لِأَنَّهُ الْمُعْجِزَةُ الدَّائِمَةُ الدَّالَّةُ عَلَى صِدْقِ بَلَاغِ رَسُولِهِ صَلَّى اللهُ عَلَيْهِ وَسَلَّمَ.

وَكَانَ الصَّحَابَةُ يَكْتُبُونَ الْقُرْآنَ فَوْرَ أَنْ يَنْزِلَ عَلَى رَسُولِ اللهِ صَلَّى اللهُ عَلَيْهِ وَسَلَّمَ، وَوَجَدْنَا فِي عَصْرِنَا مَنْ هُمْ غَيْرُ مُؤْمِنِينَ بِالْقُرْآنِ؛ وَلَكِنَّهُمْ يَتَفَنَّنُونَ فِي وَسَائِلِ حِفْظِهِ؛ فَهُنَاكَ مَنْ طَبَعَ الْمُصْحَفَ فِي صَفْحَةٍ وَاحِدَةٍ؛ وَسَخَّرَ لِذَلِكَ مَوَاهِبَ أُنَاسٍ غَيْرِ مُؤْمِنِينَ بِالْقُرْآنِ.

وَحَدَثَ مِثْلُ ذَلِكَ حِينَ تَمَّ تَسْجِيلُ الْمُصْحَفِ بِوَسَائِلِ التَّسْجِيلِ الْمُعَاصِرَةِ. وَفِي أَلْمَانِيَا عَلَى سَبِيلِ الْمِثَالِ تُوجَدُ مَكْتَبَةٌ يَتِمُّ فِيهَا حِفْظُ كُلِّ مَا يَتَعَلَّقُ بِكُلِّ آيَةٍ مِنَ الْقُرْآنِ فِي مَكَانٍ مُعَيَّنٍ مُحَدَّدٍ.

وَفِي بِلَادِنَا الْمُسْلِمَةِ نَجِدُ مَنْ يَنْقَطِعُ لِحِفْظِ الْقُرْآنِ مُنْذُ الطُّفُولَةِ، وَيُنْهِي حِفْظَهُ وَعُمْرُهُ سَبْعُ سِنِينَ؛ وَإِنْ سَأَلْتَهُ عَنْ مَعْنَى كَلِمَةٍ يَقْرَأُهَا فَقَدْ لَا يَعْرِفُ هَذَا الْمَعْنَى.

وَمِنْ أَسْرَارِ عَظَمَةِ الْقُرْآنِ أَنَّ الْبَعْضَ مِمَّنْ يَحْفَظُونَهُ لَا يَمْلِكُونَ أَيَّةَ ثَقَافَةٍ، وَلَوْ وَقَفَ الْوَاحِدُ مِنْ هَؤُلَاءِ عِنْدَ كَلِمَةٍ؛ فَهُوَ لَا يَسْتَطِيعُ أَنْ يَسْتَكْمِلَهَا بِكَلِمَةٍ ذَاتِ مَعْنًى مُقَارِبٍ لَهَا؛ إِلَى أَنْ يَرُدَّهُ حَافِظٌ آخَرُ لِلْقُرْآنِ!

وَلِكَيْ نَعْرِفَ دِقَّةَ حِفْظِ الْحَقِّ سُبْحَانَهُ لِكِتَابِهِ الْكَرِيمِ؛ نَجِدُ أَنَّ الْبَعْضَ قَدْ حَاوَلَ أَنْ يُدْخِلَ عَلَى الْقُرْآنِ مَا لَيْسَ فِيهِ، وَحَاوَلُوا تَحْرِيفَهُ مِنْ مَدْخَلٍ، يَرَوْنَ أَنَّهُ قَرِيبٌ مِنْ قَلْبِ كُلِّ مُسْلِمٍ، وَهُوَ تَوْقِيرُ الرَّسُولِ صَلَّى اللهُ عَلَيْهِ وَسَلَّمَ؛ وَجَاءُوا إِلَى قَوْلِ الْحَقِّ سُبْحَانَهُ: {مُحَمَّدٌ رَسُولُ اللهِ وَالَّذِينَ مَعَهُ أَشِدَّاءُ عَلَى الْكُفَّارِ رُحَمَاءُ بَيْنَهُمْ...} [الْفَتْح: 29].

أَلنَّقْلُ مَفْسَدَةٌ لِلْعَقْلْ!

وَأَدْخَلُوا فِي هَذِهِ الْآيَةِ كَلِمَةً لَيْسَتْ فِيهَا، وَطَبَعُوا مُصْحَفًا غَيَّرُوا فِيهِ تِلْكَ الْآيَةَ بِكِتَابَتِها (مُحَمَّدٌ رَسُولُ اللهِ صَلَّى اللهُ عَلَيْهِ وَسَلَّمَ وَالَّذِينَ مَعَهُ أَشِدَّاءُ عَلَى الْكُفَّارِ رُحَمَاءُ بَيْنَهُمْ) وَأَرَادُوا بِذَلِكَ أَنْ يَسْرِقُوا عَوَاطِفَ الْمُسْلِمِينَ، وَلَكِنَّ الْعُلَمَاءَ عِنْدَمَا أَمْسَكُوا بِهَذَا الْمُصْحَفِ أَمَرُوا بِإِعْدَامِهِ وَقَالُوا: (إِنَّ بِهِ شَيْئًا زَائِدًا)، فَرَدَّ مَنْ طَبَعَ الْمُصْحَفَ (وَلَكِنَّهَا زِيَادَةٌ تُحِبُّونَهَا وَتُوَقِّرُونَهَا)، فَرَدَّ الْعُلَمَاءُ: (إِنَّ الْقُرْآنَ تَوْقِيفِيٌّ؛ نَقْرَأُهُ وَنَطْبَعُهُ كَمَا نَزَلَ.) وَقَامَتْ ضَجَّةٌ؛ وَحَسَمَهَا الْعُلَمَاءُ بِأَنَّ أَيَّ زِيَادَةٍ حَتَّى وَلَوْ كَانَتْ فِي تَوْقِيرِ رَسُولِ اللهِ صَلَّى اللهُ عَلَيْهِ وَسَلَّمَ وَمُحَبَّتِهِ لَا تَجُوزُ فِي الْقُرْآنِ، لِأَنَّ عَلَيْنَا أَنْ نَحْفَظَ الْقُرْآنَ كَمَا لَقَّنَهُ جِبْرِيلُ لِمُحَمَّدٍ صَلَّى اللهُ عَلَيْهِ وَسَلَّمَ...

يَقُولُ الشَّعْرَاوِيُّ أَنَّ الْآيَةَ أَعْطَتِ الْعُلَمَاءَ مَهَمَّةَ حِفْظِ الْقُرْآنِ!؟

أَنَا أَقُولُ بِكُلِّ ثِقَةٍ وَيَقِينٍ، إِنَّ هَذَا دَجَلٌ، نِفَاقٌ، تَوْرِيَةٌ، تَزْوِيرٌ وَتَحْوِيرٌ، وَاعْتِدَاءٌ عَلَى اللهِ وَرَسُولِهِ!

يَا شَيْخُ، لِمَاذَا هَذَا الْكَذِبُ! لَقَدِ اعْتَرَفْتَ أَنَّهُ جَاءَكَ وَشَيْخَكَ مَخْلُوقٌ طَاهِرٌ مُطَهَّرٌ، أَعْطَاكُمَا شَهَادَةً تَقُولُ أَنَّهُ بَيْنَكُمَا وَبَيْنَ تَفْسِيرِ الْقُرْآنِ حِجَابُ الطُّهْرِ! يَحْفَظُ اللهُ عِلْمَ الْقُرْآنِ عَنِ الْمُتَنَجِّسِينَ، أَمْثَالِكَ وَأَمْثَالُ شَيْخِكَ!

يَا شَيْخُ! كُتُبُ الْمُسْلِمِينَ تَتَّهِمُ الْقُرْآنَ بِالْخَطَأِ وَبِسُقُوطِ آيَاتٍ وَإِضَافَةِ أُخْرَى. جَاءَ فِي صَحِيحِ مُسْلِمٍ أَنَّ عَائِشَةَ قَالَتْ مَا مَعْنَاهُ: مِمَّا أُنْزِلَ فِي الْقُرْآنِ عَشْرُ آيَاتٍ فِي الرَّضَاعَةِ نُهِيَ عَنْهَا وَنُسِخَتْ بِخَمْسِ آيَاتٍ أُخْرَى. وَمِمَّا لَا شَكَّ فِيهِ أَنَّ عَائِشَةَ سَمِعَتْ هَذِهِ الْآيَاتِ فِي زَمَانِهَا مِنَ الْقُرَّاءِ، وَلَا نَجِدُهَا الْيَوْمَ فِي الْقُرْآنِ!؟

النَّقْلُ مَفْسَدَةٌ لِلْعَقْل!

وَرَوَى بْنُ مَاجَة، قَالَتْ عَائِشَةُ: إِنَّ آيَاتِ الرَّجْمِ وَالرَّضَاعَة نَزَلَتَا.. وَكَانَ القِرْطَاسُ المَكْتُوبَتَانِ فِيهِ تَحْتَ فِرَاشِي. وَمَاتَ رَسُولُ اللهِ حِينَئِذٍ. وَفِيمَا أَنَا مُنْشَغِلَةٌ بِمَوْتِهِ، دَخَلَتِ البَهِيمَةُ وَأَكَلَتِ القِرْطَاسَ! (هَلْ هَكَذَا يُحْفَظُ القُرْآنُ، يَا شَيْخُ؟!)

وَرَوَى مُسْلِمٌ عَنْ أَبِي مُوسَى الأَشْعَرِيِّ أَنَّهُ قَالَ لِخَمْسِمِئَةٍ مِنْ حَفَظَةِ القُرْآنِ فِي البَصْرَةِ: اِعْتَدْنَا أَنْ نَتْلُوَ سُورَةً تُضَاهِي سُورَةَ التَّوْبَةِ فِي الطُّولِ وَالشِّدَّةِ، وَقَدْ نَسِيتُهَا وَلَمْ يَبْقَ مِنْهَا فِي بَالِي غَيْرُ هَذِهِ الكَلِمَاتِ: تَوَكَّلْتُ...

هَلْ تَعْتَقِدُ يَا شَيْخُ أَنَّ اللهَ بِهَذِهِ السَّذَاجَةِ يُؤَمِّنُكَ وَأَمْثَالَكَ عَلَى حِفْظِ القُرْآن)!؟)

يَا مَنْ سَمَّيتُمْ عُلَمَاءَ: جَعَلَ اللهُ القُرْآنَ فِي الجَنَّةِ مَكْنُونًا، مَحْفُوظًا فِي لَوْحٍ، وَلَمْ يُوَكِّلْ حِفْظَهُ إِلَى المَلَائِكَةِ، ثُمَّ أَنْزَلَهُ عَلَى قَلْبِ حَبِيبِهِ، لِكَيْ يَكِلَ حِفْظَهُ، إِلَى بَدْوِ أَعْرَابٍ؟

كَيْفَ سَمِّيتُمْ عُلَمَاءَ، أَفَلا تَعْقِلُونَ؟

وَعَنْ أَبِي مُوسَى الأَشْعَرِيِّ أَنَّهُ قَالَ: اِعْتَدْنَا أَنْ نَتْلُوَ سُورَةً عَلَى المَسْبَحَةِ وَنَسِيتُهَا، مَا عَدَا قَوْلَهُ: أَيُّهَا الَّذِينَ

أَلنَّقْلُ مَفْسَدَةٌ لِلْعَقْلِ!

وَمِنَ الْمَشْهُورِ أَنَّ أُبَيَّ بْنَ كَعْبٍ زَادَ عَلَى نَسْخَةِ قُرْآنِهِ سُورَتَيْنِ قَصِيرَتَيْنِ تَحْتَ اسْمَيْنِ اعْتِبَارِيَّيْنِ وَهُمَا سُورَةُ الْخَلْعِ وَسُورَةُ الْحَفْدِ، وَتُسَمَّى الْأَخِيرَةَ أَيْضًا سُورَةُ الْقُنُوت، لِأَنَّهُ يُؤَكِّدُ أَنَّهُمَا نَزَلَتَا فِي الْقُرْآن وَحَذَفَهُمَا عُثْمَانُ. فِي حِينِ أَنَّ بْنَ مَسْعُودٍ حَذَفَ سُورَةَ الْفَاتِحَةِ وَالْمَعُوذَتَيْنِ مِنْ مُصْحَفِهِ...

لَا أُرِيدُ أَنْ أُطِيلَ عَلَيْكَ أَيُّهَا الْقَارِئُ الْكَرِيمُ. فِي النِّهَايَةِ؛ إِنَّهُ رَأْسُكَ...

لَنْ يَنْفَعَكَ أَحَدٌ مِنْ هَؤُلَاءِ الْمُتَسَوِّلِينَ وُعَّاظِ السَّلَاطِينِ! قَالَ اللهُ تَعَالَى فِي كِتَابِهِ الْعَزِيزِ: (وَلَقَدْ جِئْتُمُونَا فُرَادَى كَمَا خَلَقْنَاكُمْ أَوَّلَ مَرَّةٍ وَتَرَكْتُمْ مَا خَوَّلْنَاكُمْ وَرَاءَ ظُهُورِكُمْ وَمَا نَرَى مَعَكُمْ شُفَعَاءَكُمُ الَّذِينَ زَعَمْتُمْ أَنَّهُمْ فِيكُمْ شُرَكَاءُ لَقَدْ تَقَطَّعَ بَيْنَكُمْ وَضَلَّ عَنْكُمْ مَا كُنْتُمْ تَزْعُمُونَ) الْأَنْعَام/ 94

يُخْبِرُ عَزَّ وَجَلَّ أَنَّ الْخَلْقَ يَأْتُونَ يَوْمَ الْقِيَامَةِ فُرَادَى، وَاحِدًا، وَاحِدًا، حُفَاةً عُرَاةً، كَمَا خَلَقَهُمُ اللهُ أَوَّلَ مَرَّةٍ، فَيُعْرَضُ الْوَاحِدُ مِنْهُمْ عَلَى رَبِّهِ، بِلَا أَهْلٍ وَلَا مَالٍ وَلَا عَشِيرَةٍ تَمْنَعُهُ مِنَ الْعَذَابِ، وَقَدْ تَرَكَ مَا كَانَ أُعْطِيَ مِنْ نِعَمِ الدُّنْيَا، وَخَلَّفَهُ وَرَاءَ ظَهْرِهِ، مِنَ الْمَالِ وَالْأَنْعَامِ وَالْأَوْلَادِ، إلخ ... جَاءَ وَحِيدًا لَا نَاصِرَ لَهُ، قَدْ ضَلَّ عَنْهُ الشُّرَكَاءُ وَالشُّفَعَاءُ الَّذِينَ كَانَ يَعْبُدُهُمْ مِنْ دُونِ اللهِ...

عَنْ أَيِّ حِفْظٍ لِلْقُرْآنِ تَتَحَدَّثُ يَا شَيْخُ مَاذَا جَرَى أَيْضًا لِآيَةِ الرَّجْمِ: (الشَّيْخُ وَالشَّيْخَةُ إِذَا زَنَيَا فَارْجُمُوهُمَا الْبَتَّةَ؟).

كُتُبُ الْمُسْلِمِينَ تَعُجُّ بِقِصَصِ النَّقْصِ وَالزِّيَادَةِ فِي الْقُرْآنِ! أَنَا حَزِينٌ!

أَلنَّقْلُ مَفْسَدَةٌ لِلْعَقْلِ!

يَقُولُ اللهُ: (إِنَّا نَحْنُ نَزَّلْنَا الذِّكْرَ وَإِنَّا لَهُ لَحَافِظُونَ). كَيْفَ "إِنَّا" أَصْبَحَتْ "أَنْتُمْ" لَهُ لَحَافِظُونَ؟ كَيْفَ تَحْفَظُ مَا لَمْ تَعْرِفْهُ وَلَمْ يَعْرِفْهُ أَسْيَادُكَ الَّذِينَ تَتَقَرَّبُ بِهِمْ إِلَى إِلَهِكُمْ؟

أَنْتَ يَا شَيْخُ تَنَاسَيْتَ مَعْنَى إِنَّمَا الْحَصْرِيَّةَ مِنَ الْإِعْرَابِ!؟

وَجَهِلْتَ وَشَيْخُكَ دَوْرَ أَدَاةِ الْوَصْلِ -الَّذِي- مِنَ الْإِعْرَابِ!؟

وَجَعَلْتَ آيَةَ: (إِنَّمَا وَلِيُّكُمُ اللهُ وَرَسُولُهُ وَالَّذِينَ ءَامَنُواْ الَّذِينَ يُقِيمُونَ الصَّلَاةَ وَيُؤْتُونَ الزَّكَاةَ وَهُمْ رَاكِعُونَ)، عَامَّةً وَأَنْتَ تَعْلَمُ أَنَّهَا خَاصَّةٌ!

أَنْتَ وَمُعْظَمُ عُلَمَاءِ الْمُسْلِمِينَ الْمَلْجُومِينَ بِالنَّقْلِ، وَالْمُكَبَّلِينَ بِالْوَلَاءِ لِلاسْتِرْزَاقِ، وَتَقْبِيلِ الْأَيَادِي لِأَوْلِيَاءِ نِعْمَتِكُمْ؛ شَرَيْتُمُ الْآخِرَةَ وَاشْتَرَيْتُمُ الدُّنْيَا! يَا شَيْخُ لَنْ أَنْسَى صُورَتَكَ فِي التِّلْفِزْيُونِ الْإِمَارَاتِيِّ عَلَى مَا أَعْتَقِدُ، وَأَنْتَ فِي أَوَاخِرِ أَيَّامِكَ، تَقِفُ ذَلِيلًا مُنْحَنِي الظَّهْرِ، تَسْتَجْدِي أَحَدَ حُكَّامِ الْإِمَارَاتِ، لِيَمُنَّ عَلَيْكَ مِنْ مَالٍ مَنْهُوبٍ! وَبَعْدَ كُلِّ مُحَابَاتِكَ وَتَمَلُّقِكَ لِمَنِ اتَّخَذْتَهُمْ أَوْلِيَاءَ أَمْرِكَ، بَعَثَ اللهُ مَنْ يَهْدِيكَ وَأُسْتَاذَكَ فَرَفَضْتُمُ الْهِدَايَةَ!؟

لَقَدْ جَاءَتْكَ يَا شُعْرَاوِيُّ سَفِينَةُ النَّجَاةِ، وَلِشَيْخِكَ، فَرَفَضْتُمَا الرُّكُوبَ، وَفَضَّلْتُمَا أَنْ تَأْوُوا إِلَى جَبَلِ النِّفَايَاتِ، وَمَجْرَى الْعَنْعَنَاتِ وَأَنْتُمَا تَعْلَمَانِ أَنَّهُ لَا عَاصِمَ لَكُمَا مِنْ أَمْرِ اللهِ. لَمْ تَرْكَبْ يَا شُعْرَاوِيُّ سَفِينَةَ النَّجَاةِ، وَلَمْ يَرْكَبْهَا شَيْخُكَ!؟

أَلنَّقْلُ مَفْسَدَةٌ لِلْعَقْلِ!

لَقَدْ جَاءَكُمَا حَافِظُ الْقُرْآنِ بِجَعْلٍ مِنَ اللهِ. كَحِفْظِ جَدِّهِ لِلْقُرْآنِ! لَمْ تَرْعَوُوا، بِالرُّغْمِ مِنْ أَنَّكَ سَأَلْتَ نَفْسَكَ، كَيْفَ عَلِمَ هَذَا مَا نَقُولُ، وَكَيْفَ عَلِمَ مَا لَمْ نَكُ نَعْلَمُ؟! هَلِ اعْتَقَدْتَ أَنَّ مَنْ جَاءَكَ إِلَهُ شَيْخُ إِسْلَامِكَ: ابْنُ تَيْمِيَّةَ؟ {... وَإِنَّ فَرِيقًا مِّنْهُمْ لَيَكْتُمُونَ الْحَقَّ وَهُمْ يَعْلَمُونَ} ... هُوَ الَّذِي بَعَثَ فِي الْأُمِّيِّينَ رَسُولًا مِّنْهُمْ يَتْلُوا عَلَيْهِمْ ءَايَتِهِ وَيُزَكِّيهِمْ وَيُعَلِّمُهُمُ الْكِتَـٰبَ وَالْحِكْمَةَ وَإِن كَانُوا مِن قَبْلُ لَفِى ضَلَـٰلٍ مُّبِينٍ (2) وَءَاخَرِينَ مِنْهُمْ لَمَّا يَلْحَقُوا بِهِمْ وَهُوَ الْعَزِيزُ الْحَكِيمُ (3) ...

أَيُّهَا الْعَالِمُ الْجَلِيلُ، عَمَّنْ يُخْبِرُ اللهُ فِي كَلِمَةِ، (إِنَّا) فِي: إِنَّا نَحْنُ أَنزَلْنَا الْقُرْآنَ...

وَمَنْ ذَا الَّذِي بَعَثَ فِي الْأُمِّيِّينَ رَسُولًا مِّنْهُمْ... وَءَاخَرِينَ مِنْهُمْ لَمَّا يَلْحَقُوا بِهِمْ! مَنْ هَؤُلَاءِ الْآخَرِينَ؟

هَلْ أَنْتَ مِنْ هَؤُلَاءِ الَّذِينَ بَعَثَهُمُ اللهُ، يَا شَيْخُ؟

أَيُّهَا الشَّيْخُ الْكَرِيمُ! أُخَاطِبُ فِيكَ مَشَايِخَكَ وَتَلَامِذَتَكَ وَعُمُومَ الْمُسْلِمِينَ، لِأَضَعَ عَلَيْكُمْ حُجَّتِي، وَأُؤَكِّدَ أَنَّ الْأَرْضَ إِذَا خَلَتْ مِنَ الَّذِينَ يَبْعَثُهُمُ اللهُ، لَسَاخَتْ بِأَهْلِهَا!

هَلْ أَنْتَ مِنَ الْمُبْعُوثِينَ؟ (يُرِيدُونَ أَن يُطْفِئُوا نُورَ اللهِ بِأَفْوَٰهِهِمْ وَيَأْبَى اللهُ إِلَّا أَن يُتِمَّ نُورَهُ وَلَوْ كَرِهَ الْكَـٰفِرُونَ (٣٢)

أَعُودُ لِكَلِمَةِ "يَمَسُّهُ"! وَجَدْتُ دِرَاسَةً لِلدُّكْتُورِ عُمَرَ بْنِ مُحَمَّدٍ السَّبِيلِ، تَوَفَّاهُ اللهُ، وَقَدْ كَانَ دُكْتُورًا مُسَاعِدًا فِي الْكُلِّيَّةِ الشَّرْعِيَّةِ جَامِعَةِ أُمِّ الْقُرَى.

ألنَّقْلُ مَفْسَدَةٌ لِلْعَقْلِ!

فِي هَذَا الْبَحْثِ يُؤَكِّدُ أَنَّ مَسَّ الْقُرْآنِ يَعْنِي لَمْسَهُ، مُسْتَنِدًا إِلَى عَنْعَنَاتٍ مِنَ الْعُصُورِ الْغَابِرَةِ، لِأَنَّ سَعَادَةَ الدُّكْتُورِ وَإِنْ كَانَ يَعِيشُ فِى عَصْرِ التَّقَدُّمِ، إِلَّا أَنَّ عَقْلَهُ وَفِكْرَهُ مَا زَالَا فِي عُصُورِ التَّخَلُّفِ.

كَمُعْظَمِ مَنْ يُسَمَّوْنَ عُلَمَاءَ الْمُسْلِمِينَ؛ يَمْشُونَ إِلَى الْأَمَامِ وَعُيُونُهُمْ وَعُقُولُهُمْ وَتَفَكُّرُهُمْ جَمِيعُهَا مُسَمَّرَةٌ بِاتِّجَاهِ الْخَلْفِ. لِأَنَّهُمْ يُؤْمِنُونَ بِعِلْمِ الْقِرَدَةِ؛ (الْعِلْمُ بِالتَّعَلُّمِ!)

هَلْ سَمِعْتُمْ أَنَّ أَحَدًا شَارَكَ فِي سِبَاقٍ وَرَبِحَهُ وَهُوَ يَنْظُرُ إِلَى الْخَلْفِ؟

يَقُولُ الدُّكْتُورُ: فَقَدِ اخْتَلَفَ الْعُلَمَاءُ. (عِلْمُ التَّجْهِيلِ)

(كَيْفَ يَكُونُ دِينٌ يُتَّبَعُ، وَكُلُّ شَيْءٍ فِيهِ مُخْتَلَفٌ عَلَيْهِ) أَسْأَلُ؟

يَقُولُ الدُّكْتُورُ: فِي حُكْمِ مَسِّهِ لِلْمُصْحَفِ، اخْتَلَفَ الْعُلَمَاءُ عَلَى قَوْلَيْنِ:

الْأَوَّلُ أَنَّهُ لَا يَجُوزُ لَمْسُ الْقُرْآنِ. وَبِهِ قَالَ جَمْعٌ مِنَ الصَّحَابَةِ وَلَمْ يُعْرَفْ لَهُمْ مُخَالِفٌ، وَقَالَ بِهِ كَثِيرٌ مِنَ التَّابِعِينَ، وَهُوَ مَذْهَبُ الْأَئِمَّةِ الْأَرْبَعَةِ! كَيْفَ أَصْبَحَ هَؤُلَاءِ أَئِمَّةً؟! أَسْأَلُ؟

وَالثَّانِي قَالَهُ: بَعْضُ التَّابِعِينَ وَهُوَ مَذْهَبُ الظَّاهِرِيَّةِ

وَقَدْ ظَهَرَ لِي رَجَحَانُ الْقَوْلِ الْأَوَّلِ: لِقُوَّةِ أَدِلَّتِهِ وَرَجَحَانِهَا...

أَلنَّقْلُ مَفْسَدَةٌ لِلْعَقْلِ!

بِكُلِّ أَسَى أَقُولُ لِلدُّكْتُورِ عُمَرَ: لِمَاذَا أَخْفَيْتَ مَا قَالَهُ مَذْهَبُ الظَّاهِرِيَّةِ؟

إِنَّ كُلَّ مَنْ يَتَجَرَّأُ عَلَى أَنْ يَخُوضَ فِي تَفْسِيرِ الْقُرْآنِ بِالنَّقْلِ -يَا دُكْتُورُ- يُصْبِحُ كَالَّذِي يَحْلُمُ فِي غَوْصٍ أَمْوَاجِ الْمُحِيطِ الْهِنْدِيِّ مِنْ مِصْرَ قَاصِدًا الْهِنْدَ وَيَصِلُ الْهِنْدَ فِي ثَوَانٍ مَعْدُودَاتٍ!

هُنَاكَ أَنَاسٌ كُثْرٌ يَحْلُمُونَ، وَآخَرُونَ كُثْرٌ يُفَسِّرُونَ الْأَحْلَامَ، وَالْكُلُّ يَصْحُو عَلَى الْحَقِيقَةِ الْمُرَّةِ أَنَّ كُلَّ مَا يَفْعَلُونَهُ لَنْ يَتَعَدَّى كَوْنَهُ رَأْياً يَخْتَلِفُ فِي تَفْسِيرِهِ مُعْظَمُ مُفَسِّرِي الْأَحْلَامِ...

إِنَّ تَفْسِيرَ غَيْرِ الْمُطَهَّرِ يُشْبِهُ مَنْ يَقْرَأُ الطَّالِعَ، يُعْطِيكَ مَا يُنَاسِبُكَ – مَرْحَلِيًّا – وَمَا تُحِبُّ أَنْ تَسْمَعَ مِنَ الْأَخْبَارِ، وَفِي النِّهَايَةِ يُعْطِيكَ الْخَبَرَ الْيَقِينَ: (اللهُ يَعْلَمُ). طَبْعًا، اللهُ يَعْلَمُ، وَكَمَا أَنَّ اللهَ يَعْلَمُ، وَأَنْتَ أَيْضًا تَعْلَمُ: "أَنَّكَ لَا تَعْلَمُ"! رَحِمَكَ اللهُ يَا دُكْتُورُ، أَلَمْ تَتَعَلَّمِ الْفَرْقَ بَيْنَ لَا النَّافِيَةِ وَلَا النَّاهِيَةِ، وَالْفَرْقَ بَيْنَ اسْمِ الْفَاعِلِ وَاسْمِ الْمَفْعُولِ؟!! الْقَضِيَّةُ مَحْسُومَةٌ. أَلْمَسُّ لَنْ يَكُونَ أَبَدًا لَمْسًا؛ وَقَدْ بَيَّنَّا هَذَا وَاضِحًا جَلِيًّا. اسْتَفِقْ!

أَلنَّقْلُ مَفْسَدَةٌ لِلْعَقْلِ!

هَلْ سَمِعْتُمْ يَوْمًا أَنَّ أَحَدًا قَالَ: أَلْقُرْآنُ الْمُقَدَّسُ؟

إِنَّهُ قُرْآنٌ حَكِيمٌ، عَلِيمٌ، عَظِيمٌ، كَرِيمٌ، أَحْسَنُ الْحَدِيثِ، وَإِنَّهُ الْجَامِعُ لِكُلِّ تَشْرِيعٍ. كِتَابُ أَلْقُرْآنِ لَيْسَ مُقَدَّسًا. فَلَا تَسْتَجْدُوا اللَّهَ بِلَمْسِهِ، وَالتَّبَرُّكَ مِنْ أَوْ فِي زَخْرَفَتِهِ، وَلَا السَّلَامَةَ فِي تَقْلِيدِهِ صُدُورَ النِّسَاءِ أَوْ وَضْعِهِ تَحْتَ إِبْطِ الرِّجَالِ، أَوْ تُزَيِّنُونَ بِهِ الْحِيطَانَ وَالْمَكَاتِبَ!

إِنَّ حِكْمَةَ الْقُرْآنِ وَعِلْمَهُ وَعَظَمَتَهُ فِي مَسِّهِ، لَيْسَ فِي لَمْسِهِ وَلَا فِي تَلْحِينِهِ...

سَأُسَلِّمُ جَدَلًا أَنَّ الْمَسَّ فِي آيَةِ الْمَسِّ، هُوَ عِلْمُ الْمَلَائِكَةِ لِلْقُرْآنِ الْمَوْجُودِ فِى اللَّوحِ الْمَحْفُوظِ، وَأَنَّ الْمُطَهَّرِينَ هُمُ الْمَلَائِكَةُ!

هَلْ نَسْخَةُ اللُّوحِ الْمَحْفُوظِ تَخْتَلِفُ عَنَّا لِنَسْخَةِ الْمَوْجُودَةِ بَيْنَ ظَهْرَانَيْنَا؟

إِنْ قُلْتُمْ لَا نَفْيًا! أَسْأَلُ: هَلِ الَّذِينَ تَصَدَّرُوا لِلْقُرْآنِ الْمَوْجُودِ بَيْنَ ظَهْرَانَيْنَا لَمْسًا وَتَفْسِيرًا مِنَ الْمَلَائِكَةِ؟!!

إِنْ قُلْتُمْ نَعَمْ، أَقُلْ: (هَاتُوا بُرْهَانَكُمْ إِنْ كُنْتُمْ صَادِقِينَ) ...

أَلْمَلَائِكَةُ لَمْ تَقْرَأْ أَوْ تَعْلَمْ أَوْ تَعِي الْقُرْآنَ! وَمِنَ الْقُرْآنِ!

إِنَّ فِي اسْتِفْسَارِ الْمَلَائِكَةِ عَنْ أَسْبَابِ خَلْقِ آدَمَ – وَخُصُوصًا – فِي رَفْضِ الشَّيْطَانِ (إِبْلِيسَ) أَمْرَ اللَّهِ، مَا يُثْبِتُ جَهْلَ الْجَمِيعِ بِالْقُرْآنِ!

أَلنَّقْلُ مَفْسَدَةٌ لِلْعَقْلِ!

هُنَاكَ آيَاتٌ مِنَ الْقُرْآنِ تُوحِي أَنَّ الْمَلَائِكَةَ أَوْ - فَصِيلًا مِنْهُمْ مِنَ الْجِنِّ -اصْطَفَاهُمُ اللَّهُ لِلْقِيَامِ بِمَهَامٍ مُعَيَّنَةٍ وَكَانَ إِبْلِيسُ وَاحِدًا مِنَ الْجِنِّ، إِمَّا فِي الْخَلْقِ، أَوْ فِي الْمَهَمَّةِ، أَوْ فِي الْإِثْنَيْنِ مَعًا. حَيْثُ يَقُولُ اللَّهُ:

وَإِذْ قُلْنَا لِلْمَلَئِكَةِ اسْجُدُوا لِآدَمَ فَسَجَدُوا إِلَّا إِبْلِيسَ أَبَى وَاسْتَكْبَرَ وَكَانَ مِنَ الْكَفِرِينَ.

وَأَيْضًا: وَلَقَدْ خَلَقْنَكُمْ ثُمَّ صَوَّرْنَكُمْ ثُمَّ قُلْنَا لِلْمَلَئِكَةِ اسْجُدُوا لِآدَمَ فَسَجَدُوا إِلَّا إِبْلِيسَ لَمْ يَكُن مِّنَ السَّجِدِينَ.

وَأَيْضا: وَإِذْ قُلْنَا لِلْمَلَئِكَةِ اسْجُدُوا لِآدَمَ فَسَجَدُوا إِلَّا إِبْلِيسَ قَالَ أَأَسْجُدُ لِمَنْ خَلَقْتَ طِينًا.

وَأَيْضا: وَإِذْ قُلْنَا لِلْمَلَئِكَةِ اسْجُدُوا لِآدَمَ فَسَجَدُوا إِلَّا إِبْلِيسَ كَانَ مِنَ الْجِنِّ فَفَسَقَ عَنْ أَمْرِ رَبِّهِ.

وَكَذَلِكَ: وَإِذْ قُلْنَا لِلْمَلَئِكَةِ اسْجُدُوا لِآدَمَ فَسَجَدُوا إِلَّا إِبْلِيسَ أَبَى... هَذَا إِلَى كَثِيرٍ مِنَ الْآيَاتِ الَّتِي تُثْبِتُ وُجُودَ إِبْلِيسَ وَحُضُورَهُ بَيْنَ الْمَلَائِكَةِ. فَأَمْرُ اللَّهِ فِي كُلِّ الْآيَاتِ كَانَ لِلْمَلَائِكَةِ، وَمِنْ بَيْنِهِمْ كَانَ إِبْلِيسُ.

وَلَمَّا كَانَ اللَّهُ قَدْ ذَكَرَ أَنَّهُ مِنَ الْجِنِّ فِي إِحْدَى تِلْكَ الْآيَاتِ، فَقَدْ تَكُونُ الْمَلَائِكَةُ جَمِيعُهَا أَيْضًا مِنَ الْجِنِّ لِأَنَّ اللَّهَ لَمْ يُشِرْ فِي الْقُرْآنِ أَيَّ إِشَارَةٍ لِحِكَايَةِ خَلْقِ الْمَلَائِكَةِ.

أَلنَّقْلُ مَفْسَدَةٌ لِلْعَقْلِ!

فَلَوْ كَانَ الْمَلَائِكَةُ نَوْعًا مُخْتَلِفًا مِنَ الْجِنِّ، لَذَكَرَ اللهُ مَادَّةَ خَلْقِهِمْ!

وَإِذَا خُلِقُوا ـ خَاصَّةً ـ مِنْ نُورٍ كَمَا يُؤْمِنُ الْبَعْضُ؛ فَلَنْ تُغَيِّرَ هَذِهِ الْمَعْلُومَةُ شَيْئًا مِمَّا نَحْنُ بِصَدَدِهِ، وَلَنْ يُحَاسِبَنَا اللهُ عَلَى هَذَا الْجَهْلِ!

بِغَضِّ النَّظَرِ عَنْ كَيْفِيَّةِ خَلْقِ الْمَلَائِكَةِ، فَإِنَّ قِصَّةَ خَلْقِ آدَمَ تَدْحَضُ عِلْمَ الْمَلَائِكَةِ وَإِبْلِيسَ بِالْكِتَابِ (الْقُرْآن).

لَوْ عَلِمَ الْكِتَابَ، لَمَا عَصَى إِبْلِيسُ رَبَّهُ.

وَلَوْ عَلِمَ الْمَلَائِكَةُ الْكِتَابَ، لَمَا اسْتَفْسَرُوا عَنْ سَبَبِ خَلْقِ آدَمَ، حَيْثُ أَجَابَهُمُ اللهُ: "إِنِّـي أَعْلَمُ مَالَا تَعْلَمُونَ".

إِذَا خَرَجَ الْمَلَائِكَةُ مِنَ الْمُعَادَلَةِ. يَبْقَى عَلَيْكُمْ إِثْبَاتُ عِصْمَةِ عُلَمَاءِ الْمُسْلِمِينَ وَتَطْهِيرِهِمْ، وَإِلَّا خَرَجَ جَمِيعُ عُلَمَاءِ الْمُسْلِمِينَ الْمُتَطَهِّرِينَ مِنْ دَائِرَةِ مَسِّ الْقُرْآنِ.

وَإِنْ قُلْتُمْ لَا لَمْ يَخْرُجُوا أَقُلْ: (إِنَّ الَّذِينَ يَفْتَرُونَ عَلَى اللهِ الْكَذِبَ لَا يُفْلِحُونَ) ... أَيْضًا: (فَأَمَّا الَّذِينَ فِى قُلُوبِهِمْ زَيْغٌ فَيَتَّبِعُونَ مَا تَشَابَهَ مِنْهُ ابْتِغَاءَ الْفِتْنَةِ وَابْتِغَاءَ تَأْوِيلِهِ)

لَوْ سَلَّمْنَا أَنَّ مَسَّ فِي هَذِهِ الْآيَةِ تَعْنِي لَمَسَ، وَأَنَّ الْمَلَائِكَةَ يَلْمَسُونَ الْقُرْآنَ الْمَوْجُودَ فِي اللَّوْحِ الْمَحْفُوظِ لِأَنَّهُمْ مُطَهَّرُونَ، وَأَنَّهُ لَايَسْتَطِيعُ أَحَدٌ لَمْسَهُ إِلَّا الْمُطَهَّرُونَ، لِأَنَّ "لَا" نَافِيَةٌ، وَتَنْفِي اسْتَطَاعَةَ غَيْرِ الْمُطَهَّرِ لَمْسَ الْقُرْآنِ!

كَيْفَ يَتَدَاوَلُ النَّاسُ الْقُرْآنَ؟ وَهَذَا بَيْتُ الْقَصِيدِ...

إنَّها بِدْعَةٌ، وابْتِغَاءٌ لِلْفِتْنَةِ الَّتِي ابْتَدَعَها وَأَوْقَدَ نَارَها وفِتْنَتَها ظُلْمَاً وكُفْراً وقَهْراً، وتَزْوِيراً وافْتِرَاءً عَلَى اللهِ ورَسُولِهِ، نُزَلاءُ سَقِيفَةِ بَنِي سَاعِدَة... (السَّقِيفَةُ كَانَتْ زرِيبَةً يَسْتَخْدِمُها بَنو سَاعِدَة لِحَيوَانَاتِهمْ).

وَمَا زَالَتْ نِيرَانُها تَحْصُدُ قَتْلًا وتَنْكِيلاً وظُلْمَا، خَلْقَ اللهِ مِنَ البَشَرِ والشَّجَرِ والحَجَرِ! إنَّ هَذا الافْتِرَاءَ عَلَى أوَامِرِ الْقُرْآنِ وتَعَالِيمِهِ، وَعَلَى أَهْلِ الْقُرْآنِ، فَتَح أبْوابَ الفِتْنَةِ، وشَجَّعَ التَّفْرِقَةَ، وكَرَّسَ العَصَبِيَّةَ الجَاهِلِيَّةَ الَّتِي لَمْ يَكُ قَدْ قُضِيَ عَلَيْها تَمَامًا خِلالَ البِعْثَةِ النَّبَوِيَّةِ. بِفِعْلِ الخَضْرَمَةِ والمُخَضْرَمِينَ الَّذِينَ عَاشُوا فِي الجَاهِلِيَّةِ وفِي الإِسْلاَمِ وَمَاتُوا مُسْلِمِينَ!

حُكِّمَ أَعْدَاءُ الإِسْلاَمِ عَلَى رُؤُوسِ العِبَادِ، فَأَشْعَلُوا نَزْعَةَ الثَّأْرِ والتَّعَصُّبِ والانْتِقَامِ، حِينَ اسْتَعَادَ طَوَاغِيتُ الجَاهِلِيَّةِ، والمُنَافِقُونَ زِمَامَ الأُمُورِ، وَاسْتَوْلُوا عَلَى مَقَالِيدِ العَقْدِ والْحَلِّ.

وَكَانَ قَتْلُ رَسُولِ اللهِ بِدَايَةَ الثَّأْرِ مِنَ اللهِ وَمِنْ رَسُولِهِ، ثمَّ ثَأَرُوا مِنْ أَهْلِ بَيْتِ النُّبُوَّةِ، ثمَّ ثَأَرُوا مِنَ الَّذِينَ آمَنُوا حَقًّا، وَمَازَالُوا حَتَّى يُومِنَا هَذَا، يَقْتُلُونَ وَيُشَرِّدُونَ مَنْ خَالَفَهُمْ...

أُقْسِمُ بِاللهِ إنَّ هَذِهِ الآيَةَ الْكَرِيمَةَ، فَضَحَتْ جَهْلَ أَئِمَّةِ الْمُسْلِمِينَ، وَنِفَاقَ مُعْظَمِ الْعُلَمَاءِ، وكُفْرَ هَذا الفِكْرِ وأَزْلاَمِهِ وَأَصْنَامِهِ، وزَيْفَ الإِلَهِ الَّذِي يَعْبُدُونَ، وكَذِبَ النَّبِيِّ الَّذِي يَتَّبِعُونَ، وضَلاَلَ مَا يُسَمُّونَهُ زُورًا: إسْلاَماً...

ألنَّقْلُ مَفْسَدَةٌ لِلْعَقْلِ!

هَـٰذَا حُكْمُ اللَّهِ: {إِنَّ الَّذِينَ يُحَـادُّونَ اللَّهَ وَرَسُولَهُ كُبِتُوا كَمَا كُبِتَ الَّذِينَ مِن قَبْلِهِمْ وَقَدْ أَنزَلْنَا ءَايَتٍ بَيِّنَتٍ وَلِلْكَـافِرِينَ عَذَابٌ مُهِينٌ (٥) يَوْمَ يَبْعَثُهُمُ اللَّهُ جَمِيعًا فَيُنَبِّئُهُم بِمَا عَمِلُوا أَحْصَهُ اللَّهُ وَنَسُوهُ وَاللَّهُ عَلَى كُلِّ شَيْءٍ شَهِيدٌ (٦)} [المُجَادِلَة].

كِتَبٌ أَنزَلْنَهُ إِلَيْكَ مُبَرَكٌ لِّيَدَّبَّرُوا ءَايَتِه وَلِيَتَذَكَّرَ أُولُوا الْأَلْبَبِ.

مِنْ ضِمْنِ الدَّلَائِلِ عَلَى انْدِثَارِ مَعْرِفَةِ النَّاسِ بِاللُّغَةِ العَرَبِيَّةِ، كُلَّمَا تَلَاحَقَتِ الأَجْيَالُ، هُوَ عَدَمُ فَهْمِهِمْ لِأَبْسَطِ التَّعْبِيرَاتِ اللُّغَوِيَّةِ، أَوْ فَهْمُهَا بِشَكْلٍ مُمَنهَجٍ، وَمُبَرْمَجٍ، وَخَاطِئٍ تَمَامًا! كَيْفَ لَا يُمَيِّزُ مُعْظَمُ مُفَسِّرِي القُرآنِ الفَرق بَيْنَ لَا النَّافِيَةِ وَلَا النَّاهِيَةِ! وَلَا بَيْنَ اِسْمِ المَفْعُولِ وَاسْمِ الفَاعِلِ وَلَا حَتَّى بَيْنَ مَعَانِي الكَلِمَاتِ؟ وَكَيْفَ يَأْخُذُ عُلَمَاءُ المُسْلِمِينَ الأَحْكَامَ مِنْ مُوَظَّفِينَ يَسْهَرُونَ عَلَى سَلَامَةِ الحَاكِمِ؟

إِنَّ رَفْضَ النَّاسِ اِسْتِنْبَاطَ الأَحْكَامِ مِنْ مَصْدَرِهَا الرَّئِيسِيِّ ألْقُرآنِ وَمِنَ الَّذِينَ طَهَّرَهُمُ اللهُ وَاصْطَفَاهُم، كَانَتْ نَتِيجَتُهُ الجَهْلَ وَقِلَّةَ الحِيلَةِ وَعَدَمَ الِالْتِزَامِ بِتَعَالِيمِ القُرآنِ!

اِشْتَغَلَ عُلَمَاءُ المُسْلِمِينَ في تَحْفِيظِ النَّاسِ القُرآنَ وَتَلْحِينِهِ كَالبَبَّغَاوَاتِ فَقَطْ، دُونَ التَّمَعُّنِ في مَعَانِيهِ وَأَوَامِرِهِ وَنَوَاهِيهِ!

أَلنَّقْلُ مَفْسَدَةٌ لِلْعَقْلِ!

وَشَجَّعَ مَنْ يَدَّعُونَ وِلاَيَةَ الأَمْرِ لِلْحَاكِمِ - النَّاسَ - عَلَى الْكَسَلِ، وَالْخُمُولِ الْفِكْرِيِّ وَالْعَقَائِدِيِّ. وَلأَنَّ النَّاسَ تُفَضِّلُ الأَسْهَلَ، لاِنْعِدَامِ حُبِّ الْبَحْثِ وَالتَّنْقِيبِ وَالتَّفْتِيشِ وَالاسْتِقْصَاءِ، لِذَا تَفَرَّدَتْ وَتَسَلَّطَتْ مُؤَسَّسَاتُ مَا يُسَمَّى مَدَارِسَ الْفِقْهِ السِّيَاسِيِّ عَلَى تَفْكِيرِ مَنْ يُتَوِّجُونَهُمْ وَيُلْبِسُونَهُمْ عِمَامَةَ رِجَالِ الدِّينِ.

وَهَؤُلاَءِ لَيْسُوا إِلَّا حُفَّاظاً وَحُرَّاساً لِمَبَادِئ مُشَغِّلِيهِمِ الْخَاطِئَةِ، أَسَّسَ لَهَا أَعْدَاءُ اللهِ، وَالَّذِينَ تَآمَرُوا عَلَى قَتْلِ رَسُولِهِ، ثُمَّ خَطَّطُوا لاِنْقِلاَبِ السَّقِيفَةِ فِي سَقِيفَةِ بَنِي سَاعِدَة!

إِنَّ هَذَا الْفِقْهَ السِّيَاسِيَّ، تَخَطَّتْهُ شُعُوبُ الْعَالَمِ كُلُّهُ وَمَا زَالَ الْعَرَبُ خَاصَّةً، وَالْمُسْلِمُونَ عَامَّةً يَجْتَرُّونَهُ، وَيَجْتَرُّهُ أَتْبَاعُهُمْ مِنْ بَعْدِهِمْ، لأَكْثَرَ مِنْ أَرْبَعَةَ عَشَرَ قَرْناً...

اِعْتَمَدَ بَعْضُ مَنْ يَشْتَغِلُ فِي تَحْرِيفِ الدِّينِ، آيَةَ الْمَسِّ - الَّتِي يَسْهُلُ تَأْوِيلُهَا لَفْظاً - فِتْنَةً لِلنَّاسِ لِعَدَمِ فَهْمِهِمْ، وَقِلَّةِ عِلْمِهِمْ وَدِرَايَتِهِمْ وَخِبْرَتِهِمْ بِبَدِيعِ اللُّغَةِ، وَبِالتَّفْسِيرِ وَالْبَيَانِ وَبِتَأْوِيلِ مَعَانِي الْقُرْآنِ.

لَكِنَّ الْقُرْآنَ جَعَلَ - آيَةَ الْمَسِّ - بِمَا جَاءَ مِنْ آيَاتٍ، قَبْلَهَا وَبَعْدَهَا مُحْكَمَةً حَاكِمَةً. فَكَانَ الْقُرْآنُ لَهُمْ بِالْمِرْصَادِ!

أَلنَّقْلُ مَفْسَدَةٌ لِلْعَقْلِ!

إِنَّ مَدَارِسَ الْفِقْهِ التَّقْلِيدِيَّةِ تَوَحَّدَتْ في مَنَاهِجِها التَّوْجِيهِيَّةِ بِالرُّغْمِ مِنْ عُمْقِ خِلَافَاتِها وَتَضَارُبِ آرَائِها وَأَجْمَعَتْ عَلَى تَدْجِينِ، تَلْيِينِ، تَطْبِيعِ، وَإِخْضَاعِ جَمَاهِيرِها عَلَى مَبَادِئِ الاتِّبَاعِيَّةِ المُطْلَقَةِ لِلْجَهْلِ وَالتَّجْهِيلِ، وَحَذَّرَتْ مِنَ الاجْتِهَادِ وَالإبْدَاعِ؛ وَرَوَّجَتْ أَنَّ الإنْسَانَ يَتَعَلَّمُ بِالتَّعَلُّمِ، وَبِالْحِفْظِ وَالتَّرْدِيدِ كَحَالِ الْبَبَّغَاءِ؛ وَلَيْسَ بِالْبَحْثِ وَالتَّقَصِّي وَالاسْتِدْرَاكِ وَالاسْتِنْتَاجِ وَاسْتِنْبَاطِ الْعُلُومِ وَبِالتَّجْرِبَةِ وَالنَّجَاحِ وَالْفَشَلِ، إنَّما بِالتَّلَقِّي وَالرِّضَى لِأَنَّها أَقْوَالُ رَسُولِ اللهِ وَأَفْعَالُهُ مَهْمَا اخْتَلَفَتْ وَتَبَايَنَتْ أَوْ تَضَارَبَتْ مَصَادِرُها وَأَرَاؤُهَا أَوِ اسْتِنْتَاجَاتُهَا؛ وَلِأَنَّ المَذَاهِبَ أَعْمِدَةُ الدِّينِ وَعَقِيدَةُ المُؤْمِنِينَ، وَلِأَنَّ جَمِيعَ أَصْحَابِ رَسُولِ اللهِ عُدُولٌ وَلِأَنَّ مَنْ لَفَّ لَفَّهُمْ مِنَ التَّابِعِينَ المَرْضِيِّينَ وَأَتْبَاعِهِمْ أَيْضًا عُدُولٌ , وَلِأَنَّ الصَّحَابَةَ هُمُ الْفَائِزُونَ!

لِذَا فَإِنَّ كُلَّ مَا جَاءَ عَنِ الصَّحَابَةِ، وإِنْ تَضَارَبَ صَحِيحٌ!

وَكَالْعَادَةِ في الجَاهِلِيَّةِ المُسْتَحْدَثَةِ، اعْتَمَدَ الْحُكَّامُ عَلَى الْقُرَّاءِ وَعَلَى حُفَّاظِ الْقُرْآنِ، مِنْ غَيْرِ عِلْمٍ بِمَا يَقْرَأُونَ.

أَشَاعُوا أَنَّ رَسُولَ اللهِ أَمَرَ أَنْ "يَؤُمَّ الْقَوْمَ أَقْرَؤُهُمْ لِكِتَابِ اللهِ وَأَقْدَمُهُمْ قِرَاءَةً فَإِنْ كَانَتْ قِرَاءَتُهُمْ سَوَاءً فَلْيَؤُمَّهُمْ أَقْدَمُهُمْ هِجْرَةً فَإِنْ كَانُوا في الْهِجْرَةِ سَوَاءً فَلْيَؤُمَّهُمْ أَكْبَرُهُمْ سِنًّا ..." رَوَاهُ مُسْلِمٌ 1079.

أَلنَّقْلُ مَفْسَدَةٌ لِلْعَقْلِ!

وَأَجْمَعَتْ مُعْظَمُ مَذَاهِبِ الْمُسْلِمِينَ أَنَّهُ لَيْسَ مِنْ شَرْطِ الصَّلَاةِ أَنْ يَكُونَ الْإِمَامُ عَادِلًا وَلَا مَعْصُومًا بَلْ يَجِبُ أَنْ تُقَامَ مَعَ الْبَارِّ وَالْفَاجِرِ مَا دَامَ مُسْلِمًا وَلَمْ يُخْرِجْهُ فُجُورُهُ عَنْ دَائِرَةِ الْإِسْلَامِ! أَلصَّلَاةُ عَامُودُ الدِّينِ، فَإِنَّ أَوَّلَ مَا يُحَاسَبُ عَلَيْهِ الْعَبْدُ الصَّلَاةُ فَإِنْ صَلَحَتْ صَلَحَ سَائِرُ عَمَلِهِ وَإِنْ فَسَدَتْ فَسَدَ سَائِرُ عَمَلِهِ، الْحَدِيثُ.

وَمِنْ هَذَا الْبَابِ دَخَلَ الْحُكَّامُ فِي عُقُولِ رَعَايَاهُمْ، وَفِي تَفْكِيرِهِمْ، وَسَخَّرُوهُمْ لِلدِّفَاعِ عَنْ عُرُوشِهِمْ.

أَجَازُوا لِمَنْ يُقِيمُ عَامُودَ دِينِهِمُ الْفُجُورَ. كَمَا أَجَازُوا لِوُلَاةِ أُمُورِهِمُ الْفُجُورَ! هَذَا هُوَ الْإِسْلَامُ، وَهَذَا هُوَ الدِّينُ!

الْقُرْآنُ الْكَرِيمُ يَقُولُ: (وَكَذَلِكَ نُوَلِّي بَعْضَ الظَّالِمِينَ بَعْضًا بِمَا كَانُوا يَكْسِبُونَ) الْأَنْعَامِ: 129.

قَالَ رَسُولُ اللهِ: وَالَّذِي نَفْسِي بِيَدِهِ لَتَأْمُرُنَّ بِالْمَعْرُوفِ، وَلَتَنْهَوُنَّ عَنِ الْمُنْكَرِ، أَوْ لَيُسَلِّطَنَّ اللهُ عَلَيْكُمْ شِرَارَكُمْ، فَيَدْعُوا خِيَارُكُمْ فَلَا يُسْتَجَابُ لَهُمْ).

قَاضِهِمْ يَا سَيِّدِي يَا رَسُولَ اللهِ: (كَيْفَ مَا تَكُونُوا يُوَلَّى عَلَيْكُمْ) هَذَا حَالُ أَوْلِيَاءِ أُمُورِ الْمُسْلِمِينَ، وَحَالُ أَئِمَّةِ مَسَاجِدِ الْمُسْلِمِينَ...

إِنَّ جَمِيعَ أَئِمَّةِ الْمَسَاجِدِ وَعَلَى رَأْسِهِمُ الْمُفْتِي، مُوظَّفُونَ لَدَى وَلِيِّ الْأَمْرِ الْحَاكِمِ السِّيَاسِيِّ!

هَلْ يَسْتَطِيعُ الْمُوَظَّفُ أَنْ يُخَالِفَ أَوَامِرَ مُشَغِّلِهِ؟

وَلَاءُ الْمُوَظَّفِ دَائِمًا لِمَنْ يَضْمَنُ لَهُ مَعَاشَهُ!

فَالْعِلْمُ مُعَطَّلٌ غَرِيبٌ، وَالْعَدْلُ مُطَارَدٌ مَرْفُوضٌ، وَرِضَى الْمُتَسَيِّدِ فَوْقَ كُلِّ اِعْتِبَارٍ.

أَوَّلَ وُعَّاظُ السَّلَاطِينِ هَذِهِ الْآيَةِ: يَـأَيُّهَا الَّذِينَ ءَامَنُوا أَطِيعُوا الله وَأَطِيعُوا الرَّسُولَ وَأُولِى الْأَمْرِ مِنكُمْ"(النِّسَآءِ:59).

وَقَدْ نَاسَبَ أَنْ يَكُونَ الْأَمْرُ بِطَاعَةِ وَلِيِّ الْأَمْرِ دَاخِلاً فِي مَعِيَّةِ الْخِطَابِ الَّذِي يَدْعُو لِطَاعَةِ اللهِ وَرَسُولِهِ.

فَاسْتَغَلَّهُ مُزَوِّرُوا تَفَاسِيرِ الْقُرْآنِ، وَمُؤَوِّلُوهُ، بِأَنَّ جَعَلُوا الْحَاكِمَ وَلِيَّ الْأَمْرِ، وَطَاعَتَهُ يَجِبُ أَنْ تَتَوَافَقَ مَعَ طَاعَةِ اللهِ وَرَسُولِهِ... هَذَا التَّأْوِيلُ لَيْسَ صُدْفَةً. جَاءَ لِإِضْفَاءِ الشَّرْعِيَّةِ عَلَى كُلِّ مَنِ اغْتَصَبَ حُكْمَ الْقَطِيعِ. أَلْغَى الْمُغْتَصِبُونَ وَصِيَّةَ رَسُولِ اللهِ فِي غَدِيرِ خُمٍّ: مَنْ كُنْتُ مَوْلَاهُ فَهَذَا عَلِيٌّ مَوْلَاهُ... وَأَبْطَلُوا أَمْرَ اللهِ الَّذِي حَصَرَ وِلَايَةَ الْأَمْرِ "بِإِنَّمَا": إِنَّمَا وَلِيُّكُمُ اللهُ وَرَسُولُهُ وَالَّذِينَ ءَامَنُوا الَّذِينَ يُقِيمُونَ الصَّلَوةَ وَيُؤْتُونَ الزَّكَوةَ وَهُمْ رَكِعُونَ (55).

وَلَكِنَّ الْقُرْآنَ الْعَظِيمَ كَانَ لَهُمْ بِالْمِرْصَادِ. لَوْ كَانَتِ الْوِلَايَةُ عَامَّةً بَعْدَ رَسُولِ اللهِ، لَمَا لَزِمَ اسْتِعْمَالُ إِنَّمَا الْحَصْرِيَّةِ، وَلَمَا جَاءَ وَلِيُّكُمْ مُفْرَدًا! وَلَمَا جَعَلَ اللهُ وَلِيَّكُمْ خَاصَّةً بِالَّذِينَ يُقِيمُونَ الصَّلَوةَ وَيُؤْتُونَ الزَّكَوةَ وَهُمْ رَكِعُونَ!

أَلنَّقْلُ مَفْسَدَةٌ لِلْعَقْلِ!

أَللهُ الْوَاحِدُ الْأَحَدُ، وَالرَّسُولُ وَحْدَهُ مُحَمَّدٌ، ذِكْرُهُمَا لَا يَحْتَاجُ إِنَّمَا (لِلْحَصْرِ)، فَلَا مُنَازِعَ لَهُمَا! أَمَّا وِلَايَةُ الْأَمْرِ فَجَاءَ قَبْلَهَا (إِنَّمَا). الْوِلَايَةُ!

جَعَلَهَا اللهُ جَعْلًا: وَجَعَلْنَاهُمْ أَئِمَّةً يَهْدُونَ بِأَمْرِنَا وَأَوْحَيْنَا إِلَيْهِمْ فِعْلَ الْخَيْرَاتِ وَإِقَامَ الصَّلَوةِ وَإِيتَاءَ الزَّكَوةِ وَكَانُوا لَنَا عَبِدِينَ.

وَنُرِيدُ أَنْ نَمُنَّ عَلَى الَّذِينَ اسْتُضْعِفُوا فِي الْأَرْضِ وَنَجْعَلَهُمْ أَئِمَّةً وَنَجْعَلَهُمُ الْوَرِثِينَ.

إِمَامَةُ الْمُؤْمِنِينَ كَالنُّبُوَّةِ جَعْلٌ مِنَ اللهِ، وَلَيْسَ مِنَّةً مِنَ النَّاسِ!

قَدْ يَأْتِى مَنْ يُعَانِدُ، فَيَقُولُ أَنَّ الْجَعْلَ هُنَا كَانَ لِأَئِمَّةِ بَنِي إِسْرَائِيلَ!

إِنَّمَا وَلِيُّكُمُ اللهُ وَرَسُولُهُ، يَعُودُ إِلَى أَيِّ رَسُولٍ مِنْ بَنِي إِسْرَائِيلَ؟ وَهَلْ مِنْ أَنْبِيَاءِ بَنِي إِسْرَائِيلَ مَنْ أُرْسِلَ رَحْمَةً لِلْعَالَمِينَ؟ أَيُّ أَئِمَّةِ الَّذِينَ سَيَرِثُونَ الْأَرْضَ؟

مِنْ ذُرِّيَّتِى قَالَ لَا يَنَالُ عَهْدِى الظَّلِمِينَ) (١٢٤).

إِنَّ جَهْلَ الْعَوَامِّ لِمَعَانِي الْقُرْآنِ، شَجَّعَ هَذِهِ الطُّغْمَةَ الْحَاكِمَةَ وَبِمُبَارَكَةٍ مِنْ بَعْضِ طَوَاغِيتِ الْجَاهِلِيَّةِ - أَصْحَابِ الْعَصَبِيَّةِ - أَنْ يَسْتَنْبِطُوا عِلْمًا ظَالِمًا يَعْتَمِدُ النَّزْعَةَ الْقَبَلِيَّةِ وَيَتَغَذَّى عَلَى حِقْدِ الْجَاهِلِيَّةِ وَالنَّزَوَاتِ الشَّخْصِيَّةِ وَالْمَصْلَحَةِ الْفَرْدِيَّةِ أَوِ الْعَائِلِيَّةِ.

أَلنَّقْلُ مَفْسَدَةٌ لِلْعَقْلِ!

وَهَذَا مَا شَجَّعَ الْمُسْتَعْرِبُونَ الْمُسْلِمُونَ، وَالْمُنَافِقُونَ عَلَى تَسَلُّقِ سُلَّمِ تَفَاسِيرِ الْقُرْآنِ، وَعَلَى ابْتِدَاعِ فِقْهٍ مُزَوَّرٍ لِصَالِحِ الْحُكَّامِ!...

إِنَّ أَحَدَ مَبَادِئ هَذَا الْفِقْهِ يُرَوِّجُ لِفَتْوَى ابْتُدِعَتْ بَعْدَ ارْتِقَاءِ الرَّسُولِ، لَا يَقْبَلُهَا عَقْلٌ، وَهِيَ تَقُولُ أَنَّ الْعَامِلَ لَهُ حَسَنَتَانِ إِنْ أَصَابَ، وَاحِدَةٌ إِذَا أَخْطَأَ!

إِنَّهَا مُصِيبَةٌ لِأَنَّ مَسْؤُولِيَّةَ مَنْ يَحْكُمُ بَيْنَ النَّاسِ، بِمَا أَنْزَلَ اللهُ، تَخْتَلِفُ عَنْ مَسْؤُولِيَّةِ مَنْ يَحْكُمُ بِمَا يَرَى الْحَاكِمُ!...

وَخَاصَّةً إِذَا كَانَتِ الْمُعَادَلَةُ تَعْتَمِدُ عَلَى اسْتِشْعَارِ النَّيَّاتِ وَقِرَاءَةِ مَا فِي الْقُلُوبِ مِنْ صَوَابٍ أَوْ خَطَأٍ، وَلَا يَعْلَمُ مَا فِي الْقُلُوبِ إِلَّا اللهُ.

إِنَّهَا فَتْوَى - أَبُو بَكْرٍ - الْحَاكِمُ الْأَوَّلُ بَعْدَ رَسُولِ اللهِ، فِي حَادِثَةِ مَجْزَرَةِ قَبِيلَةِ تَمِيمٍ وَسَيِّدِهَا الصَّحَابِيِّ الْجَلِيلِ مَالِكِ بْنِ نُوَيْرَةَ الْيَرْبُوعِيِّ التَّمِيمِيِّ.

فِي هَذِهِ الْمَجْزَرَةِ قُتِلَ هَذَا الصَّحَابِيُّ "النَّجْمُ" (أَصْحَابِي كَالنُّجُومِ بِمَنِ اقْتَدَيْتُمْ اهْتَدَيْتُمْ) وَمُعْظَمُ أَفْرَادِ عَائِلَتِهِ، وَدُخِلَ فِي زَوْجَتِهِ فِي لَيْلَةِ شَهَادَتِهِ. وَالَّذِي قَتَلَهُ، وَقَتَلَ مُعْظَمَ رِجَالِ قَبِيلَتِهِ - الَّذِينَ أَسْلَمُوا فِي حَضْرَةِ رَسُولِ اللهِ – قَتَلَهُمُ الصَّحَابِيُّ "النَّجْمُ" وَالْمُبَشَّرُ بِالْجَنَّةِ خَالِدُ بْنُ الْوَلِيدِ، وَدَخَلَ هَذَا الْخَالِدُ بْنُ الْوَلِيدِ فِي زَوْجَةِ مَالِكٍ، فِي اللَّيْلَةِ عَيْنِهَا الَّتِي قَتَلَ فِيهَا زَوْجَهَا!

أَلنَّقْلُ مَفْسَدَةٌ لِلْعَقْلْ!

وَعِنْدَمَا اعْتَرَضَ وَغَضِبَ عُمَرُ بْنُ الْخَطَّابِ (النَّجْمُ)، وَطَالَبَ أَبَا بَكْرٍ (النَّجْمُ) أَنْ يُقِيمَ الْحَدَّ عَلَى خَالِدٍ (النَّجْمُ)، قَالَ أَبُو بَكْرٍ جُمْلَتَهُ الشَّهِيرَةَ الْمَنْسُوبَةَ زُورًا وَافْتِرَاءً إِلَى رَسُولِ اللهِ: "إِذَا حَكَمَ الْحَاكِمُ فَاجْتَهَدَ ثُمَّ أَصَابَ فَلَهُ أَجْرَانِ، وَإِذَا حَكَمَ فَاجْتَهَدَ ثُمَّ أَخْطَأَ فَلَهُ أَجْرٌ وَاحِدٌ"!

لِمَاذَا لَمْ يُقِمْ أَبُو بَكْرٍ - أَقَلُّهُ - حَدَّ الزِّنَى عَلَى خَالِدِ بْنِ الْوَلِيدِ؟

لَوْ سَلَّمْنَا أَنَّ الصَّحَابِيَّ الْجَلِيلَ مَالِكاً بْنَ نُوَيْرَةَ قَدِ ارْتَدَّ - كَمَا يَدَّعُونَ - وَارْتَدَّتْ مَعَهُ زَوْجَتُهُ، فَهَلْ يَصِحُّ الزَّوَاجُ مِنْ مُرْتَدَّةٍ، أَوْ أَنَّهُ قُتِلَ زَوْجُهَا خَطَأً كَمَا يُرَوِّجُونَ فِي بَعْضِ الرِّوَايَاتِ، هَلْ تُرْفَعُ عَنْ زَوْجَتِهِ العِدَّةُ؟

كَيْفَ تُقْطَعُ يَدُ جَائِعٍ فَقِيرٍ إِذَا سَرَقَ، بَيْنَمَا يُثَابُ قَاتِلٌ وَأَيْضًا زَانٍ بِدُخُولِهِ الْجَنَّةَ؟

هَلْ هَذَا مِنَ الْقُرْآنِ؟

وَهَلْ هَذَا الدِّينُ، دِينُ رَسُولِ اللهِ؟

وَهَلْ صِدْقًا قَالَ رَسُولُ اللهِ: مَنْ نُصِّبَ لِلْحُكْمِ بَيْنَ النَّاسِ! إِذَا حَكَمَ الْحَاكِمُ فَاجْتَهَدَ ثُمَّ أَصَابَ فَلَهُ أَجْرَانِ وَإِذَا أَخْطَأَ فَلَهُ أَجْرٌ؟

وَهَلْ أَجْرُ هَذَا الْقَاتِلِ الزَّانِي الْجَنَّةُ؟

مَنِ الَّذِي نَصَّبَكُمْ حُكَّامًا عَلَى رِقَابِ الْمُسْلِمِينَ؟

أَلنَّقْلُ مَفْسَدَةٌ لِلْعَقْلْ!

وَتَرَى كُلَّ أُمَّةٍ جَاثِيَةً كُلُّ أُمَّةٍ تُدْعَى إِلَى كِتَابِهَا الْيَوْمَ تُجْزَوْنَ مَا كُنْتُمْ تَعْمَلُونَ... هَذَا كِتَابُنَا يَنْطِقُ عَلَيْكُم بِالْحَقِّ إِنَّا كُنَّا نَسْتَنْسِخُ مَا كُنْتُمْ تَعْمَلُونَ.

كَمْ كُنْتُ أَتَمَنَّى أَنْ تَكُونَ الصُّوَرُ الَّتِي نَقَلْتُهَا لَكُمْ أَكْثَرَ إِشْرَاقًا أَوْ أَقَلَّ بَشَاعَةً! وَلَكِنَّ الْحَقِيقَةَ مُرَّةٌ، إِلَّا عَلَى أُمَّةِ إِقْرَأْ الَّتِي لَا تَقْرَأُ، وَإِنْ قَرَأَتْ فَلَا تَفْهَمُ أَوْ تَعِي!

إِدْمَانُ الْمُسْلِمِينَ، عُلَمَاءُ وَعَامَّةٌ عَلَى مَا هُوَ مُجْتَرٌّ، أَفْقَدَهُمُ الْقُدْرَةَ عَلَى التَّفَكُّرِ وَالْإِسْتِيعَابِ وَالْإِسْتِنْتَاجِ خَارِجَ مَرْبَعِ عَنْعَنَةِ الْمَذَاهِبِ...

يَتَنَاوَبُنِي صِرَاعٌ دَاخِلِيٌّ عَقْلِيٌّ بَيْنَ هَاجِسٍ يَقُولُ: دَعِ الْخَلْقَ لِلْخَالِقِ!

وَآخَرَ يَصْرُخُ: السَّاكِتُ عَنِ الْحَقِّ شَيْطَانٌ أَخْرَسُ!!!!

أَيُّهَا الْقَارِئُ الْكَرِيمُ. أُخَاطِبُكَ كَإِنْسَانٍ مُجَرَّدٍ، وَأَسْأَلُكَ أَنْ تَفْتَحَ عَيْنَيْكَ وَتَتَمَعَّنَ بِصُورَةٍ رَسَمَهَا مُعْظَمُ عُلَمَاءِ الْمُسْلِمِينَ، لِرَسُولِ الْإِنْسَانِيَّةِ، الَّذِي بُعِثَ رَحْمَةً لِي وَلَكَ وَلِلْعَالَمِينَ.

هَذِهِ الْحَادِثَةُ تَتَحَدَّثُ عَنْ نَبِيٍّ يُرْشِدُ قَوْمَهُ! قَوْمُهُ يَقُومُونَ بِعَمَلٍ اعْتَادُوهُ، وَخَبِرُوهُ، وَمَارَسُوهُ بِنَجَاحٍ آلَافَ السِّنِينَ...

مِنْ حَدِيثِ أَنَسٍ (٢٣٦٣) أَنَّ النَّبِيَّ مَرَّ بِقَوْمٍ يُلَقِّحُونَ.

فَقَالَ الرَّسُولُ: "لَوْ لَمْ تَفْعَلُوا لَصَلُحَ".

ألنَّقْلُ مَفْسَدَةٌ لِلْعَقْلِ!

قَالَ: فَخَرَجَ شِيصًا!

فَمَرَّ بِهِمْ، فَقَالَ: "مَا لِنَخْلِكُمْ؟"

قَالُوا: قُلْتَ كَذَا وَكَذَا،

قَالَ: "أَنتُمْ أَعْلَمُ بِأَمْرِ دُنْيَاكُمْ".

وَرَدَ هَذَا الْحَدِيثُ مِن ثَلَاثِ طُرُقٍ عَلَى الأَقَلِّ. وَطَبْعًا كَالْعَادَةِ كَانَ الاسْتِنْتَاجُ وَاحِدًا وَلَكِنَّ الطَّرْحَ كَانَ كَالْعَادَةِ مُخْتَلِفًا:

١) إِنْ كَانَ يَنفَعُهُمْ ذَلِكَ فَلْيَصْنَعُوهُ، فَإِنِّي إِنَّمَا ظَنَنْتُ ظَنًّا. فَلَا تُؤَاخِذُونِي بِالظَّنِّ؛ وَلَكِنْ إِذَا حَدَّثْتُكُمْ عَنِ اللهِ شَيْئاً فَخُذُوا بِهِ فَإِنِّي لَنْ أَكْذِبَ عَلَى اللهِ -عَزَّ وَجَلَّ-".

٢) "إِنَّمَا أَنَا بَشَرٌ إِذَا أَمَرْتُكُم بِشَيْءٍ مِّن دِينِكُم فَخُذُوا بِهِ، وَإِذَا أَمَرْتُكُم بِشَيْءٍ مِن رَّأْيٍ فَإِنَّمَا أَنَا بَشَرٌ " قَالَ عِكْرِمَةُ أَوْ نَحْوَ هَذَا...

ألأَحَادِيثُ الْوَارِدَةُ فِي قِصَّةِ " تَأْبِيرِ النَّخْلِ " كَثِيرَةٌ كَمَا يَقُولُ الْبَزَّارُ: " رَوَاهُ عَنِ النَّبِيِّ صَلَّى اللهُ عَلَيهِ وَسَلَّمَ جَمَاعَةٌ مِنْهُمْ: أَنَسٌ، وَعَائِشَةُ، وَرَافِعُ بن خَدِيجٍ، وَجَابِرُ بن عَبْدِ اللهِ، وَيُسَيرُ بن عَمْرٍو. " انتَهَى مِن " الْبَحْرِ الزَّخَّارِ " (٣/١٥٤).

أَلنَّقْلُ مَفْسَدَةٌ لِلْعَقْلِ!

أَيُّهَا القَارِئُ الكَرِيمُ، إِذَا كَانَ المُسْلِمُونَ لَا يَقْرَأُونَ، فَإِنَّ مَعْظَمَ النَّاسِ تَقْرَأُ وَتَفْهَمُ وَتَعْقِلُ!

سَأَقَدِّمُ لَكَ أَيُّهَا القَارِئُ الكَرِيمُ تَعْلِيقًا عَلَى قِصَّةِ أَبِرِ النَّخْلِ، مِنْ مُؤْمِنٍ مِنْ غَيْرِ المُسْلِمِينَ، وَأَعْتَقِدُ أَنَّهُ مِنْ إِخْوَانِنَا الأَقْبَاطِ فِي مِصْرَ الحَبِيبَة.

يَسْأَلُ هَذَا المُؤْمِنُ الرَّسُولَ الأَعْظَمَ:

لِمَاذَا يَا مُحَمَّد، بَعْضُ نَصَائِحِكَ لَا تُجِيدُ؟

وَتَخُونُكَ تَوَقُّعَاتُكَ؟

مَعَ أَنَّكَ (لَا تَنطِقُ عَنِ الهَوَى) بِشَهَادَةِ القُرْآن...؟

لِمَاذَا تَتَّبِعُ الظَّنَّ وَتَهْرُفُ، بِمَا لَا تَعْرِفُ،؟

وَتَدَّعِي العِلْمَ زُورًا وَبُهْتَاناً...؟

مَعَ أَنَّ القُرْآنَ ذَمَّ وَقَدَحَ كَثِيرًا بِالَّذِينَ يَتَّبِعُونَ الظَّنَّ:

{وَمِنْهُمْ أُمِّيُّونَ لَا يَعْلَمُونَ الْكِتَابَ إِلَّا أَمَانِيَّ وَإِنْ هُمْ إِلَّا يَظُنُّونَ} (البقرة 78) ...

النَّقْلُ مَفْسَدَةٌ لِلْعَقْلِ!

{وَإِن تُطِعْ أَكْثَرَ مَن فِي الْأَرْضِ يُضِلُّوكَ عَن سَبِيلِ اللهِ إِن يَتَّبِعُونَ إِلاَّ الظَّنَّ وَإِنْ هُمْ إِلاَّ يَخْرُصُونَ (الأنعام 116)} ...

{وَمَا يَتَّبِعُ أَكْثَرُهُمْ إِلاَّ ظَنًّا إِنَّ الظَّنَّ لَا يُغْنِي مِنَ الْحَقِّ شَيْئًا إِنَّ اللهَ عَلِيمٌ بِمَا يَفْعَلُونَ (يونس 36)} ...

{قُلْ هَلْ عِندَكُم مِّنْ عِلْمٍ فَتُخْرِجُوهُ لَنَا إِن تَتَّبِعُونَ إِلاَّ الظَّنَّ وَإِنْ أَنتُمْ إِلاَّ تَخْرُصُونَ (الأنعام 148)} ...

وَيَسْأَلُ هَذَا الْمُؤْمِنُ النَّصْرَانِيُّ: "هَلْ إِنَّ قِصَّةَ أَبْرِ النَّخْلِ فِي كُتُبِ الْمُسْلِمِينَ الْمُعْتَمَدَةِ، تَعْنِي أَنَّ الرَّسُولَ لَا يَكْذِبُ عَلَى اللهِ وَلَكِنَّهُ يَكْذِبُ عَلَى النَّاسِ" ...

أَشْكُرُكَ أَيُّهَا الْأَخُ الْكَرِيمُ عَلَى اهْتِمَامِكَ بِمَا يَقُولُ الْقُرْآنُ، وَبِمَا يَقُولُهُ جَمْعٌ غَفِيرٌ مِمَّنْ سَمَّيْتَهُمْ عُلَمَاءَ الْمُسْلِمِينَ مُبَاشَرَةً!

يَقُولُونَ: خَيْرُ خَلْقِ اللهِ بَلَطَجِيٌّ جَاهِلٌ بِأُمُورِ الدُّنْيَا وَيَأْمُرُ النَّاسَ فِي شَيْءٍ لَا يَعْلَمُهُ، وَهَذَا يُخَالِفُ كَلَامَ اللهِ: ... وَمَا ءَاتَاكُمُ الرَّسُولُ فَخُذُوهُ وَمَا نَهَىٰكُمْ عَنْهُ فَانتَهُوا وَاتَّقُوا اللَّهَ إِنَّ اللهَ شَدِيدُ الْعِقَابِ (7) الحشر.

إِنَّ أَمْرَ اللهِ وَاضِحٌ، لَمْ يَقُلِ اللهُ: مَآ أَتَاكُمُ الرَّسُولُ مِنْ أُمُورِ الدِّينِ فَقَطْ، فَخُذُوهُ!

ألنَّقْلُ مَفْسَدَةٌ لِلْعَقْلِ!

مُنْذُ الآفِ السِّنِينَ قَبْلَ الْبِعْثَةِ وَمُذْ كَانَ الرَّسُولُ شَابًّا فَتِيًّا، وَالْعَرَبُ يُمَارِسُونَ مِهْنَةَ أَبْرِ النَّخْلِ! فَيَأْتِي مَن لَا يَنْطِقُ عَنِ الْهَوَى: وَمَا يَنْطِقُ عَنِ الْهَوَى إِنْ هُوَ إِلَّا وَحْيٌ يُوحَى، وَيَدْعُوهُمْ زُورًا وَكَذِبًا وَيُخَالِفُ الْقُرْآنَ، وَيَعْتَرِفُ أَنَّهُ في أُمُورِ الدُّنْيَا جَاهِلٌ وَيَنْطِقُ عَنِ الْهَوَى؟

لِمَاذَا هَذَا التَّدْلِيسُ عَلَى رَسُولِ اللَّهِ؟ هَذَا رَدُّ اللهِ عَلَى الْمَاكِرِينَ: ن وَالْقَلَمِ وَمَا يَسْطُرُونَ (1) مَآ أَنتَ بِنِعْمَةِ رَبِّكَ بِمَجْنُونٍ (2) وَإِنَّ لَكَ لَأَجْرًا غَيْرَ مَمْنُونٍ (3) وَإِنَّكَ لَعَلَى خُلُقٍ عَظِيمٍ (4) فَسَتُبْصِرُ وَيُبْصِرُونَ (5) بِأَيِّكُمُ الْمَفْتُونُ (6) إِنَّ رَبَّكَ هُوَ أَعْلَمُ بِمَن ضَلَّ عَن سَبِيلِهِ وَهُوَ أَعْلَمُ بِالْمُهْتَدِينَ (7) القلم...

إِنَّهُ لَقَوْلُ رَسُولٍ كَرِيمٍ (19) ذِي قُوَّةٍ عِندَ ذِي الْعَرْشِ مَكِينٍ (20) مُطَاعٍ ثَمَّ أَمِينٍ (21) وَمَا صَاحِبُكُم بِمَجْنُونٍ (22). التكوير...

صَاحِبُ الْخُلُقِ الْعَظِيمِ بِشَهَادَةِ صَاحِبِ الْخَلْقِ، يَكْذِبُ في أُمُورِ الدُّنْيَا وَأُمُورِ الدِّينِ أَيْضًا!

لِمَاذَا فِي هَذِهِ الْمَرَّةِ لَمْ يَأْتِ عُمَرُ كَالْعَادَةِ وَيُنْقِذُ الْمَسَاكِينَ الْمَزَارِعِينَ، وَيُنْقِذُ أَيْضًا الرَّسُولَ مِنْ أَهْوَاءِ نَفْسِهِ، وَمِنْ ظُنُونِهِ، وَحَشْرِيَّتِهِ الْمُدَمِّرَةِ؟!

هَلْ سَأَلْتَ نَفْسَكَ يَا أَخِي الْكَرِيمُ مِنْ مِصْرَ الْمَحْرُوسَةِ: هَلْ أَرَادَ اللهُ أَنْ يَفْضَحَ هَذَا الرَّسُولَ أَمَامَ الْعَالَمِينَ، مَاذَا اسْتَفَادَ اللهُ وَالْمُسْلِمُونَ مِنْ حَادِثَةٍ كَهَذِهِ؟!

ألنَّقْلُ مَفْسَدَةٌ لِلْعَقْلِ!

وَأَسْأَلُ أَيْضًا، عُلَمَاءَ الْمُسْلِمِينَ: مَنِ الْمَقْصُودُ مِنْ هَذِهِ الْآيَاتِ □لْكَرِيمَةِ فِي الْقُرْآنِ، أَوْ أَنَّهَا حُذِفَ □؟؟؟: ن وَالقَلَمِ وَمَا يَسْطُرُونَ (1) مَآ أَنتَ بِنِعْمَةِ رَبِّكَ بِمَجْنُونٍ (2) وَإِنَّ لَكَ لَأَجْرًا غَيْرَ مَمْنُونٍ (3) وَإِنَّكَ لَعَلَى خُلُقٍ عَظِيمٍ (4) فَسَتُبْصِرُ وَيُبْصِرُونَ (5) بِأَيِّكُمُ الْمَفْتُونُ (6) ...

وَمَآ أَرْسَلْنَاكَ إِلَّا رَحْمَةً لِّلْعَلَمِينَ (107) ...

فَبِمَا رَحْمَةٍ مِّنَ اللهِ لِنتَ لَهُم وَلَوْ كُنتَ فَظًّا غَلِيظَ القَلْبِ لَانفَضُّواْ مِنْ حَوْلِكَ...

(وَمَآ أَرْسَلْنَاكَ إِلَّا كَافَّةً لِّلنَّاسِ بَشِيرًا وَنَذِيرًا وَلَكِنَّ أَكْثَرَ النَّاسِ لَا يَعْلَمُونَ) (28) ... سَبَأ.

عَمَّنْ يَتَحَدَّثُ الْقُرْآنُ؟

أَيُّ خُلُقٍ عَظِيمٍ لِمَنْ يَتَدَخَّلُ بِمَا لَيْسَ لَهُ فِيهِ عِلْمٌ؟

أَعُودُ وَأُوَجِّهُ خِطَابِي إِلَى الْأَخِ الْمِصْرِيِّ الْمُؤْمِنِ بِغَيْرِ الْإِسْلَامِ، الَّذِي جَاءَ تَعْلِيقُهُ طَبْعًا غَيْرَ مُوَفَّقٍ. لَقَدِ اسْتَعْمَلَ كَلِمَاتٍ لَا تَلِيقُ بِرَسُولِ اللهِ، فَوَضَعَ الرَّسُولَ الْأَعْظَمَ فِي خَانَةِ أَعْدَائِهِ شَخْصِيًّا، وَأَعْدَاءِ رَسُولِ اللهِ، أَيْضًا! طَبْعًا! هَؤُلَاءِ الْمُسْلِمِينَ تَنَاسَوْا مَا جَاءَ بِهِ الْقُرْآنُ، وَكُتُبُهُمْ أَيْضًا!

وَهَذَا الْأَخُ الْكَرِيمُ جَعَلَ الْقُرْآنَ الْكَرِيمَ خَصْمًا لِلرَّسُولِ، وَقَاضَى رَسُولَ الْإِنْسَانِيَّةِ بِأَقْوَالٍ لَمْ يُثْبِتْ صِحَّتَهَا، بَلِ الْعَكْسُ لَقَدْ أَثْبَتَ الْقُرْآنُ الْعَظِيمُ بُطْلَانَهَا!

أَلنَّقْلُ مَفْسَدَةٌ لِلْعَقْلِ!

لِأَنَّ إِيمَانَ هَذَا الْأَخِ الْكَرِيمِ كَانَ ضَعِيفًا!

كَمَا تَعْلَمُونَ أَيُّهَا النَّاسُ: انْتَصَرَ نَصَارَى الْأَقْبَاطِ فِي الْحَبَشَةِ لِلْمُسْلِمِينَ الْمُؤْمِنِينَ وَحَمَوهُمْ.

وَلَمْ يَشْعُرْ إِخْوَانُنَا النَّصَارَى فِي تِلْكَ الْحِقْبَةِ، أَنَّ الْمُسْلِمِينَ خَطَرٌ عَلَيْهِمْ. بَلْ عَلَى الْعَكْسِ، يَقُولُ اللهُ فِي كِتَابِهِ الْكَرِيمِ: إِنَّ الَّذِينَ ءَامَنُوا وَالَّذِينَ هَادُوا وَالنَّصَرَى وَالصَّبِينَ مَنْ ءَامَنَ بِاللهِ وَالْيَوْمِ الْأَخِرِ وَعَمِلَ صَـلِحا فَلَهُمْ أَجْرُهُمْ عِندَ رَبِّهِمْ وَلَا **خَوْفٌ عَلَيْهِمْ وَلَا هُمْ يَحْزَنُونَ (62)** الْبَقَرَةِ...

إِنَّ الَّذِينَ ءَامَنُوا وَالَّذِينَ هَادُوا وَالصَّئِونَ وَالنَّصَرَى مَنْ ءَامَنَ بِاللهِ وَالْيَوْمِ الْأَخِرِ وَعَمِلَ صَـلِحًا فَلَا **خَوْفٌ عَلَيْهِمْ وَلَا هُمْ يَحْزَنُونَ (69)** الْمَائِدَةِ...

أَنَا عِندَمَآ أَخَاطِبُكَ بِأَخِي الْمُؤْمِنِ، لَا أُحَابِيكَ وَلَا أَمُنُّ عَلَيْكَ. اللهُ فِي كِتَابِهِ الْكَرِيمِ خَاطَبَكُم بِالْمُؤْمِنِينَ، وَقَدْ طَمْأَنَنَا اللهُ فِي كِتَابِهِ الْكَرِيمِ قَائِلا: إِنَّمَا الْمُؤْسِنُونَ إِخْوَةٌ فَأَصْلِحُوا بَيْنَ أَخَوَيْكُم وَاتَّقُوا اللهَ لَعَلَّكُم تُرْحَمُونَ (10) الْحُجُرَتِ...

وَرَسُولُهُ الْأَمِينُ، الَّذِي لَا يَنْطِقُ عَنِ الْهَوَى إِنْ هُوَ إِلَّا وَحْيٌ يُوحَى، أَمَرَ الْمُسْلِمِينَ الْمُؤْمِنِينَ، بِاللُّجُوءِ إِلَى إِخْوَانِهِمْ فِي الْحَبَشَةِ، قَائِلا: «إِنَّ بِالْحَبَشَةِ مَلِكًا لَّا يَظْلِمُ عِندَهُ أَحَدٌ، فَلَوْ خَرَجْتُمْ إِلَيْهِ حَتَّى يَجْعَلَ اللهُ لَكُمْ فَرَجًا».

هَلْ تَعْلَمُ لِمَاذَا اسْتَوْدَعَ رَسُولُ اللهِ بَاكُورَةَ دِينِهِ مِنَ الْمُؤْمِنِينَ فِي الْحَبَشَةِ؟ لِأَنَّ مَلِكَ الْحَبَشَةِ كَانَ نَصْرَانِيًّا مُؤْمِنًا... وَالْمُؤْمِنُ لَا يَظْلِمُ أَحَدًا!

أَلنَّقْلُ مَفْسَدَةٌ لِلْعَقْلِ!

أَنظُرْ حَوْلَكَ. هَلْ هَؤُلَاءِ هُمُ الَّذِينَ تَعُدُّهُمْ مُسْلِمِينَ، وَتُحَمِّلُ الْقُرْآنَ وَالرَّسُولَ مَا اقْتَرَفُوهُ، وَأَنْتَ تَعْلَمُ أَنَّهُ لَوْ جَاءَ مُحَمَّدٌ غَدًا لَقَتَلُوهُ؟

هَؤُلَاءِ الَّذِينَ فَجَّرُوا كَنَائِسَكُمْ، أَحْرَقُوا الْكَثِيرَ مِنَ الْمَسَاجِدِ وَالْمَعَابِدِ، كَمَا قَتَلَ أَجْدَادُهُمُ الْمُصْطَفَى خَيْرَ خَلْقِ اللهِ أَوَّلَ مَرَّةٍ، ثُمَّ دَمَّرُوا وَأَحْرَقُوا، كُلَّ مَا يُمَتُّ بِصِلَةٍ إِلَى رَسُولِ اللهِ...

مَهْلاً لَا تَبْتَئِسْ أَيُّهَا الْقَارِئُ الْكَرِيمُ. إِنَّ كُلَّ كَلِمَةٍ أَكْتُبُهَا، لَهَا أَصْلٌ فِي كُتُبِ الْمُسْلِمِينَ، وَإِنِ اخْتَلَفُوا عَلَى تَقْيِيمِهَا!

لَقَدْ دَمَّرَ الْأَعْرَابُ الْمُسْلِمِينَ الْكَعْبَةَ خَمْسَ مَرَّاتٍ، أَرْبَع مَرَّاتٍ بَعْدَمَا ادَّعوا أَنَّهُمْ أَسْلَمُوا؟ هَلْ تَعْلَمُ يَا أَخِي كَمْ مَسْجِدًا دَمَّرُوا فِي سُورِيَّةَ، وَكَمْ ضَرِيحًا مُقَدَّسًا فِي الْعِرَاقِ تَمَّ تَفْجِيرُهُ؟ هَذَا عَدَا عَنِ الْكَنَائِسِ فِي جَمِيعِ أَنْحَاءِ الْعَالَمِ؟

يَا أَخِي كُنْ عَادِلًا فِي حُكْمِكَ، وَاقْرَأْ مَا سَأُقَدِّمُ لَكَ الْآنَ!!! يَقُولُ شَاعِرُ مِصْرَ حَافِظُ إِبْرَاهِيمَ فِي قَصِيدَتِهِ الَّتِي سَمَّاهَا: الْعُمَرِيَّةِ:

وَقَوْلَةٍ لِعَلِيٍّ، قَالَهَا عُمَرُ   أَكْرِمْ بِسَامِعِهَا أَعْظِمْ بِمُلْقِيهَا

حَرَّقْتُ دَارَكَ لَا أُبْقِي عَلَيكَ بِهَا   إِنْ لَمْ تُبَايِعْ وَبِنْتُ الْمُصْطَفَى فِيهَا

مَا كَانَ غَيْرُ أَبِي حَفْصٍ يَقُوهُ بِهَا   أَمَامَ فَارِسِ عَدْنَانٍ وَحَامِيهَا

أَلنَّقْلُ مَفْسَدَةٌ لِلْعَقْلْ!

لَا تَبْتَئِسْ أَيُّهَا الْأَخُ النَّصْرَانِيُّ الْكَرِيمُ. مَاذَا تَنْتَظِرُ مِنْ أُمَّةٍ تُفَاخِرُ بِتَحْرِيقِ دَارٍ بِدَاخِلِهَا ابْنَةُ رَسُولِ اللهِ الْوَحِيدَةُ، وَلَمْ يَمْضِ عَلَى اسْتِشْهَادِ وَالِدِهَا الرَّسُولِ شُهُورٌ قَلِيلَةٌ؟! هَذَا مَا قَالَهُ هَذَا الشَّاعِرُ الْمُسْلِمُ بَعْدَ أَلْفٍ وَأَرْبَعِمِئَةِ سَنَةٍ مِنْ تَحْرِيقِ بَيْتِ رَسُولِ اللهِ وَابْنَةُ رَسُولِ اللهِ بِدَاخِلِهِ؟

أُمَّةٌ امْتَهَنَتِ التَّحْرِيقَ وَاحْتَرَفَتْهُ، أَبْطَالُهَا وَأَصْنَامُهَا اخْتَبَرُوا وَأَجَادُوا مِهْنَةَ صَرْفِ الْكَلَامِ عَنْ مَعَانِيهِ، وَقَلْبِ الْحَقَائِقِ وَالتَّزْوِيرِ... لَقَدْ قَدَّمْتُ لَكُمْ عِدَّةَ أَمْثِلَةٍ، افْتَرَى فِيهَا الْمُفْتَرُونَ عَلَى اللهِ وَعَلَى رَسُولِهِ؛ وَكُلُّهَا مَوْجُودَةٌ فِي كُتُبِ الْمُسْلِمِينَ...

وَقَبْلَ أَنْ أَنْتَقِلَ إِلَى مَوْضُوعٍ آخَرَ، أُحِبُّ أَنْ أُزِيدَ الْقُرَّاءَ الْكِرَامَ بَيْتًا آخَرَ مِنْ قَصِيدَةِ حَافِظٍ إِبْرَاهِيمَ، يُخَاطِبُ فِيهَا مِغْوَارَ الْمُسْلِمِينَ عُمَرَ:

فَأَنْتَ فِي زَمَنِ الْمُخْتَارِ مُنْجِدُهَا   وَأَنْتَ فِي زَمَنِ الصِّدِّيقِ مُنْجِيهَا

كَمِ اسْتَرَاكَ رَسُولُ اللهِ مُغْتَبِطًا   بِحِكْمَةٍ لَكَ عِنْدَ الرَّأْيِ يُلْفِيهَا

إِنَّ هَذَا الْحَبْكَ وَالْوَرْبَ تُكَذِّبُهُ كُتُبُ السُّنَّةِ. عُمَرُ كَانَ فَرَّارًا، وَلَمْ يَشْهَدْ تَارِيخُ الْإِسْلَامِ أَنَّ عُمَرَ قَتَلَ دَجَاجَةً وَاحِدَةً دِفَاعًا عَنِ الْإِسْلَامِ وَرَسُولِهِ، فِي جَمِيعِ حُرُوبِ رَسُولِ اللهِ. وَلَمْ يَأْتِ لِنَجْدَةِ رَسُولِ اللهِ مَرَّةً وَاحِدَةً! بَلْ عَلَى الْعَكْسِ: هَرَبَ وَاعْتَرَفَ عَلَى نَفْسِهِ: فَلَقَدْ رَأَيْتُنِي أَنْزُو كَأَنَّنِي أَرْوَى... وَبَعْدَهَا تَآمَرَ عُمَرُ عَلَى قَتْلِ الرَّسُولِ، وَتَطَاوَلَ عَلَى حَضْرَةِ النَّبِيِّ الْأَعْظَمِ، وَقَدْ تَرَكَ رَسُولُ اللهِ هَذِهِ الدُّنْيَا غَاضِبًا عَلَيْهِ وَعَلَى مَنْ لَفَّ لَفَّهُ؛ طَرَدَهُمْ قَائِلًا: قُومُوا عَنِّي...

النَّقْلُ مَفْسَدَةٌ لِلْعَقْلِ!

لَمَّا اشْتَدَّ بِالنبيِّ صلَّى اللهُ عليه وسلَّمَ وجعُهُ (كما يَدَّعُونَ) قَالَ: ائْتُونِي بِكِتَابٍ أَكْتُبْ لَكُمْ كِتَابًا لا تَضِلُّوا بَعْدَهُ قَالَ عُمَرُ إِنَّ النبيَّ صلَّى اللهُ عليه وسلَّمَ غَلَبَهُ الوَجَعُ، - وفي قِرَاءةٍ أُخْرَى قَالَ: إِنَّ الرَّجُلَ لَيَهْجُرُ - وعِنْدَنَا كِتَابُ اللهِ حَسْبُنَا. فَاخْتَلَفُوا وكَثُرَ اللَّغْطُ، قَالَ رَسُولُ اللهِ: قُومُوا عَنِّي، ولا يَنْبَغِي عِنْدِي التَّنَازُعُ... فخَرَجَ بنُ عَبَّاسٍ يقولُ: إِنَّ الرَّزِيَّةَ كُلَّ الرَّزِيَّةِ، ما حَالَ بينَ رَسولِ اللهِ صلَّى الله عليه وسلَّمَ وبَيْنَ كِتَابِهِ....

إِذًا كُتُبُ المُسْلِمِينَ، كَخيالِ الشُّعراءِ، لا تَمُتُّ لِلْحَقِيقَةِ بِصِلَةٍ!

مَعْذِرَةً مِنْكَ أَيُّها القَارِئُ الكَرِيمُ. إِنَّ الهَدَفَ الأَساسِيَّ مِنْ هذَا البَحْثِ، تَنْبِيهُ النَّاسِ مِنَ الغَوْصِ والاسْتِرْسال في مُسْتَنْقَعاتِ هذا الفِكْرِ المُشَوَّهِ، المُحَوَّرِ غَيْرِ المَنْطِقِيِّ، غَيْرِ المُتَوافِقِ مَعَ الفِطْرَةِ، غَيْرِ المُطابِقِ لِلْواقِعِ، والَّذي لا يَقْبَلُهُ الوَعْيُ...

هذَا حَافِظُ إبراهِيمَ، الأَدِيبُ والشَّاعِرُ، والمُلَقَّبُ بِشَاعِرِ النِّيلِ...

بِكُلِّ أَسَفٍ وأَسَى، أَنْساهُ تَعَصُّبُهُ الأَعْمى لِخُرافاتِ المُعَنْعِنِينَ، أَنْ يَسْتَحِسَّ مَكامِنَ الكَذِبِ فيما تَعَلَّمَ، وعَلى أَنْ يرى الكَذِبَ والجَوْرَ والنِّفاقَ فيما قَرَضَ مِنْ شِعْرٍ...

خَرَجَ إِلينا بِقَصِيْدَةٍ كَلامُها عَرَبِيٌّ، ومَغْزاها أَعْرابِيٌّ! وشَتَّانَ ما بَيْنَ العَرَبِيِّ والأَعْرابِيِّ!

أَلنَّقْلُ مَفْسَدَةٌ لِلْعَقْلِ!

يَا مَنْ تَصْرُخُونَ عِنْدَ سَماعِ قَصِيدَةِ النِّفاقِ: تَكْبِير، فَرَحًا وابْتِهاجًا! أَيَّ نَصْرٍ هَذا الَّذِي تُحَيّونَ؟ هَلْ تَحْرِيقُ بَيْتِ بِنْتِ الْمُصْطَفى وَهِيَ في بَيْتِها، تُبَجّلُونَ أَيُّها الْمُسْتَسْلِمُونَ؟ أَمْ صَدَّقْتُمْ أَنَّ عُمَرَ هَذا يَقْدِرُ انْ يَقِفَ في وَجْهِ أَمِيرِ الْمُؤْمِنِينَ: أَبي الْحَسَنِ؟

قَدْ يَظُنُّ بَعْضُ الْقُرَّاءِ أَنَّها نَزْعَةٌ وَمَيْلٌ وَتَحَيُّزٌ، تُبْعِدُ الباحِثَ عَنْ مَوْضُوعِيَّةِ الْبَحْثِ! إلَّا إذا تَبَيَّنَتِ الْمُفاضَلَةُ! وَمَنْ أَصْدَقُ مِنَ الْقُرْآنِ قِيلاً؟! أَكْتُبُ لَكُمْ وَأَنا أَعْلَمُ كَما عَلِمَ شاعِرُكُمْ هَذا، أَنَّكُمْ لا تَقْرَأُونَ، بَلْ تَجْتَرُّونَ. وإنْ قَرَأْتُمْ فَلا تَفْقَهُونَ!!! شاعِرُكُمْ هَذا يَعْلَمُ أَنَّ الْمُصْطَفى قُتِلَ واجِداً عَلى مُعْظَمِ أَصْنامِ الْمُسْلِمِينَ.

لِهَذا طَمَسَ اللهُ عَلى قَلْبِ هَذا الشَّاعِرِ، الْفاقِدِ لِلْمَشاعِرِ. بَداوَتُهُ دَفَعَتْهُ إلى نَزْوَةِ الْأَعْرابِ في الثَّأْرِ مِنْ رَسُولِ اللهِ، وَآلِ بَيْتِ رَسُولِ اللهِ، فامْتَدَحَ تَحْرِيقَ بَيْتِ بِنْتِ رَسُولِ اللهِ، كَما امْتَدَحَ شُعَراءُ الْمُسْلِمِينَ مِنْ قَبْلُ، قَتْلَ أَحْفادِ رَسُولِ اللهِ وَرَفْعَ رُؤُوسِهِمْ عَلى الرِّماحِ، وَسَبْيَ بَناتِ رَسُولِ اللهِ...

أَيُّها الْقُرَّاءُ الْكِرامُ. لَقَدْ ذَكَرْتُ لَكُمْ آنِفًا في هَذا الْبَحْثِ، أَنَّ النَّاسَ عامَّةً لَدَيْها حَواسٌّ – فَقَدْ تَحَدَّثْتُ عَنْها في الْمُقَدِّمَةِ، تَسْتَشْعِرُ بِها وَتَتَفاعَلُ مَعَها. وَلَكِنْ عِنْدَما تُصْبِحُ الْمَشاعِرُ الْإِنْسانِيَّةُ بَلِيدَةً، خامِلَةً، مُشَوَّشَةً تَفْقُدُ النَّفْسُ الْبَشَرِيَّةُ فِطْرَتَها، وَتَهِيمُ في عالَمِ الْبَهائِمِيَّةِ الْمُبْهَمَةِ، وَاللاوِجْدانِ...

هَذا الْأَعْرابِيُّ، الْبَدَوِيُّ النَّزْعَةِ، الْمُسَمَّى شاعِرَ النِّيلِ. خَرَجَ مِنَ الْبادِيَةِ بِجَسَدِه وَبَقِيَ قَلْبُهُ مُعَلَّقٌ بِنَشْوَةِ الثَّأْرِ مِنْ مُحَمَّدٍ الْمُصْطَفى وَآلِ بَيْتِه!

أَلنَّقْلُ مَفْسَدَةٌ لِلْعَقْلِ!

فَقَدَّمَ لَكُمْ صُورَةً مُخْزِيَةً، مُزْرِيَةً، بَعِيدَةً عَنْ فِطْرَةِ الْمَخْلُوقِ الْخَلُوقِ الَّذِي يَتَخَلَّقُ بِالشِّيَمِ الْحَمِيدَةِ، وَعَنِ الْإِيمَانِ الَّذِي يُخْرِجُ النَّاسَ مِنَ الظُّلُمَاتِ إِلَى النُّورِ. وَافْتَخَرَ بِتَحْرِيقِ دَارِ النُّبُوَّةِ، وَبِنْتِ الْمُصْطَفَى فِيهَا!

فَارْتَفَعَ مَعَ صَوْتِهِ نَعِيقُ التَّكْبِيرِ لِهُبَلَ. إِنَّ تَسْمِيَةَ هَذَا السُّفْيَانِي بِشَاعِرِ النِّيلِ إِهَانَةٌ لَهَذَا النَّهْرِ الْمَيْمُونِ (النِّيلِ)، وَإِهَانَةٌ لِسُكَّانِ حَوْضِ النِّيلِ، وَإِهَانَةٌ أَيْضًا لِلْمَحْرُوسَةِ مِصْرَ وَأَهْلِ مِصْرَ الْحَبِيبَةِ.

مِصْرُ الَّتِي ذُكِرَتْ فِي الْقُرْآنِ بِصُورَةٍ مُبَاشِرَةٍ وَغَيْرِ مُبَاشِرَةٍ قَرَابَةَ الثَّلَاثِينَ مَرَّةً، وَكُرِّمَتْ فِي الْكُتُبِ السَّمَاوِيَّةِ، وَأَوْصَانَا بِهَا رَسُولُ الْمَحَبَّةِ رَسُولُ السَّلَامِ الْمُصْطَفَى الْهُمَامُ قَائِلًا: إِذَا فَتَحَ اللهُ عَلَيْكُمْ مِصْرَ اسْتَوْصُوا بِأَهْلِهَا خَيْرًا، فَإِنَّ لَنَا فِيهِمْ نَسَبًا وَصِهْرًا...

إِنَّ حَادِثَةَ التَّحْرِيقِ لِبَيْتِ النُّبُوَّةِ وَقَعَتْ مُنْذُ أَكْثَرَ مِنْ أَرْبَعَةَ عَشَرَ قَرْنًا... كَيْفَ اسْتَحَسَّهَا، هَذَا الْأَعْرَابِيُّ -بَعْدَ طُولِ الْمُدَّةِ- وَلِمَاذَا تَفَاعَلَ مَعَهَا بِهَذَا الْإِطْرَاءِ الْبُطُولِيِّ عَلَى شَخْصٍ، لَمْ يُعْرَفْ عَنْهُ أَنَّهُ قَتَلَ كَافِرًا وَاحِدًا فِي حَرْبِ رَسُولِ اللهِ؟

اسْتَحَسَّهَا بِهَذِهِ الشَّمَاتَةِ الْمُهِينَةِ الْمُخْجِلَةِ الْقَبِيحَةِ، وَبِهَذَا الْاسْتِعْلَاءِ عَلَى خَيْرِ مَا حَمَلَتِ الْبَسِيطَةُ: خَيْرِ خَلْقِ اللهِ؛ الَّذِينَ أَبْعَدَ اللهُ عَنْهُمُ الرِّجْسَ وَطَهَّرَهُمْ تَطْهِيرًا... هَذَا التَّصَرُّفُ لَيْسَ غَرِيبًا عَلَى هَذَا الْأَعْرَابِيِّ وَأَعْوَانِهِ وَأَمْثَالِهِ وَأَقْرَانِهِ...

أَلنَّقْلُ مَفْسَدَةٌ لِلْعَقْلْ!

إِلَى مَتَى سَيَبْقَى الَّذِينَ يَبْكُونَ وَيَلْطُمُونَ وَيَنُوحُونَ، وَيَتَشَدَّقُونَ بِ - يَا لَيْتَنَا كُنَّا مَعَكُمْ لِنَفُوزَ فَوْزًا عَظِيمًا - صَامِتِينَ؟! إِنَّ الدَّعْوَةَ إِلَى الْوَحْدَةِ الْإِسْلَامِيَّةِ نِفَاقٌ دَجَلٌ تَضْلِيلٌ تَمْوِيهٌ وَتَوْرِيَةٌ. لَا يُوجَدُ بَيْنَكُمْ أَيُّهَا الْمُتَمَذْهِبُونَ عَامِلٌ فِكْرِيٌّ أَوْ عَقَائِدِيٌّ وَاحِدٌ يَجْمَعُكُمْ!

أَنْتُمْ مُخْتَلِفُونَ فِي الرُّؤَى وَالْعَقِيدَةِ وَالطُّقُوسِ وَفِي التَّعَبُّدِ، وَحَتَّى فِي مَا وَمَنْ تَعْبُدُونَ! وَهُمْ وَأَنْتُمْ تَعْلَمُونَ هَذَا! لِأَنَّ فِعْلًا مَذَاهِبَكُمْ لَا تَتَّفِقُ عَلَى مَاهِيَّةِ اللهِ الْخَالِقِ، وَلَا عَلَى حَقِيقَةِ الرَّسُولِ، وَحَتَّى عَلَى مَفَاهِيمِ الْقُرْآنِ! كَلِمَاتُ: أَللهُ، مُحَمَّدٌ، قُرْآنٌ، صَلَاةٌ، حَجٌّ، عِبَادَةٌ، صَوْمٌ وَغَيْرُهَا؛ إِنْ وَرَدَتْ فِي حَيَاتِكُمْ، كُلُّهَا تَتَشَابَهُ أَسْمَاءً! كَلِمَةُ اللهِ أَوْ غَيْرُهَا إِنْ وَرَدَتْ فِي حَيَاتِكُمْ، وَقْعُهَا، أَثَرُهَا، مَعْنَاهَا، حَقِيقَتُهَا، اسْتِيقَانُهَا، كُنْهُهَا، مَدْلُولُهَا، وَتَقْيِيمُهَا يَخْتَلِفُ بَيْنَ مُتَمَذْهِبٍ وَآخَرَ...

لَا تُسَخِّفُوا عُقُولَ الصَّادِقِينَ مِنَ النَّاسِ بِأَنْ تَسْتَنْطِقُوا الْقُرْآنَ الَّذِي يَقُولُ: إِنَّما الْمُؤْمِنُونَ إِخْوَةٌ فَأَصْلِحُوا بَيْنَ أَخَوَيْكُمْ وَاتَّقُوا اللهَ لَعَلَّكُمْ تُرْحَمُونَ (10) الْحُجُرَاتِ. كَمَا سَخِرْتُمْ مِنَ النَّاسِ بِأَنْ جَعَلْتُمْ: "الْمُطَهَّرُونَ" (إسم المفعول) كَالْمُتَطَهِّرِينَ (إسم الفاعل)، وَجَعَلْتُمْ "مَسَّ" تَعْنِي "لَمَسَ" لِلتَّزْوِيرِ وَقَلْبِ الْحَقَائِقِ.

هَلْ يَسْتَوِي أَوْ يَتَسَاوَى الْمُتَطَهِّرُ الَّذِي يَنْجُسُ مَعَ الْمُطَهَّرِ الَّذِي لَا يَنْجُسُ؟ كَلِمَةُ طُهْرٍ، وَقْعُهَا رِجْسٌ فِي بَعْضِ الْمَذَاهِبِ الْإِسْلَامِيَّةِ وَالْعَكْسُ صَحِيحٌ. لِهَذَا اعْتَمَدَ مُتَآمِرُوا السَّقِيفَةِ هَذَا الْخَلْطَ، لِأَنَّ فِي الْخَلْطِ ضَيَاعٌ وَتَضْيِيعٌ لِلْحَقِيقَةِ، الَّتِي أَنْوَارُهَا أَضَاءَتِ الْكَوْنَ، وَلَنْ تَسْتَطِيعَ مَخْلُوقَاتُ الظَّلَامِ أَنْ تُطْفِئَهَا!

ألنَّقْلُ مَفْسَدَةٌ لِلْعَقْلْ!

تَجَمَّعَتْ مَخْلُوقَاتُ الظَّلَامِ في زَرِيبَة بَني سَاعِدَةٍ، حِينَ كَانَ النَّاسُ يَعِيشُونَ هَوْلَ سَاعَةِ رَحِيلِ رَسُولِ اللهِ! ثُمَّ خَرَجَ الَّذي حَرَقَ دَارَ النُّبُوَّةِ مِن ظَلَامَةٍ وَظُلْمَةٍ وَعَتْمَةٍ مَا أَفِكَ وَأَعْوَانَهُ، خَرَجَ مِنَ السَّقِيفَةِ -لِأَنَّ الْمُتَآمِرِينَ لَمْ يَكُونُوا قَدِ اتَّفَقُوا عَلَى الْقِسْمَةِ بَعْد.

خَرَجَ عُمَرُ بْنُ الْخَطَّابِ يَرْفَعُ سَيْفَهُ لِيَقُولَ لِلنَّاسِ: مَنْ قَالَ أَنَّ مُحَمَّدًا قَدْ مَاتَ قَطَعْتُ رَأْسَهُ، إنَّهُ ذَهَبَ لِلِقَاءِ رَبِّهِ كَمَا ذَهَبَ مُوسَى لِلِقَاءِ رَبِّهِ وَسَيَعُودُ... وَسَأَقْتُلُ مَنْ قَالَ أَنَّهُ قَدْ مَاتَ... يَا سَلَام! إلَى الَّذِينَ يَقْرَأُونَ وَيَعْقِلُونَ، لِمَاذَا، وَعَلَى مَنْ، رَفَعَ بْنُ الْخَطَّابِ سَيْفَهُ؟ مَتَى حَمَلَ بْنُ الْخَطَّابِ سَيْفًا لِيُدَافِعَ عَنِ الْمُسْلِمِينَ؟ ابْنُ الْخَطَّابِ هَذَا قِصَصُهُ فَاقَتْ قِصَصَ الثَّعَابِين. سَنُوَافِيكُمْ بِبَعْضٍ مِنْهَا في تَحْقِيقَاتِنَا اللاحِقَة. كُلُّ قِصَصِ بْنِ الْخَطَّابِ شَيِّقَةٌ، كَتَحْرِيقِ دَارِ النُّبُوَّةِ... أَمَّا الْقِصَّةُ الَّتِي جَاءَتْ عَلَى لِسَانِ حُذَيْفَةَ بنِ الْيَمَانِ فَسَتُفَاجِئُ الْكَثِيرِينَ...

وَالآنَ، اسْمَحُوا لِي أَنْ أَقْدِمَ لَكُمْ حِقْبَتَيْنِ تَارِيخِيَّتَيْنِ لِعَصْرِي مَا بَعْدَ اغْتِيالِ الرَّسُولِ: الأُولَى قَرِيبَةٌ نَسْبِيًّا إلَى عَصْرِ بُزُوغِ شَمْسِ الإِسْلَامِ كَمَا يَدَّعُونَ. وَالثَّانِيَةُ قَرِيبَةٌ جِدًّا إلَى وَقْتِ أُفُولِ شَمْسِ هَذَا الإِسْلَام...

الْحِقْبَةُ الأُولَى تَتَحَدَّثُ عَمَّا سَمَّاهَا عُلَمَاءُ الْمُسْلِمِين: بِالْفُتُوحَاتِ الإِسْلَامِيَّةِ! حَيْثُ تَمَّ فَتْحُ وَاحْتِلَالُ دُرَّةِ الْكُرَّةِ الأَرْضِيَّةِ: إسْبَانِيَا!

أَلنَّقْلُ مَفْسَدَةٌ لِلْعَقْلِ!

سَوْفَ أَسْأَلُكَ أَيُّهَا الْقَارِئُ الْكَرِيمُ أَسْئِلَةً وَجِيزَةً وَأَتَمَنَّى أَنْ تَجِدَّ صَادِقًا بِدُونِ تَحَيُّزٍ فِي الْبَحْثِ، ثُمَّ تَجِيبُ... يَقُولُ هَؤُلَاءِ الْمُسْلِمُونَ أَنَّ الْإِسْلَامَ لَمْ يَنْتَشِرْ بِالسَّيْفِ، كَيْفَ إِذاً انْتَشَرَتِ الْفُتُوحَاتُ الْإِسْلَامِيَّةُ؟ كَيْفَ فُتِحَتْ إِسْبَانِيَا، وَكَثِيرٌ مِنَ الدُّوَلِ شَرْقًا وَغَرْبًا؟!!

بَعْدَ سُقُوطِ إِسْبَانِيَا بِيَدِ الْفَاتِحِينَ، اسْتَمَرَّ حُكْمُ الْمُسْلِمِينَ لِلْأَنْدَلُسِ حَوَالِي 781 سَنَةً شَمْسِيَّةً، كَمْ كَانَ عَدَدُ الْمُسْلِمِينَ الْإِسْبَانِ، عِنْدَمَا طُرِدَ هَؤُلَاءِ الْمُسْلِمُونَ مِنْ إِسْبَانِيَا؟ كَمْ عَدَدُ الْمُسْلِمِينَ الْيَوْمَ فِي إِسْبَانِيَا؟ كَمْ عَدَدُ الْإِسْبَانِ الَّذِينَ يَتَكَلَّمُونَ اللُّغَةَ الْعَرَبِيَّةِ؟! لَا أُرِيدُ أَنْ أُحَدِّثَكُمْ عَنْ بِلَادٍ احْتَلَّهَا الْغَرْبِيُّونَ لِأَقَلَّ مِنْ خَمْسِينَ سَنَةً، وَنِصْفُ سُكَّانِهَا الْيَوْمَ أَوْ أَكْثَرُ اعْتَنَقُوا دِيَانَةَ الْمُسْتَعْمِرِ وَنَسُوا لُغَتَهُمُ الْأُمَّ، وَهُمُ الْيَوْمَ يَتَحَدَّثُونَ لُغَةَ الْمُسْتَعْمِرِ!

لَقَدْ نَشَرَ الْغَرْبُ لُغَتَهُ وَثَقَافَتَهُ وَبَنَى عَلَاقَةً إِنْسَانِيَّةً، دَامَتْ وَمَازَالَتْ، وَمُمْكِنٌ أَنْ تَدُومَ مَدَى الْحَيَاةِ. أَمَّا أَنْتُمْ أَيُّهَا الْأَعْرَابُ الْمُسْتَعْرِبُونَ فَحَكَمْتُمْ بِلَادَكُمْ، وَالْبِلَادَ الَّتِي فُتِحَتْ غَزْوًا، وَنَهْبًا، وَاسْتِعْبَادًا بِاسْمِ إِسْلَامِ السَّقِيفَةِ.

إِسْلَامٌ مُزَوَّرٌ مُحَوَّرٌ جَائِرٌ قَاتِلٌ ظَالِمٌ! اللهُ وَرَسُولُهُ بَرَآءُ مِنْكُمْ! أَنْتُمْ خَرَجْتُمْ مِنْ عِبَادَةِ الْأَصْنَامِ وَاعْتَنَقْتُمْ عِبَادَةَ الْإِنْسَانِ، فَأَصْبَحْتُمْ عَبِيدَ السُّلْطَانِ... تَظَاهَرَ عُلَمَاءُ السُّوءِ مِنْكُمْ مَعَ حُكَّامِ السُّوءِ، وَأَخْضَعُوكُمْ بِاسْمِ الدِّينِ لِتَكُونُوا رَعَايَا وَيَكُونَ وُعَّاظُ السَّلَاطِينِ عَلَيْكُمْ رُعَاةً! وَالرَّاعِي يَفْعَلُ مَا يُرِيدُ بِرَعِيَّتِهِ!

أَلنَّقْلُ مَفْسَدَةٌ لِلْعَقْلِ!

إِنْ كَانَ مَا تَقَدَّمَ، لَا يَكْفِي لِتُعِيدُوا النَّظَرَ فِي عَقَائِدِكُمْ وَتَعَامُلَاتِكُمْ! وَفِي خِلَافَةِ مَا يَسَمَّى ((الْخُلَفَاءُ الرَّاشِدِينَ))، الَّذِينَ اخْتَلَفْتُمْ عَلَى عَدَدِهِمْ وَعَلَى أَسْمَائِهِمْ، فَاسْمَحُوا لِي إِذًا أَنْ أُخَاطِبَ وَعْيَكُمْ بِهَذِهِ التَّسَاؤُلَاتِ:

1. كَيْفَ اسْتَوْلَى أُمَرَاءُ السَّقِيفَةِ عَلَى إِرْثِ الإِسْلَامِ بَعْدَ اسْتِشْهَادِ الرَّسُولِ الْأَعْظَمِ! أَجَلْ!، أَجَلْ! سُمَّ خَاتَمُ الأَنْبِيَاءِ وَالْمُرْسَلِينَ!

2. لِمَاذَا شَنَّ الْحَاكِمُ الأَوَّلُ الْمُلَقَّبُ بِالْخَلِيفَةِ – لَا أَدْرِي خَلِيفَةَ مَنْ؟ – حَرْبًا شَعْوَاءَ عَلَى الَّذِينَ لَمْ يُبَايِعُوهُ، هَذَا بَعْدَ أَنْ قَالُوا: إِنَّ الْحُكْمَ شُورَى!

3. قَتَلَ هَذَا الْخَلِيفَةُ، عَشَرَاتِ الآلَافِ مِنَ الْمُفْرَضِ أَنْ يَكُونُوا صَحَابَةً مُسْلِمِينَ! هَلْ هَكَذَا تَكُونُ الشُّورَى؟: حَرَقْتُ دَارَكَ إِنْ لَمْ تُبَايِعْ؟! سَوْفَ يَكُونُ لَنَا مَعَكُمْ تَحْقِيقًا مُنْفَرِدًا عَنْ بِدْعَةِ الصُّحْبَةِ وَالصَّحَابَةِ وَالْخِلَافَةِ وَالشُّورَى، فِي تَحْقِيقَاتٍ أُخْرَى... وَالَّذِينَ اسْتَجَابُوا لِرَبِّهِمْ وَأَقَامُوا الصَّلَاةَ وَأَمْرُهُمْ شُورَى بَيْنَهُمْ وَمِمَّا رَزَقْنَاهُمْ يُنْفِقُونَ {38} الشُّورَى. فَبِمَا رَحْمَةٍ مِّنَ اللهِ لِنْتَ لَهُمْ ۖ وَلَوْ كُنْتَ فَظًّا غَلِيظَ الْقَلْبِ لَانْفَضُّوا مِنْ حَوْلِكَ ۖ فَاعْفُ عَنْهُمْ وَاسْتَغْفِرْ لَهُمْ وَشَاوِرْهُمْ فِي الْأَمْرِ ۖ فَإِذَا عَزَمْتَ فَتَوَكَّلْ عَلَى اللهِ ۚ إِنَّ اللهَ يُحِبُّ الْمُتَوَكِّلِينَ (159) آل عمران.

4. مَا مَعْنَى شُورَى؟! فِي مَعْجَمِ الْمَعَانِي الْجَامِعِ: الشُّورَى تَعْنِي: طَلَبُ آرَاءِ أَهْلِ الْعِلْمِ وَالرَّأْي فِي قَضِيَّةٍ مِنَ الْقَضَايَا الَّتِي لَمْ يَصْدُرْ فِيهَا حُكْمٌ! أَلَا يَكْفِي نُزَلَاءَ الزَّرِيبَةِ قَوْلُ رَسُولِ اللهِ: مَنْ كُنْتُ مَوْلَاهُ فَهَذَا عَلِيٌّ مَوْلَاهُ؟! ... هَلْ سَأَلُوا عَلِيًّا رَأْيَهُ؟! الشُّورَى: التَّشَاوُرُ... وَالتَّشَاوُرُ هُوَ الأَخْذُ بِآرَاءِ الآخَرِينَ فِي أَمْرٍ مَا...

ألنَّقْلُ مَفْسَدَةٌ لِلْعَقْل!

5. بَحَثْتُ فِي لُغَاتٍ كَثِيرَةٍ حَتَّى فِي لُغَةِ الْعُثْمَانِيِّينَ، لَمْ أَجِدْ أَنَّ كَلِمَةَ شُورَى تَعْنِي الْقَتْل! هَذِهِ الْكَلِمَةُ اسْتَغْلَهَا نُزَلَاءُ السَّقِيفَةِ وَمَنْ وَالْفَهُمْ، وَجَعَلُوهَا سَيْفًا عَلَى رِقَابِ الْمُسْلِمِينَ!

أَلنَّقْلُ مَفْسَدَةٌ لِلْعَقْلِ!

1. هَلْ أَرَادَ اللهُ بِهَا قَتْلًا وَتَحْرِيقًا؟ إِنَّ الْآيَةَ رَقَمَ 159 مِنْ سُورَةِ آلِ عِمْرَانَ (اعْذُرُونِي) أُرِيدُ أَنْ أُكَرِّرَهَا: فَبِمَا رَحْمَةٍ مِّنَ اللهِ لِنتَ لَهُمْ وَلَوْ كُنتَ فَظًّا غَلِيظَ الْقَلْبِ لَانفَضُّوا مِنْ حَوْلِكَ فَاعْفُ عَنْهُمْ وَاسْتَغْفِرْ لَهُمْ وَشَاوِرْهُمْ فِي الْأَمْرِ فَإِذَا عَزَمْتَ فَتَوَكَّلْ عَلَى اللهِ إِنَّ اللهَ يُحِبُّ الْمُتَوَكِّلِينَ...

2. أَيْنَ الرَّحْمَةُ فِي شُورَاهُمْ؟ هَلْ فِي الْقَتْلِ وَالتَّحْرِيقِ لُيُونَةٌ؟ لِمَاذَا لَمْ يَعْفُ هؤُلَاءِ عَنِ النَّاسِ وَيَسْتَغْفِرُوا لَهُمْ؟ هَذَا كَلَامُ اللهِ لِرَسُولِهِ! كَيْفَ إِذَا تُسَمّوْنَ هؤُلَاءِ خُلَفَاءَ رَسُولِ اللهِ؟ أَيَّ إِلَهٍ وَأَيَّ رَسُولٍ؟

3. هَذَا الْإِسْلَامُ! إِسْلَامُ مَنْ؟ وَقَدْ مَنَعَ أَبُو بَكْرٍ وَعُمَرُ وَعُثْمَانُ سُنَّةَ النَّبِيِّ مِنَ التَّدَاوُلِ بَيْنَ الْمُسْلِمِينَ وَعُوقِبَ مَنْ تَجَرَّأَ عَلَى قَوْلِ: قَالَ رَسُولُ اللهِ! مَنْ رَفَضَ كِتَابَةَ أَلْكِتَابِ الَّذِي، وَعَدْنَا بِهِ رَسُولِ اللهِ، قَائِلًا: مَا إِنْ تَمَسَّكْتُمْ بِهِ لَنْ تَضِلُّوا بَعْدَهُ أَبَدًا؟ مَنِ الَّذِي قَالَ لِلرَّسُولِ الْأَعْظَمِ: حَسْبُنَا كِتَابُ اللهِ؟ وَمَا يَعْنِي هَذَا الْكَلَامُ؟!! مَعْنَاهُ: لَسْنَا بِحَاجَةٍ لَكَ وَلِكِتَابَاتِكَ!

4. وَطُبِّقَ هَذَا الْقَوْلُ بِحَذَافِيرِهِ! وَمَنْ غَيْرُ أَبِي حَفْصٍ (عُمَرَ) الَّذِي بَعْدَ أَقَلَّ مِنْ شَهْرَيْنِ أَوْ ثَلَاثَةٍ مِنِ ارْتِفَاعِ الرَّسُولِ الْأَعْظَمِ؛ حَرَقَ بَيْتَ الزَّهْرَاءِ بِنْتِ رَسُولِ اللهِ؟! وَبَعْدَهُ مُبَاشَرَةً، أَعْلَنَ أَبُو بَكْرٍ - الشَّرِيكُ فِي اغْتِصَابِ الْمُلْكِ-، الْفَرْمَانَ التَّالِيَ:

5. (تَذْكِرَةُ الْحُفَّاظِ لِلْحَافِظِ الذَّهَبِيِّ)، جَاءَ فِيهِ: وَمِنْ مَرَاسِيلِ بْنِ أَبِي مَلِيكَةٍ أَنَّ الصِّدِّيقَ جَمَعَ النَّاسَ بَعْدَ وَفَاةِ نَبِيِّهِمْ فَقَالَ: إِنَّكُمْ تُحَدِّثُونَ عَنْ رَسُولِ اللهِ صَلَّى اللهُ عَلَيْهِ وَسَلَّمَ أَحَادِيثَ تَخْتَلِفُونَ فِيهَا وَالنَّاسُ بَعْدَكُمْ أَشَدُّ اخْتِلَافًا فَلَا تَتَحَدَّثُوا عَنْ رَسُولِ اللهِ شَيْئًا, فَمَنْ سَأَلَكُمْ فَقُولُوا بَيْنَنَا وَبَيْنَكُمْ كِتَابُ اللهِ فَاسْتَحِلُّوا حَلَالَهُ وَحَرِّمُوا حَرَامَهُ... فِي تَحْقِيقَاتِنَا الْآتِيَةِ سَوْفَ نُتْحِفُكُمْ بِالْمَعْلُومَاتِ الْمَوْثُوقَةِ، كَيْفَ ابْتَدَعَ الْمُسْلِمُونَ مَا سَمّوْهَا: سُنَّةَ اللهِ وَرَسُولِهِ وَالصَّحَابَةِ! سُنَّةَ مَنْ؟؟؟!!!!

ألنَّقْلُ مَفْسَدَةٌ لِلْعَقْلِ!

6. إِنَّ هُنَاكَ الْكَثِيرَ فِي جُعْبَتِنَا، سَنَتَطَرَّقُ لَهُ وَسَنَعْرِضُهُ لَكُمْ فِي تَحْقِيقَاتِنَا الْآتِيَةِ وَالْأَدْوَارِ الَّتِي تَقَمَّصَهَا مِنْ أَعْطَاهُمْ وُعَّاظُ السَّلَاطِينِ، ظُلْمًا وَقَهْرًا وَبُهْتَانًا؛ لَقَبَ خُلَفَاء، وَأَمَرَاءِ الْمُؤْمِنِينَ...

7. كَانَ هَدَفِي مِنْ هَذِهِ اللَّائِحَةِ أَنْ أَرْبُطَ لَكُمُ الْأَحْدَاثَ الَّتِي جَرَتْ فِي الْعُصُورِ الَّتِي اعْتَمَدَهَا الْمُسْلِمُونَ فِي تَقْسِيمِ الزَّمَنِ الَّذِي مَرَّ عَلَى دِينِهِمْ... حَدَّثْتُكُمْ عَنْ عَصْرِ مَا سَمُّوهُ فَجْرَ الْإِسْلَامِ. أَيُّ فَجْرٍ هَذَا الَّذِي يُسَمُّ فِيهِ الرَّسُولُ، وَتُحْرَقُ دَارُ النُّبُوَّةِ، وَتُقْتَلُ الزَّهْرَاءُ (أُمُّ أَبِيهَا) سَيِّدَةُ نِسَاءِ الْعَالَمِينَ، وَيُقْتَلُ أَمِيرُ الْمُؤْمِنِينَ وَيَعْسُوبُ الدِّينِ (الْإِمَامُ عَلِيٌّ)، وَبَعْدَهُ يُقْتَلُ سِبْطُ رَسُولِ اللهِ أَلْإِمَامُ الْحَسَنُ الْمُجْتَبَى، سَيِّدُ شَبَابِ أَهْلِ الْجَنَّةِ مَسْمُومًا كَمَا قَتَلُوا جَدَّهُ. وَبَعْدَهُ يُذْبَحُ سَيِّدُ الشُّهَدَاءِ، سِبْطُ رَسُولِ اللهِ، سَيِّدُ شَبَابِ أَهْلِ الْجَنَّةِ (الْإِمَامُ الْحُسَيْنُ)، وَمَعَهُ يُقْتَلُونَ جَمِيعَ رِجَالِ عَائِلَتِهِ، وَتُرْفَعُ رُؤُوسُهُمْ عَلَى الرِّمَاحِ وَتُسْبَى بَنَاتُ رَسُولِ اللهِ، وَيُطَافُ بِهِنَّ وَبِرُؤُوسِ رِجَالِهِنَّ عَلَى الرِّمَاحِ مِنْ كَرْبَلَاءَ إِلَى الشَّامِ؟! ...

هَلْ تَعْلَمُ أَيُّهَا الْقَارِئُ الْكَرِيمُ، أَنَّ كَثِيرًا مِنَ الشُّعَرَاءِ الْأَعْرَابِ الْمُسْلِمِينَ مَدَحُوا هَذِهِ الْمَجَازِرَ، وَشَكَرُوا أَوْلِيَاءَ نِعْمَتِهِمْ -أُمَرَاءَ الْمُؤْمِنِينَ- عَلَى مَدَى سِنِينَ، هَذَا "الْمُسَمَّى": الْفَجْرَ الْإِسْلَامِيَّ، حَتَّى يَوْمِنَا هَذَا... مَعْذِرَةً أَيُّهَا الْقَارِئُ الْكَرِيمُ، سَاعِدْنِي أَنْ أَسْتَوْعِبَ مَا وَرَدَ، وَمَا مُورِسَ بِحَقِّ هَذَا الرَّسُولِ الْمَبْعُوثِ مِنْ خَالِقِ الْكَوْنِ!

تَقُولُ الْقِصَّةُ أَنَّ رَسُولَ اللهِ أَصَابَهُ مَرَضٌ فِي أَيَّامِهِ الْأَخِيرَةِ. جَاءَ بَعْضُ الصَّحَابَةِ لِزِيَارَتِهِ. عِنْدَهَا طَلَبَ الرَّسُولُ الْأَعْظَمُ أَنْ يَأْتُوا بِقُرْطَاسٍ وَقَلَمٍ لِيَكْتُبَ لَهُمْ كِتَابًا لَا يَضِلُّوا بَعْدَهُ أَبَدًا. قَالَ عُمَرُ: حَسْبُنَا كِتَابُ اللهِ!

أَلنَّقْلُ مَفْسَدَةٌ لِلْعَقْلِ!

(حَدَّثَنَا إِبْرَاهِيمُ بْنُ مُوسَى حَدَّثَنَا هِشَامٌ عَنْ مَعْمَرٍ وَحَدَّثَنِي عَبْدُ اللهِ بْنُ مُحَمَّدٍ حَدَّثَنَا عَبْدُ الرَّزَّاقِ أَخْبَرَنَا مَعْمَرٌ عَنِ الزُّهْرِيِّ عَنْ عُبَيْدِ اللهِ بْنِ عَبْدِ اللهِ عَنِ بْنِ عَبَّاسٍ رَضِيَ اللهُ عَنْهُمَا قَالَ : لَمَّا حَضَرَ رَسُولُ اللهِ صَلَّى اللهُ عَلَيْهِ وَسَلَّمَ وَفِي الْبَيْتِ رِجَالٌ فِيهِمْ عُمَرُ بْنُ الْخَطَّابِ قَالَ النَّبِيُّ صَلَّى اللهُ عَلَيْهِ وَسَلَّمَ هَلُمَّ أَكْتُبْ لَكُمْ كِتَابًا لَا تَضِلُّوا بَعْدَهُ فَقَالَ عُمَرُ إِنَّ النَّبِيَّ صَلَّى اللهُ عَلَيْهِ وَسَلَّمَ قَدْ غَلَبَ عَلَيْهِ الْوَجَعُ وَعِنْدَكُمُ الْقُرْآنُ حَسْبُنَا كِتَابُ اللهِ. فَاخْتَلَفَ الْحُضُورُ وَتَخَاصَمُوا، مِنْهُمْ مَنْ يَقُولُ قَرِّبُوا يَكْتُبْ لَكُمُ النَّبِيُّ صَلَّى اللهُ عَلَيْهِ وَسَلَّمَ كِتَابًا لَنْ تَضِلُّوا بَعْدَهُ، وَمِنْهُمْ مَنْ يَقُولُ مَا قَالَ عُمَرُ. فَلَمَّا أَكْثَرُوا اللَّغْوَ وَالِاخْتِلَافَ عِنْدَ النَّبِيِّ صَلَّى اللهُ عَلَيْهِ وَسَلَّمَ قَالَ رَسُولُ اللهِ صَلَّى اللهُ عَلَيْهِ وَسَلَّمَ قُومُوا عَنِّي) ...

بَعْدَهَا مُبَاشَرَةً اجْتَمَعَ الَّذِينَ رَفَضُوا كِتَابَةَ الْكِتَابِ فِي سَقِيفَةِ بَنِي سَاعِدَةٍ. كَيْفَ اجْتَمَعُوا وَكَيْفَ التَّقَوْا؟! كُتُبُ الْمُسْلِمِينَ جَادَتْ فِي الْكَيْفِيَّاتِ الَّتِي جَمَعَتِ الْمُتَآمِرِينَ فِي السَّقِيفَةِ! لِكَيْ لَا يَعْلَمَ النَّاسُ الْحَقِيقَةَ! (عِلْمُ التَّجْهِيلِ). مِئَاتُ الْعَنْعَنَاتِ عَنْ كَيْفَ تَمَّ الِاجْتِمَاعُ، وَكُلُّ عَنْعَنَةٍ تُلْغِي أَوْ تُكَذِّبُ أُخْتَهَا، وَكُلُّهَا صَحِيحَةٌ!

وَلِأَنَّ الِاجْتِمَاعَ حَدَثَ، وَالرَّسُولُ مَا زَالَ حَيًّا! يَحْضُرُنِي هُنَا سُؤَالٌ. كَيْفَ اخْتَارَ نُزَلَاءُ السَّقِيفَةِ خَلَفًا لِرَسُولِ اللهِ قَبْلَ أَنْ يُقْبَضَ؟! هَلْ كَانُوا عَلَى عِلْمٍ بِقُرْبِ وَفَاتِهِ، وَكَيْفَ؟! إِلَّا إِذَا كَانَ كَالْعَادَةِ وَحْيًا إِلَى عُمَرَ! كُتُبُ الْمُسْلِمِينَ تَتَحَدَّثُ عَنْ مَوْتِ الرَّسُولِ مَسْمُومًا!

أَلنَّقْلُ مَفْسَدَةٌ لِلْعَقْلْ!

1. يَقُولُ بْنُ الْقَيِّمِ: "وَقَدِ اخْتَلَفَ عُلَمَاءُ الْمُسْلِمِينَ (عِلْمُ التَّجْهِيلِ): هَلْ أَكَلَ النَّبِيُّ صَلَّى اللهُ عَلَيْهِ وَسَلَّمَ مِنْهَا أَوْ لَمْ يَأْكُلْ؟ وَأَكْثَرُ الرِّوَايَاتِ أَنَّهُ أَكَلَ مِنْهَا، وَبَقِيَ بَعْدَ ذَلِكَ ثَلَاثَ سِنِينَ، حَتَّى قَالَ فِي وَجَعِهِ الَّذِي مَاتَ فِيهِ: "مَا زِلْتُ أَجِدُ مِنَ الْأَكْلَةِ الَّتِي أَكَلْتُ مِنَ الشَّاةِ يَوْمَ خَيْبَرَ، فَهَذَا أَوَانُ انْقِطَاعِ الْأَبْهَرِ مِنِّي"".

2. قَالَ الزُّهْرِيُّ: فَتُوُفِّيَ رَسُولُ اللهِ صَلَّى اللهُ عَلَيْهِ وَسَلَّمَ شَهِيدًا". وَلِذَا حَكَمَ عَدَدٌ مِنَ الْعُلَمَاءِ بِأَنَّهُ مَاتَ شَهِيدًا صَلَّى اللهُ عَلَيْهِ وَسَلَّمَ...

3. تَخْرِيفٌ تَوْرِيَةٌ دَجَلٌ، وَتَسْخِيفٌ لِرَسُولِ اللهِ، وَتَشْكِيكٌ فِي عِلْمِ رَسُولِ اللهِ، وَتَجْهِيلٌ لَا يَمُرُّ عَلَى مَنْ فِي رَأْسِهِ ذَرَّةٌ مِنْ عَقْلٍ!

4. إِلَى أَطِبَّاءِ الْعَالَمِ أَسْأَلُ: إِذَا دَخَلَ سُمٌّ مَعِدَةَ إِنْسَانٍ، مَا هِيَ الْفَتْرَةُ الزَّمَنِيَّةُ الَّتِي يَبْقَى فِيهَا دَاخِلَ الْمَعِدَةِ؟ كَمْ مِنَ الْوَقْتِ يَحْتَاجُ السُّمُّ لِيَتَفَاعَلَ دَاخِلَ جِسْمِ الْإِنْسَانِ؟

5. بَعْدَ ثَلَاثِ سَنَوَاتٍ مِنْ خَيْبَرَ، يَمُوتُ رَسُولُ الرَّحْمَةِ مَسْمومًا!؟ كَيْفَ السُّمُّ الَّذِي يَدْخُلُ الْمَعِدَةَ يَقْطَعُ الشِّرْيانَ الْأَبْهَرَ؟

6. مَنِ الْمُسْتَفِيدُ مِنْ هَذِهِ الْأُسْطُورَةِ غَيْرُ الَّذِينَ سَمُّوا وَقَتَلُوا رَسُولَ اللهِ؟! مَا بَالُكُمْ كَيْفَ تَحْكُمُونَ، أَفَلَا تَعْقِلُونَ؟؟؟

7. أَيُّهَا النَّاسُ، هَذَا هُوَ إِسْلَامُ السَّقِيفَةِ! أَرَادَ هَؤُلَاءِ الْمُسْلِمُونَ مَحْوَ ذِكْرِ مُحَمَّدٍ، وَالشَّاهِدُ أَمَامَكُمْ! هَلْ تَعْتَقِدُونَ أَنَّ قَوْمًا – حَقًّا يُؤْمِنُونَ بِرِسَالَةِ نَبِيٍّ- يَفْعَلُونَ بِنَبِيِّهِمْ وَآلِ بَيْتِهِ مَا فَعَلَ هَؤُلَاءِ بِنَبِيِّهِمْ؟ ... كَانَ أَمِيرُ الْمُؤْمِنِينَ يَزِيدُ مُنْحَنِياً عَلَى ثَنَايَا أَبِي عَبْدِ اللهِ سَيِّدِ شَبَابِ أَهْلِ الْجَنَّةِ يَنْكُتُهَا بِمِخْصَرَتِهِ، مُنْتَشِيًا بِنَصْرِهِ عَلَى رَسُولِ اللهِ وَرِسَالَتِهِ وَعَلَى مَنْ بَقِيَ مِنَ الْأَطْفَالِ وَالنِّسَاءِ مِنْ أَهْلِ بَيْتِ النُّبُوَّةِ...

8. وَعِنْدَهَا صَرَخَتْ بِهِ الْحَوْرَاءُ زَيْنَبُ: "فَكِدْ كَيْدَكَ، وَاسْعَ سَعْيَكَ، وَنَاصِبْ جُهْدَكَ، فَوَاللَّهِ لَا تَمْحُو ذِكْرَنَا، وَلَا تُمِيتُ وَحْيَنَا، وَلَا تُدْرِكُ أَمَدَنَا وَلَا يَرْحَضُ عَنْكَ عَارُهَا، وَهَلْ رَأْيُكَ إِلَّا فَنَّدٌ وَأَيَّامُكَ إِلَّا عَدَدٌ، وَجَمْعُكَ إِلَّا بَدَدٌ، يَوْمَ يُنَادِي الْمُنَادِي أَلَا لَعْنَةُ اللهِ عَلَى الظَّالِمِينَ ...

قَتَلَ أَبُو بَكْرٍ عَشَرَاتِ الْآلَافِ مِنَ الْمُؤْمِنِينَ الَّذِينَ رَفَضُوا الْبَيْعَةَ. أَعْلَنَ الْحُرُوبَ عَلَى الْمُؤْمِنِينَ الَّذِينَ رَفَضُوا وَلَايَتَهُ، تَحْتَ مُسَمَّى حُرُوبِ الرِّدَّةِ! وَاظَبَ عُمَرُ عَلَى سُنَّةِ أَبِي بَكْرٍ فِي قَتْلِ مَنْ لَمْ يُبَايِعْ، وَبَعْدَهُ عُثْمَانُ أَكْمَلَ سُنَّةَ الشَّيْخَيْنِ...

أَيُّهَا الْقُرَّاءُ الْكِرَامُ: هَلْ صَحِيحٌ أَنَّ الْإِسْلَامَ لَمْ يَنْتَشِرْ بِالسَّيْفِ؟! اصْرَخُوا مَعِي صَرْخَةَ الْحَوْرَاءِ، يَا أَحْرَارَ الْعَالَمِ: أَلَا لَعْنَةُ اللهِ عَلَى الظَّالِمِينَ...

ذِكْرَيَاتُ الْمُلُوكِ

وَهَذِهِ الْحِقْبَةُ الثَّانِيَةُ الَّتِي وَعَدْتُكُمْ. وَهِيَ مَنْقُولَةٌ حَرْفِيًّا عَنْ مَقَالَةٍ لِلْكَاتِبِ وَالإِعْلَامِيِّ التُّرْكِيِّ: **رَحْمِي تَرْوَانَ**، وَعُنْوَانُهَا: "((ذِكْرَيَاتُ الْمُلُوكِ))" أَلْمُلُوكُ الَّذِينَ هُمْ بِطَبِيعَةِ الْحَالِ خُلَفَاءُ دَوْلَةِ الْخِلَافَةِ الَّتِي يَنْشُدُهَا مَعْظَمُ الْمُسْلِمِينَ الْيَوْمَ. يَقُولُ الْمَقَالُ:

بَعْدَ وَفَاةِ "أَرْطُوغْرُول"

نَشَبَ خِلَافٌ بَيْنَ "أَخِيهِ" دُونْدَارَ وَابْنِهِ "عُثْمَان"، انْتَهَى بِأَنْ قَتَلَ عُثْمَانُ "عَمَّهُ" وَاسْتَوْلَى عَلَى الْحُكْمِ، وَهَكَذَا قَامَتِ الدَّوْلَةُ الْعُثْمَانِيَّةُ...

- حَفِيدُهُ "مُرَادُ الْأَوَّلُ" * عِنْدَمَا أَصْبَحَ سُلْطَانًا ... قَتَلَ أَيْضَا "شَقِيقَيْهِ" إِبْرَاهِيمَ وَخَلِيلَ خَوْفًا مِنْ مَطَامِعِهِمَا... ثُمَّ عِنْدَمَا كَانَ عَلَى فِرَاشِ الْمَوْتِ فِي مَعْرَكَةِ كُوسُوفُو عَامَ 1389 أَصْدَرَ تَعْلِيمَاتِهِ بِخَنْقِ "ابْنِهِ" يَعْقُوبَ حَتَّى لَا يُنَافِسَ "شَقِيقُهُ" فِي خِلَافَتِهِ...
- السُّلْطَانُ مُحَمَّدُ الثَّانِي * (الَّذِي فَتَحَ اسطنْبُولَ) أَصْدَرَ فَتْوَى شَرْعِيَّةً حَلَّلَ فِيهَا قَتْلَ السُّلْطَانِ لِشَقِيقِهِ مِنْ أَجْلِ وِحْدَةِ الدَّوْلَةِ وَمَصَالِحِهَا الْعُلْيَا.
- السُّلْطَانُ مُرَادُ الثَّالِثُ *

قَتَلَ أَشِقَّاءَهُ الْخَمْسَةَ فَوْرَ تَنْصِيبِهِ سُلْطَانًا خَلَفًا لِأَبِيهِ.

ابْنُهُ مُحَمَّدُ الثَّالِثُ *

أَلنَّقْلُ مَفْسَدَةٌ لِلْعَقْلِ!

لَمْ يَكُ أَقَلَّ إِجْرَامًا فَقَتَلَ أَشِقَاءَهُ التِّسْعَةَ عَشَرَ فَوْرَ تَسَلُّمِهِ السُّلْطَةَ لِيُصْبِحَ صَاحِبَ الرَّقْمِ الْقِيَاسِيِّ فِي هَذَا الْمَجَالِ... لَمْ يَكْتَفِ مُحَمَّدٌ الثَّالِثُ بِذَلِكَ، فَقَتَلَ وَلَدَهُ الصَّغِيرَ مَحْمُودَ الَّذِي يَبْلُغُ مِنَ الْعُمْرِ 16 عَامًا، كَيْ تَبْقَى السُّلْطَةُ لِوَلَدِهِ الْبَالِغِ مِنَ الْعُمْرِ 14 عَامًا، وَهُوَ السُّلْطَانُ أَحْمَدُ، الَّذِي اشْتُهِرَ فِيمَا بَعْدُ بِبِنَائِهِ جَامِعَ السُّلْطَانِ أَحْمَدَ (الْجَامِعَ الْأَزْرَقَ) فِي اسْطَنْبُول... وَعِنْدَمَا أَرَادَتِ "الدَّوْلَةُ الْعُثْمَانِيَّةُ" بَسْطَ نُفُوذِهَا عَلَى الْقَاهِرَةِ قَتَلُوا خَمْسِينَ أَلْفَ مِصْرِيٍّ مُسْلِمٍ...

أَرْسَلَ "السُّلْطَانُ سُلَيْمٌ" طَلَبًا إِلَى "طُومَان بَاي" بِالتَّبَعِيَّةِ لِلدَّوْلَةِ الْعُثْمَانِيَّةِ مُقَابِلَ إِبْقَائِهِ حَاكِمًا لِمِصْرَ... رَفَضَ الْعَرْضَ ... وَلَمْ يَسْتَسْلِمْ ... نَظَّمَ الصُّفُوفَ ... حَفَرَ الْخَنَادِقَ ... شَارَكَهُ الْأَهَالِي فِي الْمُقَاوَمَةِ ... انْكَسَرَتِ الْمُقَاوَمَةُ ... فَهَرَبَ لَاجِئًا إِلَى ((صَدِيقِهِ)) الشَّيْخِ حَسَنِ بْنِ مَرْعِي ... وَشَى بِهِ صَدِيقُهُ ... فَقُتِلَ ... وَهَكَذَا أَصْبَحَتْ مِصْرُ وَلَايَةً عُثْمَانِيَّةً.

ثُمَّ قَتَلَ السُّلْطَانُ سُلَيْمٌ بَعْدَ ذَلِكَ "شَقِيقَيْهِ" لِرَفْضِهِمَا أُسْلُوبَ الْعُنْفِ الَّذِي انْتَهَجَهُ فِي حُكْمِهِ...

فِي كُلِّ مَا سَبَقَ: الْقَاتِلُونَ كَانُوا يُرِيدُونَ خِلَافَةً إِسْلَامِيَّةً، وَالْمَقْتُولُونَ كَانُوا يُرِيدُونَ خِلَافَةً إِسْلَامِيَّةً، الْقَاتِلُونَ كَانُوا يُرَدِّدُونَ... اللهُ أَكْبَرُ... وَالْمَقْتُولُونَ أَيْضًا كَانُوا يُرَدِّدُونَ الشَّهَادَتَيْنِ. مَسَلْسَلٌ قَدِيمٌ... مُرْعِبٌ، وَمُخِيفٌ،

لَكِنَّنَا لَمْ نَقْرَأْ وَلَمْ نَتَدَبَّرْ مِنَ التَّارِيخِ إِلَّا مَا أُرِيدَ لَنَا فَقَطْ أَنْ نَقْرَأَهُ وَنَتَدَبَّرَهُ... فَأَفْتَيْنَا أَنَّ "دَاعِشَ" وَلِيدَةُ الْيَوْمِ. وَتَظَاهَرْنَا مُنْدَهِشِينَ وَمُرْعُوبِينَ!

أَلنَّقْلُ مَفْسَدَةٌ لِلْعَقْلْ!

عُذْرًا! لَمْ نَذْكُرْ مَلايينَ الأَكْرادِ وَالأَرْمَنِ وَالمُسْلِمِينَ وَالمَسِيحِيِّينَ فِي أُوروبّا ضَحايَا الخِلافَةِ الإِسْلامِيَّةِ بِاسْمِ الإِسْلام... ما زالَ الأَتْراكُ هُمُ الأَتْراكُ، وَما زالَ التَّخَلُّفُ فِي العالَمِ الإِسْلامِيِّ هُوَ التَّخَلُّفُ وَالإِجْرامُ بِاسْمِ الإِسْلام...

أَلَمْ يَحِنِ الوَقْتُ لِكَيْ يَفْتَكِرَ المُسْلِمونَ لِماذا (الشِّيعَةُ) عَبْرَ التَّارِيخ وَفِي كُلِّ المَمالِكِ الَّتِي حَكَمُوا لَمْ يُرْتَكِبوا مَجْزَرَةً واحِدَةً؟ لأَنَّهُ لَيْسَ مِنْ فِقْهِهِم الفُتُوحاتُ وَالغَزَواتُ بَلِ الدِّفاعُ فَقَطْ كَما كانَ جِهادُ الرَّسولِ (ص) وَلأَنَّ نَشْرَ الإِسْلام عِنْدَهُمْ يَكونُ بِالعِلْمِ وَالعَقْلِ وَالتَّقَدُّم...

فَالخِلافَةُ الإِسْلامِيَّةُ التُّرْكِيَّةُ امْتَدَّتْ إِلَى أُوروبّا الوُسْطى غَرْبًا... بَلَغَتِ الدَّوْلَةُ العُثْمانِيَّةُ ذُرْوَةَ مَجْدِها وَقُوَّتِها خِلالَ القَرْنَيْنِ السّادِسَ عَشَرَ وَالسّابِعَ عَشَرَ، فَامْتَدَّتْ أَراضيها لِتَشْمَلَ أَنْحاءَ واسِعَةً مِنْ قاراتِ العالَمِ القَديم: أُوروبّا وَآسيا وَأَفْريقيا، حَيْثُ خَضَعَتْ لَها كامِلُ آسيا الصُّغْرَى وَأَجْزاءُ كَبيرَةٌ مِنْ جَنُوبِ شَرْقِ أُوروبّا، غَرْبِ آسيا، وَشَمالِ أَفْريقيا.

وَصَلَ عَدَدُ الوِلاياتِ العُثْمانِيَّةِ إِلَى 29 وِلايَةً، وَكَانَ لِلدَّوْلَةِ سِيادَةٌ اسْمِيَّةٌ عَلى عَدَدٍ مِنَ الدُّوَلِ وَالإِماراتِ المُجاوِرَةِ فِي أُوروبّا، الَّتِي أَضْحى بَعْضُها يُشَكِّلُ جُزْءًا فَعْلِيًّا مِنَ الدَّوْلَةِ مَعَ مُرورِ الزَّمَنِ، بَيْنَما حَصَلَ بَعْضُها الآخَرُ عَلى نَوْعٍ مِنَ الِاسْتِقْلالِ الذّاتِيّ.

أَلنَّقْلُ مَفْسَدَةٌ لِلْعَقْلِ!

كَانَ لِلدَّوْلَةِ الْعُثْمَانِيَّةِ سِيَادَةٌ عَلَى بَعْضِ الدُّوَلِ الْبَعِيدَةِ كَذَلِكَ الأَمْرِ، إِمَّا بِحُكْمِ كَوْنِها دُوَلًا إِسْلَامِيَّةً تَتَّبِعُ شَرْعًا سُلْطَانِ آلِ عُثْمَان كَوْنَهُ يَحْمِلُ لَقَب "أَمِيرِ الْمُؤْمِنِينَ" وخَلِيفَةِ الْمُسْلِمِينَ"، كَمَا فِي حَالَةِ سَلْطَنَةِ آتْشِيهِ السُّومَطْرِيَّةِ الَّتِي أَعْلَنَتْ وَلَاءَها لِلسُّلْطَانِ سَنَةِ 1565م؛ أَوْ عَنْ طَرِيقِ اسْتِحْوَاذِهَا عَلَيْهَا لِفَتْرَةٍ مُؤَقَّتَةٍ، كَمَا فِي حَالَةِ جَزِيرَةِ "أَنْزَارُوت" فِي الْمُحِيطِ الأَطْلَسِيِّ، وَالَّتِي فَتَحَها الْعُثْمَانِيُّونَ سَنَةَ 1585م.

فَأَصْبَحَتِ الدَّوْلَةُ الْعُثْمَانِيَّةُ فِي عَهْدِ السُّلْطَانِ سُلَيْمَانَ الأَوَّلِ "الْقَانُونِيّ" (حَكَمَ مُنْذُ عام 1520م حَتَّى عام 1566م)، قُوَّةً عُظْمَى مِنَ النَّاحِيَتَيْنِ السِّيَاسِيَّةِ وَالْعَسْكَرِيَّةِ، وَأَصْبَحَتْ عَاصِمَتُها الْقُسْطَنْطِينِيَّةُ تَلْعَبُ دُورَ صِلَةِ الْوَصْلِ بَيْنَ الْعَالَمَيْنِ الأُورُوبِيِّ الْمَسِيحِيِّ وَالشَّرْقِيِّ الإِسْلامِيِّ!

كَمْ عَدَدُ الأُورُوبِيِّينَ الَّذِينَ اعْتَنَقُوا الإِسْلَامَ بَعْدَما اغْتَصَبَ أُمَرَاءُ الْمُؤْمِنِينَ وخُلَفَاءُ الْمُسْلِمِينَ مُعْظَمَ أَرَاضِي أُورُوبَّا؟!

هُنَاكَ أَسْئِلَةٌ كَثِيرَةٌ لَنْ أَسْأَلَها، لِأَنَّ مَعْظَمَ الْمُسْلِمِينَ لَا يَقْرَأُونَ... يَتَحَدَّثُ عُلَمَاءُ الْمُسْلِمِينَ عَنِ الْحَضَارَةِ الإِسْلَامِيَّةِ الَّتِي تَرَكَها أُمَرَاءُ الْمُؤْمِنِينَ.

نَرَى فِي دُوَلِ الْعَالَمِ حَضَارَاتٍ لَها بَصَمَاتُها، وَتَدُلُّ عَلَى فَتْرَةٍ زَمَنِيَّةٍ حَضَارِيَّةٍ لِشُعُوبٍ كَثِيرَةٍ، يُقَابِلُها فِي الْحَضَارَةِ الإِسْلَامِيَّةِ: سَرِقَةٌ لِكَنِيسَةٍ وَتَحْوِيلُها إِلَى مَعْبَدٍ (كَالْجَامِعِ الأُمَوِيّ) مَثَلاً. هَذَا حَصَلَ فِي فَجْرِ الإِسْلَامِ. فَمَاذَا تَنْتَظِرُونَ أَنْ يَحْصُلَ بَعْدَ أَنْ أَشْرَقَتْ شَمْسُ هَذَا الإِسْلَامِ؟

أَلنَّقْلُ مَفْسَدَةٌ لِلْعَقْلِ!

أَتْرُكُ لَكُمْ أَيُّهَا الْقُرَّاءُ الْكِرَامُ الْبَحْثَ وَالتَّحْلِيلَ. لَكِنِّي لَا أُرِيدُ أَنْ أَنْسَى أَنْ أُخْبِرَكُمْ أَنَّ دَوْلَةَ الْخِلَافَةِ الْعُثْمَانِيَّةَ بَعْدَ أَنْ فَتَحَتْ نِصْفَ الْعَالَمِ بِاسْمِ الْإِسْلَامِ الَّذِي اتَّخَذَتْهُ ذَرِيعَةً، ضَعُفَتْ ثُمَّ بَعْدَ ذَلِكَ انْدَثَرَتْ! وَقَدْ تَجِدُونَ مَنْ يُبَرِّرُ هَذَا الِانْدِثَارَ بِنَظَرِيَّةِ عُمْرِ الدَّوْلَةِ، بَعِيدًا عَنِ الْجَوْرِ وَالظُّلْمِ وَالْجَهْلِ، وَالتَّجْهِيلِ...

لِمَاذَا غَيَّرَ الْمُسْلِمُونَ الْأَتْرَاكُ الْحَرْفَ الْعَرَبِيَّ لِلُّغَةِ التُّرْكِيَّةِ وَبَدَّلُوهُ بِالْحَرْفِ اللَّاتِينِيِّ؟ ...

لِكَيْ تَبْتَعِدَ الْأَجْيَالُ الْقَادِمَةُ عَنْ قِرَاءَةِ الْقُرْآنِ؟! هَلْ هُنَاكَ تَفْسِيرٌ غَيْرَ هَذَا؟!

إِنَّ جَمِيعَ الْمَعْلُومَاتِ وَالِاسْتِنْتَاجَاتِ وَالتَّحَالِيلِ الَّتِي قَدَّمْتُهَا، مُسْتَقَاةٌ وَمُنْتَقَاةٌ مِنْ كُتُبِ الْمُسْلِمِينَ... أَتَمَنَّى عَلَى الَّذِينَ يَقْرَأُونَ أَنْ يَكُونُوا مُنْصِفِينَ مَعِي وَمَعَ أَنْفُسِهِمْ. وَأَنْ يَسْتَعْمِلُوا الْعَقْلَ وَأَسَالِيبَ الْبَحْثِ الْعِلْمِيَّةِ الَّتِي تَسْتَوْجِبُ الْقِرَاءَةَ الْإِبْدَاعِيَّةَ، الَّتِي تَسْتَوْحِي مِنَ النُّصُوصِ الْمَقْرُوءَةِ أَفْكَارًا، وَأَلْفَاظًا تُنْمِي الْعَقْلَ، وَيَقْبَلُهَا الْعَقْلُ وَيَسْتَسِيغُ قَوَاعِدَ اللُّغَةِ الْعَرَبِيَّةِ وَأُسُسَهَا وَدَعَائِمَهَا وَبَدِيعَهَا. وَأَنْ يُرَاعِي الْمُطَابَقَةَ وَالتَّوَافُقَ مَعَ الْمُرَادِ مِنَ النَّصِّ، فِي تَوْضِيحِ الدَّلَالَةِ وَالْإِرْشَادِ وَالتَّوْجِيهِ، وَالْهِدَايَةِ...

إِسْلَامُ السَّقِيفَةِ يَفْتَقِدُ، إِلَى كُلِّ هَذِهِ الْمُقَوِّمَاتِ! لِأَنَّهُ يَعْتَمِدُ كُلِّيًّا عَلَى الْعَنْعَنَةِ وَالْخُرَافَةِ، وَعَلَى عِبَادَةِ الْبَشَرِ بَدَلَ عِبَادَةِ اللهِ، وَعَلَى السَّمْعِ فَقَطْ! يُصِرُّ عُلَمَاءُ مُسْلِمِي السَّقِيفَةِ عَلَى تَعْلِيمِ النَّاسِ بِالنَّقْلِ وَلَيْسَ بِالْقِرَاءَةِ وَالْبَحْثِ. وَهَذَا يَتَنَافَى حَتَّى مَعَ اسْمِ الْقُرْآنِ، الْمُشْتَقِّ مِنْ فِعْلِ قَرَأَ! وَيُخَالِفُ أَوَّلَ كَلِمَةٍ أُنْزِلَتْ عَلَى قَلْبِ الْمُصْطَفَى الْأَمِينِ: إِقْرَأْ!!! إِقْرَأْ!!!

أَلنَّقْلُ مَفْسَدَةٌ لِلْعَقْلْ!

وَلِكَيْ لَا أُتَّهَمَ بِالْكَذِبِ وَالْقَدْحِ وَالذَّمِّ وَالتَّجْرِيحِ وَالتَّحَامُلِ؛ أَسْأَلُ أَحْرَارَ الْعَالَمِ أَنْ يَتَذَكَّرُوا مُقَارَبَتِي فِي تَفْسِيرِ آيَةٍ: لَا يَمَسُّهُ إِلَّا الْمُطَّهَّرُونَ.

وَفِي الْمُقَابِلِ أَنْ يَبْحَثُوا عَنْ تَفَاسِيرِ مَذَاهِبِ إِسْلَامِ السَّقِيفَةِ، الْمُخْتَلِفَةِ، وَالْمُتَضَارِبَةِ لِلْآيَةِ نَفْسِهَا!!

فَكَمَا ذَكَرْنَا سَابِقًا أَلْمَسُّ يُصْبِحُ لَمْسًا، وَالْمُطَّهَّرُونَ، يُصْبِحُونَ؛ إِمَّا: الْمَلَائِكَةَ لِأَنَّ الْمَلَائِكَةَ مُطَهَّرُونَ كَمَا يَدَّعُونَ، أَوِ الْمُتَطَهِّرِينَ مِنَ الْبَشَرِ...

إِذَا كَانَتِ الْمَلَائِكَةُ يَلْمَسُونَ قُرْآنَ اللَّوْحِ الْمَحْفُوظِ؟ فَلِمَاذَا قَالَ اللهُ مُطَهَّرُونَ؟!

يَكُونُ هَذَا الِادِّعَاءُ صَحِيحًا، إِنْ كَانَ يُمْكِنُ لِلْمَلَائِكَةِ أَنْ تَتَنَجَّسَ، ثُمَّ يَتَمُّ تَطْهِيرُهَا!

هَلِ الْمَلَائِكَةُ تَسْتَطِيعُ أَنْ تَتَنَجَّسَ؟

كَيْفَ إِذاً أَصْبَحَ الْمَلَائِكَةُ مُطَهَّرِينَ؟

لِمَاذَا لَمْ يَقُلِ اللهُ: لَا يَمَسُّهُ إِلَّا الْمَلَائِكَةُ؟

أَمَّا تَفْسِيرُ الْمُتَطَهِّرِينَ عَلَى أَنَّهُمْ مُطَهَّرُونَ، فَهَذَا أَرْزَلُ الْعُهْرِ!

وَلَكِنْ لِمَاذَا اعْتَمَدَ هَؤُلَاءِ الْعُلَمَاءُ كُلَّ هَذِهِ التَّفْسِيرَاتِ الْمُتَنَاقِضَةِ، الَّتِي تَتَعَارَضُ مَعَ الْعَقْلِ وَمَعَ مُبَادِئِ اللُّغَةِ الْعَرَبِيَّةِ وَقَوَاعِدِهَا، وَتُخَالِفُ نُصُوصَ الْقُرْآنِ؟!

أَلنَّقْلُ مَفْسَدَةٌ لِلْعَقْلِ!

عِلْمًا بِأَنَّ كَلِمَةَ مُطَهَّرِينَ وَمُشْتَقَّاتِهَا وَرَدَتْ فِي القُرْآنِ فِي عَدِيدٍ مِنَ الآيَاتِ!؟

هَلْ تَعْتَقِدُ أَيُّهَا القَارِئُ الكَرِيمُ، أَنَّ القُرْآنَ يَتَحَدَّثُ عَنْ مَجْمُوعَةٍ مُرْتَبِطَةٍ ارْتِبَاطًا كُلِّيًّا بِكَيْفِيَّةِ مَسِّ القُرْآنِ أَوْ لَمْسِهِ؛ وَلَا يُخَبِّرُنَا مَنْ هُمْ؟

إِذَا كَيْفَ عَلِمَ هَؤُلَاءِ مُفَسِّرو القُرْآنِ أَنَّ المَلَائِكَةَ مُطَهَّرون؟

نَحْنُ نَعْلَمُ أَنَّ المَلَائِكَة مَخْلُوقُونَ طَاهِرُونَ، وَلَا تَجُوزُ عَلَيْهِمُ النَّجَاسَةُ! وَعَقْلِيًّا وَلَغَوِيًّا المُتَطَهِّرُ، إِمَّا أَصْلُهُ نَجِسٌ ثُمَّ طُهِرَ، أَوْ تَجُوزُ عَلَيْهِ النَّجَاسَةُ؟

كَيْفَ إِذَا أَصْبَحَتِ المَلَائِكَةُ مُطَهَّرِينَ؟

هَلِ المَلَائِكَةُ أَصْلًا عَلَى نَجَاسَةٍ ثُمَّ جَاءَ مِنْ طَهَّرَهُمْ؟ وَمَنِ الَّذِي طَهَّرَهُمْ؟

أَمْ أَنَّ المَلَائِكَةَ تَتْنَجَّسُ، وَمَنِ الَّذِي يُطَهِّرُهُمْ بَعْدَ كُلِّ نَجَاسَةٍ؟

مَا بَالُكُمْ؟!! كَيْفَ تَحْكُمُونَ؟!! إِنَّا أَنْزَلْنَاهُ قُرْآنًا عَرَبِيًّا لَعَلَّكُمْ تَعْقِلُونَ. 2 (يوسف).

إِنَّا جَعَلْنَاهُ قُرْآنًا عَرَبِيًّا لَعَلَّكُمْ تَعْقِلُونَ. 3 (الزخرف).

أَمْ تَحْسَبُ أَنَّ أَكْثَرَهُمْ يَسْمَعُونَ أَوْ يَعْقِلُونَ ۚ إِنْ هُمْ إِلَّا كَالْأَنْعَامِ ۖ بَلْ هُمْ أَضَلُّ سَبِيلًا. 44 (الفرقان).

أَلنَّقْلُ مَفْسَدَةٌ لِلْعَقْلِ!

أُحِبُّ هُنَا أَنْ أَذْكُرَ الْقُرَّاءَ الْكِرَامَ وَنَفْسِي مَعَهُمْ: فَبِمَا نَقْضِهِم مِّيثَاقَهُمْ لَعَنَّاهُمْ وَجَعَلْنَا قُلُوبَهُمْ قَاسِيَةً يُحَرِّفُونَ الْكَلِمَ عَن مَّوَاضِعِهِ وَنَسُوا حَظًّا مِّمَّا ذُكِّرُوا بِهِ وَلَا تَزَالُ تَطَّلِعُ عَلَى خَائِنَةٍ مِّنْهُمْ إِلَّا قَلِيلًا مِّنْهُمْ فَاعْفُ عَنْهُمْ وَاصْفَحْ إِنَّ اللَّهَ يُحِبُّ الْمُحْسِنِينَ (١٣ المائدة).

عَمَّنْ يَتَحَدَّثُ الْقُرْآنُ فِي: وَجَعَلْنَا قُلُوبَهُمْ قَاسِيَةً يُحَرِّفُونَ الْكَلِمَ عَن مَّوَاضِعِهِ وَنَسُوا حَظًّا مِّمَّا ذُكِّرُوا بِهِ وَلَا تَزَالُ تَطَّلِعُ عَلَىٰ خَائِنَةٍ مِّنْهُمْ إِلَّا قَلِيلًا مِّنْهُمْ؟

مَنْ هَؤُلَاءِ الَّذِينَ نَقَضُوا مِيثَاقَهُمْ، وَلَعَنَهُمُ اللهُ وَجَعَلَ اللهُ قُلُوبَهُمْ قَاسِيَةً؟؟؟ مَا هُوَ الْمِيثَاقُ الَّذِي يَتَحَدَّثُ اللهُ عَنْهُ؟

عَنْ إِيِّ كَلِمٍ يُخْبِرُنَا اللهُ؟

مَا مَعْنَى كَلِمٍ؟

مَا يَكُونُ لَفْظُهُ قَلِيلًا وَمَعْنَاهُ جَزِيلًا، كَالْقُرْآنِ مَثَلًا، أَوْ كَقَوْلِ الرَّسُولِ صَلَّى اللهُ عَلَيْهِ وَسَلَّمَ: حُفَّتِ الْجَنَّةُ بِالْمَكَارِهِ وَحُفَّتِ النَّارُ بِالشَّهَوَاتِ! لِمَاذَا جَاءَ الْمِيثَاقُ مُفْرَدًا؟

هَذِهِ عَيِّنَةٌ مِنَ الْأَجْوِبَةِ عَلَى أَسْئِلَتِي مِنْ كُتُبِ الْمُسْلِمِينَ!! فَبِسَبَبِ نَقْضِ هَؤُلَاءِ الْيَهُودِ "لِعُهُودِهِمْ"- (لَكِنَّ الْآيَةَ تَقُولُ: فَبِمَا نَقْضِهِم مِّيثَاقَهُمْ لَعَنَّاهُمْ) "أَلْمِيثَاقُ مُفْرَدٌ وَالْعُهُودُ جَمْعٌ" - طَرَدْنَاهُم مِنْ رَحْمَتِنَا، وَجَعَلْنَا قُلُوبَهُمْ غَلِيظَةً لَا تَلِينُ لِلْإِيمَانِ، يُبَدِّلُونَ كَلِمَ اللهِ الَّذِي أَنْزَلَهُ عَلَى مُوسَى، وَهُوَ التَّوْرَاةُ.

أَلنَّقْلُ مَفْسَدَةٌ لِلْعَقْلِ!

أَمَّا أَنْتُمْ فَجَعَلَ اللهُ قُلُوبَكُمْ قَاسِيَةً تُحَرِّفُونَ الْكَلِمَ عَنْ مَوَاضِعِه. (لَوْ كَانَ الْمَقْصُودُ الْيَهُودَ وَتَحْرِيفَهُمُ التَّوْرَاةَ لَجَاءَ فِعْلُ يُحَرِّفُونَ فِي صِيغَةِ الْمَاضِي، وَلَكِنَّهُ جَاءَ فِي صِيغَةِ الْمُضَارِعِ لِدَلَالَتِهِ عَلَيْكُمْ وَلِاسْتِمْرَارِيَّتِه!) وَتَرَكُوا نَصِيبًا مِمَّا ذُكِّرُوا بِه، فَلَمْ يَعْمَلُوا بِه. أَلْمِيثَاقَ أَيُّهَا الأَعْرَابُ: (بَخْ بَخْ)!

وَيَقُولُ مُفَسِّرُو الْقُرْآنِ: وَلَا تَزَالُ - أَيُّهَا الرَّسُولُ - تَجِدُ مِنَ الْيَهُودِ خِيَانَةً وَغَدْرًا، فَهُمْ عَلَى مِنْهَاجِ أَسْلَافِهِمْ إِلَّا قَلِيلًا مِنْهُمْ، فَاعْفُ عَنْ سُوءِ مُعَامَلَتِهِمْ لَكَ، وَاصْفَحْ عَنْهُمْ، فَإِنَّ اللهَ يُحِبُّ مَنْ أَحْسَنَ الْعَفْوَ وَالصَّفْحَ إِلَى مَنْ أَسَاءَ إِلَيْه.

مَا هَذَا الرِّيَاءُ وَالنِّفَاقُ؟ يَقُولُ مُفَسِّرُو هَذِهِ الآيَاتِ أَنَّ اللهَ أَخْبَرَ رَسُولَهُ أَنَّهُ سَيَجِدُ خِيَانَةً فَقَطْ مِنَ الْيَهُودِ لِأَنَّ هَذَا مِنْهَاجُ أَسْلَافِهِمْ إِلَّا قَلِيلًا مِنْهُمْ فَاعْفُ عَنْ سُوءِ مُعَامَلَتِهِمْ لَكَ، وَاصْفَحْ عَنْهُمْ. أَمَّا الَّذِينَ مِنْكُمْ فَقَدْ فَاقُوا الْيَهُودَ خِيَانَةً وَغَدْرًا، هَلْ سَيَسْتَغْفِرُهُمُ اللهُ؟!

(وَهَكَذَا يَجِدُ أَهْلُ الزَّيْغِ سَبِيلًا إِلَى مَقَاصِدِهِمُ السَّيِّئَةِ بِتَحْرِيفِ كَلَامِ اللهِ وَتَأْوِيلِهِ عَلَى غَيْرِ وَجْهِهِ، فَإِنْ عَجَزُوا عَنِ التَّحْرِيفِ وَالتَّأْوِيلِ تَرَكُوا مَا لَا يَتَّفِقُ مَعَ أَهْوَائِهِمْ مِنْ شَرِيعَةِ اللهِ الَّتِي لَا يَثْبُتُ عَلَيْهَا إِلَّا الْقَلِيلُ مِمَّنْ عَصَمَهُ اللهُ مِنْهُمْ). يَا سُبْحَانَ اللهِ! هَذِهِ الْجُمْلَةُ الأَخِيرَةُ، مِنْ أَلْسِنَةِ عُلَمَاءِ الْمُسْلِمِينَ تَصِفُ حَالَهُمْ! رُبَّ مَنْ يَسْأَلُ: كَيْفَ يَكُونُ هَذَا؟ أَهْلُ الزَّيْغِ مَنْ يَخْلِطُ الْمَفَاهِيمَ بِالتَّحْرِيفِ. لِمَاذَا حَرَّفَ عُلَمَاءُ السَّقِيفَةِ كَلَامَ الْقُرْآنِ عَنْ بَعْضِ مَوَاضِعِه؟ لِكُرْهِهِمْ لِرَسُولِ اللهِ وَلِإِبْعَادِ الَّذِينَ طَهَّرَهُمُ اللهُ مِنْهُمْ عَنْ دَوْرِهِمْ فِي تَثْبِيتِ دِينِ اللهِ الْمَنُوطِ بِهِمْ وَنَشْرِه!

أَلنَّقْلُ مَفْسَدَةٌ لِلْعَقْلِ!

آيَةُ التَّطْهِيرِ؛ هَلْ تَجِدُ فِيْها أَيَّ خَلَلٍ أَوْ نَقْصٍ فِي المَعْنى، أَوِ السِّياقِ، أَوِ التَّتَابُعِ أَوِ السَّرْدِ؟ أَمْ أَنَّ النَّسْجَ سَلِسٌ، مُتَسَلْسِلٌ، مُتَتَابِعٌ، وَمُتَرابِطٌ لا يَشُوبُهُ نَقْصٌ أَوْ تَقَطُّعٌ؟ لِماذَا إِذاً أَرادَ اللهُ لِآيَةِ التَّطْهِيرِ أَنْ تَكونَ فِي وَسَطِ هَذا الانْسِياب اللُّغَوِيِّ الطَّبِيعِيِّ، إِذْ إِنَّ جَمِيعَ الآياتِ جاءَتْ جَمْعاً مُؤَنَّثاً وَآيَةُ التَّطْهِيرِ وَحْدَها جاءَتْ فِي صِيغَةِ جَمْعِ المُذَكَّرِ؟

مَنْ هُمُ الْمُطَهَّرُونَ (اسْمُ مَفْعُولٍ) الَّذِينَ طَهَّرَهُمُ اللهُ؟

وَقَرْنَ فِي بُيُوتِكُنَّ وَلَا تَبَرَّجْنَ تَبَرُّجَ الْجَاهِلِيَّةِ الْأُولَى وَأَقِمْنَ الصَّلَوةَ وَءَاتِينَ الزَّكَوةَ وَأَطِعْنَ اللَّهَ وَرَسُولَهُ إِنَّمَا يُرِيدُ اللهُ لِيُذْهِبَ عَنكُمُ الرِّجْسَ أَهْلَ الْبَيْتِ وَيُطَهِّرَكُمْ تَطْهِيرًا (٣٣) ... أَخْرَجَ الطَّبَرِيُّ عَشَرَاتِ الْعَنْعَنَاتِ مُعْظَمُهَا مُبْتَوُرٌ وَلَكِنَّهَا جَمِيعًا تُشِيرُ إِلَى أَنَّ الْمُطَهَّرِينَ هُمْ: عَلِيٌّ وفَاطِمَةُ وَالْحَسَنَانِ، عَلَى اسْتِحْيَاء!

ثُمَّ حَدَّثَنَا بْنُ حُمَيْدٍ، قَالَ: ثَنَا يَحْيَى بْنُ وَاضِحٍ، قَالَ: ثَنَا الْأَصْبَغُ، عَنْ عَلْقَمَةَ، قَالَ: كَانَ عِكْرَمَةُ يُنَادِي فِي السُّوقِ (إِنَّمَا يُرِيدُ اللهُ لِيُذْهِبَ عَنكُمُ الرِّجْسَ أَهْلَ الْبَيْتِ وَيُطَهِّرَكُمْ تَطْهِيرًا) قَالَ: نَزَلَتْ فِي نِسَاءِ النَّبِيِّ خَاصَّة...

وَيَقُولُ بْنُ كَثِيرٍ: وَهَذَا نَصٌّ فِي دُخُولِ أَزْوَاجِ النَّبِيِّ فِي أَهْلِ الْبَيْتِ هَا هُنَا؛ لِأَنَّهُنَّ سَبَبُ نُزُولِ هَذِهِ الْآيَةِ، وَسَبَبُ النُّزُولِ دَاخِلٌ فِيهِ قَوْلًا وَاحِدًا، إِمَّا وَحْدَهُ عَلَى قَوْلٍ أَوْ مَعَ غَيْرِهِ عَلَى الصَّحِيح...

قَالَ الْإِمَامُ أَحْمَدُ: حَدَّثَنَا عَفَّانُ، حَدَّثَنَا حَمَّادٌ، حَدَّثَنَا عَلِيُّ بْنُ زَيْدٍ، عَنْ أَنَسِ بْنِ مَالِكٍ، رَضِيَ اللهُ عَنْهُ، قَالَ: إِنَّ رَسُولَ اللهِ كَانَ يَمُرُّ بِبَابِ فَاطِمَةَ سِتَّةَ أَشْهُرٍ إِذَا خَرَجَ إِلَى صَلَاةِ الْفَجْرِ يَقُولُ: "الصَّلَاةَ يَا أَهْلَ الْبَيْتِ، (إِنَّمَا يُرِيدُ اللهُ لِيُذْهِبَ عَنكُمُ الرِّجْسَ أَهْلَ الْبَيْتِ وَيُطَهِّرَكُمْ تَطْهِيرًا) ...

قَالَ بْنُ جَرِيرٍ: حَدَّثَنَا بْنُ وَكِيعٍ، حَدَّثَنَا أَبُو نُعَيْمٍ، حَدَّثَنَا يُونُسُ بْنُ أَبِي إِسْحَاقَ، أَخْبَرَنِي أَبُو دَاوُدَ، عَنْ أَبِي الْحَمْرَاءِ قَالَ: رَابَطْتُ فِي الْمَدِينَةِ سَبْعَةَ أَشْهُرٍ عَلَى عَهْدِ رَسُولِ اللهِ صَلَّى اللهُ عَلَيْهِ وَسَلَّمَ، قَالَ: رَأَيْتُ رَسُولَ اللهِ إِذَا طَلَعَ الْفَجْرُ، جَاءَ إِلَى بَابِ عَلِيٍّ وَفَاطِمَةَ فَقَالَ: "الصَّلَاةَ، الصَّلَاةَ (إِنَّمَا يُرِيدُ اللهُ لِيُذْهِبَ عَنْكُمُ الرِّجْسَ أَهْلَ الْبَيْتِ وَيُطَهِّرَكُمْ تَطْهِيرًا) ... كَانَ دَأْبِي مِنْذُ بِدَايَةِ هَذَا الْبَحْثِ أَنْ أَفْتَحَ الْبَابَ وَأَتْرُكَ لِلْقَارِئِ حُرِّيَّةَ الْوُلُوجِ فِي الْبَحْثِ وَالِاسْتِيعَابِ. فِي مَا تَقَدَّمَ عَرَضْتُ تَفَاسِيرَ مُخْتَلِفَةً وَسَأَتْرُكُ الْحُكْمَ لِلْقَارِئِ! لَكِنَّنَا سَنَبْدَأُ مَعًا فَهْمَ مَعَانِي هَذِهِ الْآيَةِ مِنَ السِّيَاقِ وَمِنَ الْقُرْآنِ الْحَكِيمِ...

يَقُولُ اللهُ: (يَا نِسَاءَ النَّبِيِّ لَسْتُنَّ كَأَحَدٍ مِّنَ النِّسَاءِ إِنِ اتَّقَيْتُنَّ فَلَا تَخْضَعْنَ بِالْقَوْلِ فَيَطْمَعَ الَّذِي فِي قَلْبِهِ مَرَضٌ وَقُلْنَ قَوْلًا مَعْرُوفًا (٣٢) وَقَرْنَ فِي بُيُوتِكُنَّ وَلَا تَبَرَّجْنَ تَبَرُّجَ الْجَاهِلِيَّةِ الْأُولَى وَأَقِمْنَ الصَّلَاةَ وَآتِينَ الزَّكَاةَ وَأَطِعْنَ اللهَ وَرَسُولَهُ (٣٣) وَاذْكُرْنَ مَا يُتْلَى فِي بُيُوتِكُنَّ مِنْ آيَاتِ اللَّهِ وَالْحِكْمَةِ إِنَّ اللَّهَ كَانَ لَطِيفًا خَبِيرًا) [الأحزاب: ٣٢-٣٤] ...

أَيُّهَا الْقَارِئُ الْكَرِيمُ، عِنْدَمَا تَقْرَأُ هَذِهِ الْآيَاتِ مِنْ دُونِ آيَةِ التَّطْهِيرِ يَبْرُزُ إِعْجَازُ الْقُرْآنِ، وَحِكْمَةُ الْقُرْآنِ، وَعِلْمُ الْقُرْآنِ. إِنَّ آيَةَ التَّطْهِيرِ فِي وَسَطِ هَذَا الْخِضَمِّ الْمُتَنَاسِقِ جَاءَتْ نَافِرَةً، بَارِزَةً، ظَاهِرَةً، وَاضِحَةً، مُنْتَصِبَةً، وَمُخْتَلِفَةً لِتَصْرُخَ عَالِيًا: إِنَّ مَا حَوْلِي لَا يَمُتُّ لِي بِصِلَةٍ! أَنَا الصَّخْرَةُ الَّتِي يَصْعُبُ إِخْفَاؤُهَا، تَمْوِيهُهَا، أَوْ تَفْتِيتُهَا. ظُهُورِي بَارِزٌ لَا يُشْبِهُ مُحِيطِي، وَمَا يُحِيطُنِي لَا يُشْبِهُنِي، وَكُلُّ مَنْ لَا يَرَانِي؛ أَعْمَى أَوْ مُتَعَامٍ!؟

أَلنَّقْلُ مَفْسَدَةٌ لِلْعَقْلِ!

يَا نِسَاءَ النَّبِيِّ لَسْتُنَّ كَأَحَدٍ مِّنَ النِّسَاءِ إِنِ اتَّقَيْتُنَّ. أَوَّلُ آيَاتِ البَحْثِ تُعْتَبَرُ الصَّفْعَةَ الأُولَى عَلَى وُجُوهِ هَؤُلَاءِ المُعَنْعِنِينَ. هَلْ يُوجَدُ مُطَهَّرُونَ أَوْ مُطَهَّرَاتٌ غَيْرُ تُقَاةٍ؟ إِنْ، أَدَاةُ شَرْطٍ. لَقَدْ أَكْرَمَ اللهُ نِسَاءَ النَّبِيِّ، حَيْثُ جَعَلَهُنَّ غَيْرَ النِّسَاءِ فِي الوَاجِبَاتِ بِشَرْطِ أَنْ يَكُنَّ تُقَاةً. وَإِجَازَةُ أَنْ تَكُونَ نِسَاءُ النَّبِيِّ غَيْرَ تُقَاةٍ تُخْرِجُهُنَّ مِنْ دَائِرَةِ المُطَهَّرَاتِ. لِأُثْبِتَ قَوْلِي أَسْأَلُ هَؤُلَاءِ المُزَوِّرِينَ عَنْ: أَسْمَاءَ بِنْتِ النُّعْمَانِ بْنِ الحَارِثِ بْنِ شَرَاحِيلَ، وَعَنْ قُتَيْلَةَ بِنْتِ قَيْسِ بْنِ مَعْدِ يَكْرِبَ الكِنْدِيَّةِ، أُخْتِ الأَشْعَثِ بْنِ قَيْسٍ. هَلْ كَانَتَا مِنَ المُطَهَّرَاتِ؟

ابْحَثُوا عَنْ هَاتَيْنِ الزَّوْجَتَيْنِ لِرَسُولِ اللهِ، عَائِشَةَ وَحَفْصَةَ واحْكُمُوا بِأَنْفُسِكُم، وَمِنْ ثَمَّ سَوْفَ آتِيكُمْ مِنَ القُرْآنِ بِخَبَرِ عَائِشَةَ وَحَفْصَةَ عَمِيدَتَيْ أُمَّهَاتِ المُؤْمِنِينَ اللَّتَيْنِ قَالَ اللهُ فِيهِنَّ فِي سُورَةِ التَّحْرِيمِ: (إِن تَتُوبَآ إِلَى ▢ للهِ فَقَد صَغَتْ قُلُوبُكُمَا) – الخِطَابُ مُوَجَّهٌ مُبَاشَرَةً لَهُنَّ: تَتُوبَا بِتَاءِ المُخَاطَبَةِ!؟ – هَلْ لِمُطَهَّرٍ مَعْصِيَةٌ تُوجِبُ التَّوْبَةَ؟ فَكَيْفَ إِذَا رُفِضَتِ التَّوْبَةُ لِأَنَّ القُلُوبَ قَدْ صَغَتْ لِلشَّيْطَانِ بِإِنْ الشَّرْطِيَّةِ؟!

وَلِمَاذَا لَمْ يَقُلْ: صَغَى قَلْبَاكُما، بِصِيغَةِ المُثَنَّى المُؤَنَّثِ بَلْ قَالَ: صَغَتْ قُلُوبُكُما، بِصِيغَةِ الجَمْعِ المُذَكَّرِ لِقُلُوبٍ؟! وَلِمَاذَا " إِنْ تَظَهَرَا عَلَـ ه " جَاءَتْ تَحْذِيرِيَّةً لِغَيْرِهِما، لِأَنَّهَا جَاءَت خَالِيَةً مِنْ تَاءِ المُخَاطَبَةِ؟!

الظَّاهِرُ أَنَّهُ كَانَ لَهُنَّ شَرِيكَانِ (الاحْتِمَالُ الأَكْبَرُ أَنَّهُما ذَكَرَانِ). لَوْ كَانَ الخِطَابُ لَهُنَّ، لَكَانَ قَالَ وَإِنْ تَتَظَاهَرَا، وَلَكِنَّهُ جَاءَ وَإِنْ تَظَاهَرَا بِدُونِ تَاءِ المُخَاطَبَةِ!

أَلنَّقْلُ مَفْسَدَةٌ لِلْعَقْلِ!

إذَا الِاثْنَتَانِ زَادَ عَلَيْهِمَا اثْنَانِ، فَأَصْبَحُوا أَرْبَعَةً، لِهَذَا قَالَ الله قُلُوبُكُمَا جَمْعًا: اثْنَتَانِ + اثْنَانِ!؟ إِن تَتُوبَا إِلَى اللهِ فَقَدْ صَغَتْ قُلُوبُكُمَا وَإِن تَظَاهَرَا عَلَيْهِ فَإِنَّ اللهَ هُوَ مَوْلَاهُ وَجِبْرِيلُ وَصَالِحُ الْمُؤْمِنِينَ وَالْمَلَائِكَةُ بَعْدَ ذَلِكَ ظَهِيرٌ (4).

عَسَى رَبُّهُ إِن طَلَّقَكُنَّ أَن يُبْدِلَهُ أَزْوَاجًا خَيْرًا مِّنكُنَّ مُسْلِمَاتٍ مُّؤْمِنَاتٍ قَانِتَاتٍ تَائِبَاتٍ عَابِدَاتٍ سَائِحَاتٍ ثَيِّبَاتٍ وَأَبْكَارًا (5) ...

كَيْفَ يُفَضِّلُ اللهُ بِالطَّهَارَةِ الْأَدْنَى وَالْأَسْوَءَ عَلَى مَنْ هُنَّ أَحْسَنُ وَأَفْضَلُ؟ وَأَخِيراً: إِنَّ بَيْنَ الْمُؤْمِنَاتِ مَنْ هُنَّ خَيْرٌ مِّنْ عَائِشَةَ وَحَفْصَةَ!؟

إِنَّ أَسْمَاء بِنْتَ النُّعْمَانِ وَقُتَيْلَةَ أُخْتَ الْأَشْعَثِ ارْتَدَّتَا وَتَزَوَّجَتَا بَعْدَ وَفَاةِ رَسُولِ اللهِ مِن كَفَرَةٍ، يُعَانِدُونَ اللهَ وَرَسُولَهُ، ثُمَّ مِنْ بَعْدُ، عَادَتَا وَدَخَلَتَا فِي الْإِسْلَامِ ثَانِيَةً، عَلَى ذِمَّةِ هَؤُلَاء الْمُعَنِّنِينَ...

أَيُّهَا الْقَارِئُ الْكَرِيمُ، لِأَنَتَأَمَّلْ مَعًا سُورَةَ التَّحْرِيمِ الْآيَةِ ١١ لَفْظًا وَدَلَالَةً: (إِن تَتُوبَا إِلَى اللهِ فَقَد صَغَتْ قُلُوبُكُمَا وَإِن تَظَاهَرَا عَلَيهِ فَإِنَّ اللهَ هُوَ مَوْلَاهُ وَجِبرِيلُ وَصَلِحُ الْمُؤمِنِينَ وَالْمَلئِكَةُ بَعدَ ذَلِكَ ظَهِيرٌ)

عَلَى الْمُسْتَوَى الْبُنْيَوِيِّ التَّرْكِيبِيِّ تَرَى أَنَّكَ أَمَامَ صِيغَةِ الشَّرْطِ بِ "إِنْ" الشَّرْطِيَّةِ الْجَازِمَةِ وَقَد تَكَرَّرَتْ مَرَّتَيْنِ (إِنْ تَتُوبَا)، (إِنْ تَظَهَرَا). وَالشَّرْطُ يَدُلُّ عَلَى عَلَاقَةٍ مَنْطِقِيَّةٍ بَيْنَ سَبَبٍ وَنَتِيجَةٍ.

أَلنَّقْلُ مَفْسَدَةٌ لِلْعَقْلِ!

إِنَّ فِعْلَ لِشَّرْطِ "تَتُوبَا" غَيْرُ مُؤَكَّدٍ يَحْتَمِلُ الشَّكَّ وَالتَّرْجِيحَ، فِي حِينَ أَنَّ جَوَابَ الشَّرْطِ مُؤَكَّدٌ بِحَرْفِ التَّحْقِيقِ "قَد" أَمَامَ الْفِعْلِ الْمَاضِي "صَغَتْ قُلُوبُكُمَا" لِلتَّأْكِيدِ عَلَى أَنَّ قُلُوبَهُمَا قَدْ زَاغَتْ وَمَالَتْ عَنِ الْحَقِّ. وَعَلَيْهِ تُصْبِحُ دَلَالَةُ الْجُمْلَةِ الشَّرْطِيَّةِ أَلإِمْتِنَاعِ لِوُجُودِ: إِمْتِنَاعُ التَّوْبَةِ لِوُجُودِ الْمَعْصِيَةِ الْمُؤَكَّدَةِ وَمَيْلِ الْقُلُوبِ نَحْوَ الْبَاطِلِ.

كَذَلِكَ جَوَابُ الشَّرْطِ فِي الْجُمْلَةِ الثَّانِيَةِ جَاءَ مُؤَكَّدًا بِطَرِيقَةٍ إِنْكَارِيَّةٍ لَا تَحْتَمِلُ الشَّكَّ مِن خِلَالِ "إِنَّ" الْحَرْفَ الْمُشَبَّهُ بِالْفِعْلِ، وَ "هُوَ" ضَمِيرُ الْفَصْلِ بَيْنَ الْمُبْتَدَأ وَالْخَبَرِ.

أَمَامَ هَذَا التَّحْلِيلِ الْبُنْيَوِيِّ أَدْعُوكَ عَزِيزِي الْقَارِئَ إِلَى الإِسْتِجَابَةِ مَعِي عَلَى التَّسَاؤُلَاتِ التَّالِيَةِ:

1_ مَا دَلَالَةُ التَّأْكِيدِ الْإِنْكَارِيِّ فِي هَذَا السِّيَاقِ إِنْ "تَتُوبَا" وَإِنْ "تَظَاهَرَا"؟!!!

2_ لِمَاذَا لَفْظَةُ "قُلُوب" بِصِيغَةِ الْجَمْعِ وَقَدْ أُضِيفَتْ إِلَى ضَمِيرِ الْمُخَاطَبِ الْمُؤَنَّثِ الْمُثَنَّى الْعَائِدِ إِلَى عَائِشَةَ وَحَفْصَةَ؟!!!

3_ مَا هُوَ هَذَا السِّرُّ الْخَطِيرُ الَّذِي أَفْشَتْهُ عَائِشَةُ وَحَفْصَةُ حَتَّى اسْتَدْعَى اسْتِنْفَار اللهِ عَزَّ وَجَلَّ وَجِبْرِيلَ وَصَالِحِ الْمُؤْمِنِينَ وَالْمَلَائِكَةِ؟!!!!

أَلنَّقْلُ مَفْسَدَةٌ لِلْعَقْلِ!

بَعْدَ كُلِّ هَذِهِ الِاسْتِفْهَامَاتِ التَّعَجُّبِيَّةِ أُصِلُ مَعَكَ أَيُّهَا الْقَارِئُ الْكَرِيمُ إِلَى السُّؤَالِ الْجَوْهَرِيِّ، وَأَتْرُكُ لَكَ الرَّبْطَ الْمَنْطِقِيَّ وَالْإِجَابَةَ الصَّادِقَةَ الَّتِي تُرْضِي قَنَاعَاتِكَ وَحُرِّيَّةَ فِكْرِكَ: هَلْ يَجُوزُ أَنْ يَكُونَ مِنَ الْمُطَهَّرِينَ الَّذِينَ يُذْهِبُ عَنْهُمُ الرِّجْسَ مَنْ صَغَتْ قُلُوبُهُمَا وَزَاغَتْ وَمَالَتْ عَنِ الْحَقِّ وَتَظَاهَرَا بِمَا يُنْكِرُهُ اللَّهُ وَجِبْرِيلُ وَالْمُؤْمِنُونَ وَالْمَلَائِكَةُ؟!!!!

فِي الْإِجَابَةِ عَلَى السُّؤَالِ الْأَوَّلِ أَقُولُ إِنَّ التَّأْكِيدَ الْإِنْكَارِيَّ دَلَالَتُهُ تَأْكِيدُ الْمُؤَكَّدِ وَهُوَ أَنَّ آيَةَ التَّطْهِيرِ لَمْ تَنْزِلْ فِي زَوْجَاتِ النَّبِيِّ، بِاعْتِبَارِهِنَّ عُرْضَةً لِلرِّجْسِ ("إِنْ تَتُوبَا") وَإِنَّمَا نَزَلَتْ حَصْرًا فِي أَهْلِ الْبَيْتِ بِقَوْلِهِ تَعَالَى صَرَاحَةً ("إِنَّمَا يُرِيدُ اللَّهُ لِيُذْهِبَ عَنكُمُ الرِّجْسَ أَهْلَ الْبَيْتِ وَيُطَهِّرَكُمْ تَطْهِيرًا").

وَفِي الْإِجَابَةِ عَلَى السُّؤَالِ الثَّانِي أَقُولُ إِنَّ عَائِشَةَ وَحَفْصَةَ لَمْ تَكُونَا بِمُفْرَدِهِمَا فِي مُخَالَفَةِ النَّبِيِّ بَلْ خَلْفُهُمَا مَنْ دَبَّرَ وَحَرَّضَ وَوَسْوَسَ لِذَلِكَ لَمْ يَقُلِ اللَّهُ "قَلْبَاكُمَا" بَلْ "قُلُوبُكُمَا". وَمَنْ أَقْرَبُ إِلَى الْمَرْأَةِ - فِي ذَلِكَ الْعَصْرِ وَحَتَّى يَوْمِنَا هَذَا - بَعْدَ زَوْجِهَا مِنْ أَبِيهَا؟!!

مِنْ هُنَا أَسْتَنْتِجُ - وَلَكَ كَامِلُ الِاحْتِرَامِ وَالْحُرِّيَّةِ فِي مُوَافَقَتِي أَوْ مُخَالَفَتِي - أَنَّ الْمُحَرِّضَ وَالْمُدَبِّرَ وَالْمُوَسْوِسَ وَرَاءَ هَاتَيْنِ الْمَرْأَتَيْنِ إِنَّمَا هُوَ وَالِدُ عَائِشَةَ مِنْ جِهَةٍ وَوَالِدُ حَفْصَةَ مِنْ جِهَةٍ ثَانِيَةٍ.

ألنَّقْلُ مَفْسَدَةٌ لِلْعَقْلْ!

أَمَّا في الْإِجَابَةِ عَلَى السُّؤَالِ الثَّالِثِ فَتَأْكِيدٌ عَلَى أَنَّ زَوْجَاتِ النَّبِيِّ لَسْنَ مَقْصُودَاتٍ بِآيَةِ التَّطْهِيرِ، إِذْ لَا يُعْقَلُ أَنْ يَحْشُدَ اللهُ جَلَّ جَلَالُهُ جُيُوشَ السَّمَاوَاتِ وَالْأَرْضِ لِلرَّدِّ عَلَى امْرَأَتَيْنِ مِنْ نِسَاءِ الرَّسُولِ عَلَيْهِ الصَّلَاةُ وَالسَّلَامُ إِلَّا إِذَا كَانَ مَا فَعَلُوهُ مِنْ أَفْظَعِ الْكَبَائِرِ، وَهَذَا مَا يُخْرِجُهُنَّ حُكْمًا مِنْ دَائِرَةِ التَّطْهِيرِ.

بَعْدَ أَنْ تَدَاوَلْتُ ظَاهِرَ الْآيَاتِ وَتَرْكِيبِهَا، أُرِيدُ أَنْ أَنْتَقِلَ إِلَى تَفَاصِيلِ الْمَضْمُونِ. وَلِكَيْ يُفْهَمَ مَضْمُونُ مَا وَرَدَ، يَجِبُ أَنْ نَعِيَ مَعْنَى الْكَلِمَاتِ الْوَارِدَةِ في آيَةِ التَّطْهِيرِ:

إِنَّمَا: أَدَاةُ حَصْرٍ، وَتُسَمَّى حَصْرِيَّةً. إِذًا مَا بَعْدَهَا لَا يُمْكِنُ أَنْ يَكُونَ عَامًّا!

يُرِيدُ اللهُ: يُرِيدُ فِعْلًا مُضَارِعًا، يُنْبِئُ عَنِ اسْتِمْرَارِيَّةِ الْإِرَادَةِ. في مَا وَمَاذَا يُرِيدُ اللهُ؟ لِيُذْهِبَ عَنْكُمُ الرِّجْسَ!

إِنَّ حَرْفَ اللَّامِ في "لِيُذْهِبَ" تَعْلِيلِيَّةٌ لِلتَّأْكِيدِ، أَيْ أَنَّهُ مُؤَكَّدٌ، وَيُذْهِبُ فِعْلٌ مُضَارِعٌ وَيُرِيدُ فِعْلٌ مُضَارِعٌ، وَالْفِعْلَانِ يَدُلَّانِ عَلَى اسْتِمْرَارِيَّةِ الْحَدَثِ في الْحَاضِرِ وَالْمُسْتَقْبَلِ وَلَيْسَ في الْمَاضِي فَقَطْ!

هَلْ يُوجَدُ أَيُّ اسْتِمْرَارِيَّةٍ لِنِسَاءِ النَّبِيِّ؟ هَلْ لَهُنَّ أَوْلَادٌ أَوْ أَحْفَادٌ؛ ذُكُورًا أَوْ إِنَاثًا؟ مَا عَدَا خَدِيجَةَ، لَا اسْتِمْرَارِيَّةَ لِأَيٍّ مِنْهُنَّ!

هَذَا إِضَافَةً إِلَى مَا ذَكَرْنَاهُ سَابِقًا وَمَا سَيَأْتِي لَاحِقًا، يُثْبِتُ بِأَنَّ نِسَاءَ النَّبِيِّ حَتْمِيًّا وَكُلِّيًّا خَارِجَ الْمُعَادَلَةِ...

أَلنَّقْلُ مَفْسَدَةٌ لِلْعَقْلِ!

لِيُذْهِبَ عَنكُمْ: فِعْلٌ مُضَارِعٌ كَمَا ذَكَرْنَا سَابِقًا، فِيهِ اسْتِمْرَارِيَّةٌ وَاسْتِبَاقِيَّةٌ لِلْحَدَثِ، حَيْثُ قَالَ اللهُ: لِيُذْهِبَ عَنكُمُ الرِّجْسَ، وَلَيْسَ لِيُذْهِبَ الرِّجْسَ عَنكُمْ! وَاللَّامُ تَعْلِيلِيَّةٌ، تَوْكِيدِيَّةٌ. يَعْنِي أَنَّ الرِّجْسَ لَمْ يَصِلْهُمْ لِيَكُونَ مُطَهِّرًا لَهُمْ! أَذْهَبَ عَنْهُمُ الرِّجْسَ!

الرِّجْسَ: أَلْقُبْحَ، أَلْقَذَارَةَ، أَلدَّنَاءَةَ، أَللَّعْنَةَ، أَلْكُفْرَ، وَالْإِثْمَ أَوْ أَلنَّجَسَ.

أَهْلَ الْبَيْتِ: مَنْ هُمْ أَهْلُ الْبَيْتِ؟ مَا الْفَرْقُ بَيْنَ لَفْظَيْ "أَهْلِ" "وَآلِ"؟ إِبْحَثُوا وَاجْتَهِدُوا، إِنَّ الْأَجْرَ عَلَى قَدَرِ الْمَشَقَّةِ. تَكُونُ الزَّوْجَةُ مِنْ أَهْلِ الْبَيْتِ؛ طَالَمَا كَانَ الْعَقْدُ قَائِمًا، وَتَبْقَى لَهَا أَهْلُهَا! وَأَيْضًا حِينَ تُطَلَّقُ أَوْ يَمُوتُ الزَّوْجُ تَلْتَحِقُ بِأَهْلِهَا.

وَيُطَهِّرَكُمْ: واوٌ عَطَفَتْ يُطَهِّرَكُمْ عَلَى لِيُذْهِبَ. فَالطَّهَارَةُ هُنَا طَهَارَةٌ أُخْرَى مُسْتَمِرَّةٌ بَعْدَ طَهَارَةِ إِبْعَادِ الرِّجْسِ الْأُولَى، كَأَنْ تَقْدِرَ عَلَى الْمَعْصِيَةِ وَلَا تَفْعَلُهَا. لَوْ كَانَتْ عِصْمَتُهُمْ مُطْلَقَةً لَكَانَ أَهْلُ

الْبَيْتِ مَلَائِكَةً! وَإِنَّ طَهَارَتَهُمُ الثَّانِيَةَ – الْإِرَادِيَّةَ – تَحْجُبُ عَنْهُمُ النَّجَاسَةَ إِنْ قَرِبَتْهُمْ؛ وَلَا نَجَاسَةَ تُنَجِّسُهُمْ! طَهَارَةٌ تَحْجُبُ النَّجَاسَةَ!

ٱلنَّقْلُ مَفْسَدَةٌ لِلْعَقْلِ!

تَطْهِيرًا: طَهَارَةٌ ثَالِثَةٌ، يُحَوِّلُونَ النَّجَاسَةَ إِذَا قَرَبَتْهُمْ إِلَى طَهَارَةٍ! يُطَهِّرُونَ مَنْ تَقَرَّبَ بِهِمْ إِلَى اللهِ بِهِمْ، لِأَنَّهُمُ الوَسِيلَةَ وَالسَّبِيلَ إِلَى مَغْفِرَةِ اللهِ: ((يَا أَيُّهَا الَّذِينَ آمَنُوا اتَّقُوا اللَّهَ وَابْتَغُوا إِلَيهِ الوَسِيلَةَ وَجَاهِدُوا فِي سَبِيلِهِ لَعَلَّكُمْ تُفْلِحُونَ (٣٥ المائدة)). ((قُل مَا أَسْأَلُكُم عَلَيهِ مِن أجرٍ إِلَّا مَن يَتَّخِذَ إِلَى رَبِّهِ سَبِيلًا (٥٧ الفرقان)). ((قُل لَا أَسْأَلُكُم عَلَيهِ أجرًا إِلَّا المَوَدَّةَ فِي القُربَى)) ...

إِنَّ طَهَارَةَ أَهْلِ البَيْتِ ثَلَاثُ طَهَارَاتٍ مُتَتَالِيَاتٍ: مُطَهَّرُونَ لِأَنَّ النَّجَاسَةَ لَمْ تَصِلْهُمْ، وَطَهَارَتُهُمْ لَا تُتَجَّسُ، وَأَنَّهُمْ يُطَهِّرُونَ مَنْ كَانَ نَجِسًا إِنْ تَقَرَّبَ بِهِمْ إِلَى اللهِ؛ إِنَّهُمُ الوَسِيلَةُ! طَهَارَةٌ ثَالِثَةٌ مَعْطُوفَةٌ عَلَى طَهَارَتَيْنِ. اللهُ أَكْبَرُ.

إِنَّ طَهَارَةَ أَهْلِ البَيْتِ أَزَلِيَّةٌ مُسْتَمَرَّةٌ لَا تُفْسِدُها نَجَاسَةٌ، وَفَوْقَ كُلِّ هَذَا إِنَّ أَهْلَ البَيْتِ يُطَهِّرُونَ النَّجَاسَةَ إِنْ مَسَّتْهُمْ، وَهَذَا هُوَ بَيْتُ القَصِيدِ. هَلِ المَلَائِكَةُ تُطَهِّرُ مَنْ كَانَ نَجِسًا؟

أَجَلْ، نَحْنُ السَّاعَةَ فِي حَضْرَةِ مَنْ فَضَّلَهُمُ اللهُ عَلَى مَلَائِكَتِهِ: (إِنَّمَا يُرِيدُ اللهُ لِيُذْهِبَ عَنكُمُ الرِّجْسَ أَهْلَ البَيتِ وَيُطَهِّرَكُم تَطْهِيرًا). بَعْدَ كُلِّ هَذَا يَبْرُزُ السُّؤَالُ: هَلْ تَعْلَمُونَ مَنْ هُمْ أَهْلُ البَيْتِ، وَلِمَاذَا؟ أُرِيدُ الرَّدَّ مِنَ القُرْآنِ وَمِنْ آيَةِ التَّطْهِيرِ!

إِنَّ قَلْبِي لَيُشْفِقُ عَلَى هَؤُلَاءِ المُضَلَّلِينَ. مُعْظَمُهُمْ طَيِّبُونَ أَبْرِيَاءُ سُذَّجٌ. عِنْدَما يُوَاجَهُونَ بِمَكَارِمِ أَهْلِ البَيْتِ، يَنْتَفِضُونَ غَيْظًا قَائِلِينَ: إِنَّ هَذَا مُبَالَغَةٌ وَغُلُوٌّ وَتَعَصُّبٌ وَكُفْرٌ وَإِفْرَاطٌ وَتَفْرِيطٌ، لَقَدْ جَعَلْتُمُوهُمْ مَلَائِكَةً؛ يَعْنُونَ أَهْلَ البَيْتِ وَهُمْ لَا يَعْرِفُونَهُمْ.

أَلنَّقْلُ مَفْسَدَةٌ لِلْعَقْلِ!

إِنَّهُمْ أَفْضَلُ خَلْقِ اللهِ، مُذْ خُلِقَ آدَمُ! اَللهُ يَعْلَمُ حَيْثُ يَجْعَلُ رِسَالَتَهُ. اَللهُ يَجْعَلُ الْأَنْبِيَاءَ. اَللهُ يَجْعَلُ الْأَئِمَّةَ: وَوَهَبْنَا لَهُ إِسْحَاقَ وَيَعْقُوبَ وَكُلًّا جَعَلْنَا نَبِيًّا (٤٩ مَرْيَم).

وَجَعَلْنَاهُمْ أَئِمَّةً يَهْدُونَ بِأَمْرِنَا (٧٣ الأنبياء).

إِنَّ اللهَ هُوَ الَّذِي "يَجْعَلُ"، بِإِرَادَتِهِ الْمُطْلَقَةِ وَيَقُولُ لِلشَّيْءِ كُنْ فَيَكُونُ، وَأَيْضًا إِرَادَتُهُ قَدْ تَكُونُ إِيحَائِيَّةً فَيَكُونُ الْجَعْلُ عَلَى أَيْدِي مَخْلُوقَاتِهِ. وَإِذْ تَخْلُقُ مِنَ الطِّينِ كَهَيْئَةِ الطَّيْرِ بِإِذْنِي، فَتَنْفُخُ فِيهَا فَتَكُونُ طَيْرًا بِإِذْنِي، وَتُبْرِئُ الْأَكْمَهَ وَالْأَبْرَصَ بِإِذْنِي. (١١٠ المائدة) وَهُوَ اللهُ الَّذِي يُذْهِبُ الرِّجْسَ عَنْ أَهْلِ الْبَيْتِ وَيُطَهِّرُهُمْ تَطْهِيرًا.

وَهُوَ أَيْضًا يَجْعَلُ عَلَى أَيْدِي السُّلْطَانِ أَئِمَّةً تَدْعُو إِلَى النَّارِ؛ كَأَئِمَّةِ الْكُفْرِ الَّذِينَ نَصَبَهُمُ الظَّالِمُونَ، وَمَا أَكْثَرُهُمْ. وَزِيَادَةً فِي التَّأْكِيدِ، أُرِيدُ أَنْ أَسْتَعِينَ بِآيَةِ الْمُبَاهَلَةِ. فَمَنْ حَاجَّكَ فِيهِ مِنْ بَعْدِ مَا جَاءَكَ مِنَ الْعِلْمِ فَقُلْ تَعَالَوْا نَدْعُ أَبْنَاءَنَا وَأَبْنَاءَكُمْ وَنِسَاءَنَا وَنِسَاءَكُمْ وَأَنْفُسَنَا وَأَنْفُسَكُمْ ثُمَّ نَبْتَهِلْ فَنَجْعَلْ لَعْنَةَ اللهِ عَلَى الْكَاذِبِينَ (61) آل عُمْرَانِ.

إِقْرَأُوا التَّفَاسِيرَ وَتَعَرَّفُوا عَلَى لَائِحَةِ الْمُدَّعِينَ! هُنَاكَ إِجْمَاعٌ عَلَى أَنَّ الَّذِينَ حَضَرُوا الْمُبَاهَلَةَ: أَلْحَسَنُ وَالْحُسَيْنُ أَبْنَاءُ رَسُولِ اللهِ، وَالزَّهْرَاءُ ابْنَتُهُ وَهِيَ كُلُّ مَنْ حَضَرَ مِنَ النِّسَاءِ، وَلَكِنَّ عَلِيًّا بْنُ عَمِّهِ وَصِهْرِهِ كَانَ حَاضِرًا!

أَلنَّقْلُ مَفْسَدَةٌ لِلْعَقْلْ!

مَتَى كَانَ بْنُ الْعَمِّ وَالصِّهْرُ مِنْ أَهْلِ الْبَيْتِ، قَدْ يَتَسَاءَلُ الْبَعْضُ، هَذَا صَحِيحٌ، ابْنُ الْعَمِّ وَالصِّهْرُ لَيْسَا مِنْ أَهْلِ بَيْتِ الرَّجُلِ، إِلَّا أَمِيرُ الْمُؤْمِنِينَ؛ إِنَّ قَرَابَتَهُ لِرَسُولِ اللهِ قَرَابَةُ الْمَرْءِ لِنَفْسِهِ، إِنَّهُ: الصَّدِيقُ، الْخِلُّ، الْأَنِيسُ، النَّجِيُّ، الصَّفِيُّ، وَإِنَّهُ نَفْسُ رَسُولِ اللهِ؛ وَمِنَ الْقُرْآنِ: نَدْعُ أَنْفُسَنَا وَأَنْفُسَكُمْ. إِنَّ عَلِيًّا نَفْسُ مُحَمَّدٍ –وَمِنَ الْقُرْآنِ – عَلِيُّ مُحَمَّدٌ مُكَرَّرٌ، إِلَّا أَنَّهُ لَيْسَ نَبِيًّا!؟

فَهَلْ سَمِعْتُمْ أَنَّ صَاحِبَ دَعْوَةٍ دَعَا نَفْسَهُ لِمُنَاسَبَةٍ هُوَ صَاحِبُهَا؟ إِنَّ النَّفْسَ – (أَنْفُسَنَا)- الَّتِي دُعِيَتْ كَانَ عَلِيًّا، لِأَنَّ عَلِيًّا حَضَرَ مَعَ الرَّسُولِ صَاحِبَ الدَّعْوَةِ، وَبِمَعِيَّتِهِ الزَّهْرَاءُ، وَبِصُحْبَتِهِ الْحَسَنَانِ!؟ لَوْ كَانَتْ أَيٌّ مِنْ زَوْجَاتِ النَّبِيِّ مِنْ أَهْلِ الْبَيْتِ لَدُعِيَتْ عَلَى الْأَقَلِّ وَاحِدَةٌ مِنْهُنَّ!؟ إِلَّا مَنْ يَدَّعِي، وَعَلَيْهِ الْبَيِّنَةُ، أَنَّهُنَّ فِي ذَلِكَ الْيَوْمِ كُنَّ جَمِيعًا فِي رِحْلَةٍ خَارِجَ الْمَدِينَةِ!؟!؟

أَيُّهَا الْقَارِئُ الْكَرِيمُ، رَجَاءً إِقْرَأْ هَذِهِ الْآيَةَ بِتَمَعُّنٍ. الَّذِينَ يَنْقُضُونَ عَهْدَ اللهِ مِنْ بَعْدِ مِيثَاقِهِ وَيَقْطَعُونَ مَا أَمَرَ اللهُ بِهِ أَنْ يُوصَلَ وَيُفْسِدُونَ فِي الْأَرْضِ أُولَئِكَ هُمُ الْخَاسِرُونَ (٢٧ الْبَقَرَة).

إِلَيْكُمْ أَحَدَتْ تَفَاسِيرِ عُلَمَاءِ الْمُسْلِمِينَ، يَقُولُ بْنُ تَيْمِيَّةَ: شَيْخُ الْإِسْلَامِ: وَقَالَ شُعْبَةُ، عَنْ عَمْرِو بْنِ مَرَّةَ، عَنْ مُصْعَبِ بْنِ سَعْدٍ، قَالَ: سَأَلْتُ أَبِي فَقُلْتُ: قَوْلُهُ تَعَالَى: (الَّذِينَ يَنْقُضُونَ عَهْدَ اللهِ مِنْ بَعْدِ مِيثَاقِهِ) إِلَى آخِرِ الْآيَةِ.

فَقَالَ: هُمُ الْحَرُورِيَّةُ. أَيِ الْخَوَارِجُ.

أَلنَّقْلُ مَفْسَدَةٌ لِلْعَقْلْ!

وَهَذَا الْإِسْنَادُ إِنْ صَحَّ عَنْ سَعِيدِ بْنِ أَبِي وَقَّاصٍ - رَضِيَ اللهُ عَنهُ - فَهُوَ تَفْسِيرٌ عَلَى الْمَعْنَى؛ لَا أَنَّ الْآيَةَ أُرِيدَ مِنهَا التَّنْصِيصُ عَلَى الْخَوَارِجِ، الَّذِينَ خَرَجُوا عَلَى عَلِيٍّ بِالنَّهْرَوَانِ، فَإِنَّ أُولَئِكَ لَمْ يَكُونُوا حَالَ نُزُولِ الْآيَةِ، وَإِنَّمَا هُمْ دَاخِلُونَ بِوَصْفِهِمْ مَعَ مَنْ دَخَلَ؛ لِأَنَّهُمْ سُمُّوا خَوَارِجَ لِخُرُوجِهِمْ عَلَى طَاعَةِ الْإِمَامِ وَالْقِيَامِ بِشَرَائِعِ الْإِسْلَامِ. يَا بْنَ تَيْمِيَّةَ. هَلْ تَنْطَبِقُ هَذِهِ الْآيَةُ عَلَى الَّذِينَ خَرَجُوا عَنْ طَاعَةِ الرَّسُولِ؛ فِي "حَسْبُنَا كِتَابُ اللهِ"؟!

وَالْفَاسِقُ فِي اللُّغَةِ: هُوَ الْخَارِجُ عَنِ الطَّاعَةِ أَيْضًا. وَتَقُولُ الْعَرَبُ: فَسَقَتِ الرُّطَبَةُ: إِذَا خَرَجَتْ مِنْ قِشْرَتِهَا؛ وَلِهَذَا يُقَالُ لِلْفَأْرَةِ: فُوَيْسِقَةٌ، لِخُرُوجِهَا عَنْ جُحْرِهَا لِلْفَسَادِ.

وَثَبَتَ فِي الصَّحِيحَيْنِ، عَنْ عَائِشَةَ أَنَّ رَسُولَ اللهِ صَلَّى اللهُ عَلَيْهِ وَسَلَّمَ قَالَ: خَمْسٌ فَوَاسِقُ يُقْتَلْنَ فِي الْحِلِّ وَالْحَرَمِ: الْغُرَابُ، وَالْحِدَأَةُ، وَالْعَقْرَبُ، وَالْفَأْرَةُ، وَالْكَلْبُ الْعَقُورُ. (عُذْرًا أَيُّهَا الْقَارِئُ الْكَرِيمُ. مَا دَخْلُ هَذِهِ الْمَخْلُوقَاتِ غَيْرِ الْآدَمِيَّةِ فِي الَّذِينَ يَنْقُضُونَ عَهْدَ اللهِ مِنْ بَعْدِ مِيثَاقِهِ وَيَقْطَعُونَ مَا أَمَرَ اللَّهُ بِهِ أَنْ يُوصَلَ وَيُفْسِدُونَ فِي الْأَرْضِ؟ هَلْ هَذِهِ الْمَخْلُوقَاتُ عَاهَدَتِ اللهَ ثُمَّ نَقَضَتِ الْعَهْدَ؟ هَلْ هَذِهِ الْمَخْلُوقَاتُ مُخَيَّرَةٌ لِكَيْ يَكُونَ لَهَا عَهْدٌ؟ لِمَاذَا يَا شَيْخَ الْإِسْلَامِ هَذَا الْحَشْوُ؟ هَلْ هَذِهِ الْمَخْلُوقَاتُ تَعْرِفُ الْحَلَالَ وَالْحَرَامَ؟ لِمَاذَا يَا شَيْخُ تَعَامَيْتَ عَنِ الَّذِينَ عَاهَدُوا الرَّسُولَ فِي غَدِيرِ خُمٍّ؟ مَاذَا جَرَى فِي غَدِيرِ خُمٍّ؟

فَالْفَاسِقُ يَشْمَلُ الْكَافِرَ وَالْعَاصِيَ، وَلَكِنَّ فِسْقَ الْكَافِرِ أَشَدُّ وَأَفْحَشُ، وَالْمُرَادُ مِنَ الْآيَةِ الْفَاسِقُ الْكَافِرُ، وَاللهُ أَعْلَمُ، - (وَأَنْتَ تَعْلَمُ يَا شَيْخُ بِأَنَّكَ لَا تَعْلَمُ! لِمَاذَا إِذَا تَنَطَّعْتَ وَتَطَوَّعْتَ فِي تَفْسِيرِ شَيْءٍ، أَنْتَ شَخْصِيًّا تَشُكُّ فِي صِحَّتِهِ؟).

بِدَلِيلِ أَنَّ اللهَ وَصَفَهُمْ بِقَوْلِهِ: (الَّذِينَ يَنْقُضُونَ عَهْدَ اللهِ مِنْ بَعْدِ مِيثَاقِهِ وَيَقْطَعُونَ مَا أَمَرَ اللهُ بِهِ أَنْ يُوصَلَ وَيُفْسِدُونَ فِي الْأَرْضِ أُولَئِكَ هُمُ الْخَاسِرُونَ). وَلَوِ الْمَقْصُودُ: الْغُرَابُ، وَالْحِدَأَةُ، وَالْعَقْرَبُ، وَالْفَأْرَةُ، وَالْكَلْبُ الْعَقُورُ، لَجَاءَتِ الْآيَةُ عَلَى الشَّكْلِ التَّالِي: الَّتِي تَنْقُضُ ... وَتَقْطَعُ ... وَتُفْسِدُ ... جَمْعٌ لِغَيْرِ الْعَاقِلِ وَلَيْسَ لِلْعَاقِلِ!؟

وَهَذِهِ الصِّفَاتُ صِفَاتُ الْكُفَّارِ الْمُبَايِنَةِ لِصِفَاتِ الْمُؤْمِنِينَ، كَمَا قَالَ تَعَالَى فِي سُورَةِ الرَّعْدِ: (أَفَمَنْ يَعْلَمُ أَنَّمَا أُنْزِلَ إِلَيْكَ مِنْ رَبِّكَ الْحَقُّ كَمَنْ هُوَ أَعْمَى إِنَّمَا يَتَذَكَّرُ أُولُو الْأَلْبَابِ الَّذِينَ يُوفُونَ بِعَهْدِ اللهِ وَلَا يَنْقُضُونَ الْمِيثَاقَ وَالَّذِينَ يَصِلُونَ مَا أَمَرَ اللهُ بِهِ أَنْ يُوصَلَ وَيَخْشَوْنَ رَبَّهُمْ وَيَخَافُونَ سُوءَ الْحِسَابِ) الْآيَاتِ، إِلَى أَنْ قَالَ: (وَالَّذِينَ يَنْقُضُونَ عَهْدَ اللهِ مِنْ بَعْدِ مِيثَاقِهِ وَيَقْطَعُونَ مَا أَمَرَ اللهُ بِهِ أَنْ يُوصَلَ وَيُفْسِدُونَ فِي الْأَرْضِ أُولَئِكَ لَهُمُ اللَّعْنَةُ وَلَهُمْ سُوءُ الدَّارِ) [الرَّعْد: 19 - 25].

وَقَدِ اخْتَلَفَ أَهْلُ التَّفْسِيرِ (إِمْعَانًا فِي التَّجْهِيلِ) فِي مَعْنَى الْعَهْدِ الَّذِي وَصَفَ هَؤُلَاءِ الْفَاسِقِينَ بِنَقْضِهِ، فَقَالَ بَعْضُهُمْ: هُوَ وَصِيَّةُ اللهِ إِلَى خَلْقِهِ وَأَمْرُهُ إِيَّاهُمْ بِمَا أَمَرَهُمْ بِهِ مِنْ طَاعَتِهِ، وَنَهْيُهُ إِيَّاهُمْ عَمَّا نَهَاهُمْ عَنْهُ مِنْ مَعْصِيَتِهِ فِي كُتُبِهِ وَعَلَى لِسَانِ رُسُلِهِ، وَنَقْضُهُمْ ذَلِكَ هُوَ تَرْكُهُمُ الْعَمَلَ بِهِ.

وَقَالَ آخَرُونَ: بَلْ هِيَ فِي كُفَّارِ أَهْلِ الْكِتَابِ وَالْمُنَافِقِينَ مِنْهُمْ، وَعَهْدُ اللَّهِ الَّذِي نَقَضُوهُ هُوَ مَا أَخَذَهُ اللهُ عَلَيْهِمْ فِي التَّوْرَاةِ مِنَ الْعَمَلِ بِمَا فِيهَا وَاتِّبَاعِ مُحَمَّدٍ صَلَّى اللهُ عَلَيْهِ وَسَلَّمَ إِذَا بُعِثَ وَالتَّصْدِيقِ بِهِ، وَبِمَا جَاءَ بِهِ مِنْ عِنْدِ رَبِّهِمْ. وَنَقْضُهُمْ ذَلِكَ هُوَ جُحُودُهُمْ بِهِ بَعْدَ مَعْرِفَتِهِمْ بِحَقِيقَتِهِ وَإِنْكَارُهُمْ ذَلِكَ، وَكِتْمَانُهُمْ عِلْمَ ذَلِكَ عَنِ النَّاسِ بَعْدَ إِعْطَائِهِمُ اللهَ مِنْ أَنْفُسِهِمُ الْمِيثَاقَ لِيُبَيِّنَهُ لِلنَّاسِ وَلَا يَكْتُمُونَهُ، فَأَخْبَرَ تَعَالَى أَنَّهُمْ نَبَذُوهُ وَرَاءَ ظُهُورِهِمْ، وَاشْتَرَوْا بِهِ ثَمَنًا قَلِيلًا. وَهَذَا اخْتِيَارُ بْنِ جَرِيرٍ رَحِمَهُ اللهُ وَقَوْلُ مُقَاتِلِ بْنِ حَيَّانَ. وَقَالَ آخَرُونَ...

إِسْمَحْ لِي أَيُّهَا الْقَارِئُ الْكَرِيمُ أَنْ أُقَدِّمَ لَكَ مَا فَهِمْتُ مِنْ تَفْسِيرِ بْنِ تَيْمِيَّةَ لِهَذِهِ الْآيَةِ الْكَرِيمَةِ، وَقَدْ يَتَّفِقُ مَعِي الْبَعْضُ، أَوْ قَدْ يَزِيدُ الْبَعْضُ عَلَيَّ أَوْ يُنْقِصُ الْبَعْضُ مِمَّا حَصَّلْتُ وَأَدْرَكْتُ وَأَحَطْتُ وَفَهِمْتُ. الْمُفَسِّرُ "ابن تَيْمِيَّة" لَمْ يَأْتِ بِأَيِّ جَدِيدٍ! إِخْتَارَ عَشَرَاتِ الْمُعَنْعِنِينَ رُبَّمَا قَدْ يَكُونُوا الْمِئَاتُ مِنَ الْمُعَنْعِنِينَ: عَنْ شُعْبَةَ، عَنْ عَمْرِو بْنِ مُرَّةَ، عَنْ مُصْعَبِ بْنِ سَعْدٍ، قَالَ: سَأَلْتُ أَبِي فَقَالَ أَبُوهُ: هُمُ الْحَرُورِيَّةُ. وَهَذَا الْإِسْنَادُ إِنْ صَحَّ عَنْ سَعْدِ بْنِ أَبِي وَقَّاصٍ - رَضِيَ اللهُ عَنْهُ - فَهُوَ تَفْسِيرٌ عَلَى الْمَعْنَى، لَا أَنَّ الْآيَةَ أُرِيدَ مِنْهَا التَّنْصِيصُ عَلَى الْخَوَارِجِ، وَلَمْ يَصِحَّ لِأَنَّ الْآيَةَ كَانَتْ مَوْجُودَةً قَبْلَ وُجُودِ الْخَوَارِجِ! وَقَدِ اخْتَلَفَ أَهْلُ التَّفْسِيرِ (عِلْمُ التَّجْهِيلِ) فِي مَعْنَى الْعَهْدِ!

1) وَصِيَّةُ اللَّهِ إِلَى خَلْقِهِ وَأَمْرُهُ وَنَهْيُهُ!

2) وَقَالَ آخَرُونَ: بَلْ هِيَ فِي كُفَّارِ أَهْلِ الْكِتَابِ وَالْمُنَافِقِينَ مِنْهُم.

3) وَقَالَ آخَرُونَ...

أَلنَّقْلُ مَفْسَدَةٌ لِلْعَقْلِ!

أَيُّهَا النَّاسُ مَا الْهَدَفُ مِنْ هَذَا التَّفْسِيرِ؟ الْكَلَامُ فِي هَذِهِ الْآيَةِ وَاضِحٌ جَلِيٌّ، كَلِمَاتٌ عَرَبِيَّةٌ سَهْلَةُ الْقِرَاءَةِ وَلَا غُمُوضَ فِيهَا، لِمَاذَا أَبْعَدَ بْنُ تَيْمِيَّةَ وَاسْتَبْعَدَ الْمُسْلِمِينَ مِنْ نَقْضِ الْعُهُودِ، وَجَعَلَ الْهَدَفَ الْكُلِّيَّ لِنَزُولِ هَذِهِ الْآيَةِ كُفَّارَ أَهْلِ الْكِتَابِ وَالْمُنَافِقِينَ مِنْهُمْ؟!

سُورَةُ الْمُنَافِقِينَ بِمَنْ نَزَلَتْ؟!

إِذَا جَاءَكَ الْمُنَافِقُونَ قَالُوا نَشْهَدُ إِنَّكَ لَرَسُولُ اللهِ وَاللهُ يَعْلَمُ إِنَّكَ لَرَسُولُهُ وَاللهُ يَشْهَدُ إِنَّ الْمُنَافِقِينَ لَكَاذِبُونَ (1) اتَّخَذُوا أَيْمَانَهُمْ جُنَّةً فَصَدُّوا عَنْ سَبِيلِ اللهِ إِنَّهُمْ سَاءَ مَا كَانُوا يَعْمَلُونَ (2) ذَلِكَ بِأَنَّهُمْ ءَامَنُوا ثُمَّ كَفَرُوا فَطُبِعَ عَلَى قُلُوبِهِمْ فَهُمْ لَا يَفْقَهُونَ.

يَا شَيْخَ الْإِسْلَامِ. بِمَنْ نَزَلَتْ سُورَةُ "الْمُنَافِقُونَ"؟ وَمَنْ هُمُ الْمُنَافِقُونَ؟

أَلَا نَتَّفِقُ مَعَ وَصْفِ سَعْدِ بْنِ أَبِي وَقَّاصٍ؟: (الَّذِينَ يَنْقُضُونَ عَهْدَ اللهِ مِنْ بَعْدِ مِيثَاقِهِ). أَلَيْسَ الَّذِينَ تَرَكُوا رَسُولَ اللهِ فِي الْمَعْرَكَةِ وَهَرَبُوا، مُنَافِقِينَ؟! أَلَيْسَ الَّذِينَ تَآمَرُوا عَلَى قَتْلِ النَّبِيِّ مُنَافِقِينَ؟!

أَلَيْسَ الَّذِي يَقْتُلُ النَّبِيَّ مَعْنَوِيًّا مُنَافِقٌ؟!

أَلَيْسَ الَّذِينَ يَكْذِبُونَ عَلَى النَّبِيِّ مُنَافِقُونَ؟! أَلَيْسَ الَّذِينَ يُفْتُونَ بِمَا لَا يَعْلَمُونَ مُنَافِقُونَ؟!

أَلنَّقْلُ مَفْسَدَةٌ لِلْعَقْلِ!

وَمَا أَكْثَرَ الْمُنَافِقِينَ الَّذِينَ تَقَرَّبُوا لِرَسُولِ اللهِ؟؟ يَا شَيْخُ لِمَاذَا التَّخْصِيصُ فِي النِّفَاقِ؟ وَالَّذِينَ يَنْقُضُونَ عَهْدَ اللهِ مِنْ بَعْدِ مِيثَاقِهِ وَيَقْطَعُونَ مَا أَمَرَ اللهُ بِهِ أَنْ يُوصَلَ وَيُفْسِدُونَ فِي الْأَرْضِ مَوْجُودُونَ قَبْلَ الْبَعْثَةِ، وَقْتَ الْبَعْثَةِ، وَبَعْدَ الْبَعْثَةِ. أَلَيْسَ هَذَا صَحِيحٌ يَا بْنَ تَيْمِيَّةَ؟!

هَذِهِ عَيِّنَةٌ مِنْ أَلْمُنَافِقِينَ الْمُقَرَّبِينَ: لَمَّا كَانَ رَسُولُ اللهِ صَلَّي اللهُ عَلَيْهِ وَسَلَّمَ بِبَعْضِ الطَّرِيقِ، (وَكَانَ عَلَيْهِ أَنْ يَجْتَازَ الْعَقَبَةَ، مَكَرَ بِهِ أُنَاسٌ مِنَ الصَّحَابَةِ الْمُنَافِقِينَ وَائْتَمَرُوا أَنْ يَطْرَحُوهُ مِنَ الْعَقَبَةِ فِي الطَّرِيقِ. فَلَمَّا بَلَغَ الرَّسُولُ الْعَقَبَةَ، أَرَادُوا أَنْ يَسِيرُوهَا مَعَهُ، فَقَالَ الرَّسُولُ لِلنَّاسِ: اسْلُكُوا بَطْنَ الْوَادِي، فَإِنَّهَا أَسْهَلُ لَكُمْ وَأَوْسَعُ.

فَسَلَكَ النَّاسُ كُلُّهُمْ بَطْنَ الْوَادِي، وَسَلَكَ رَسُولُ اللهِ الْعَقَبَةَ. وَأَمَرَ عَمَّارَ بْنَ يَاسِرٍ أَنْ يَأْخُذَ بِزِمَامِ النَّاقَةِ يَقُودُهَا. وَأَمَرَ حُذَيْفَةَ بْنَ الْيَمَانِ أَنْ يَسُوقَ مِنْ خَلْفِهِ. فَبَيْنَمَا الرَّسُولُ فِي الْعَقَبَةِ، إِذْ سَمِعَ حِسَّ الْقَوْمِ قَدْ غَشُوهُ.

فَغَضِبَ رَسُولُ اللهِ صَلَّي اللهُ عَلَيْهِ وَسَلَّمَ، وَأَمَرَ حُذَيْفَةَ أَنْ يَرُدَّهُمْ. فَرَجَعَ حُذَيْفَةُ إِلَيْهِمْ، وَقَدْ رَأَوْا غَضَبَ رَسُولِ اللهِ صَلَّى اللهُ عَلَيْهِ وَآلِهِ وَسَلَّمَ، فَجَعَلَ يَضْرِبُ وُجُوهَ رَوَاحِلِهِمْ بِمِحْجَنٍ فِي يَدِهِ.

وَظَنَّ الْقَوْمُ أَنَّ رَسُولَ اللهِ قَدِ اطَّلَعَ عَلَى مَكْرِهِمْ، فَانْحَطُّوا مِنَ الْعَقَبَةِ مُسْرِعِينَ حَتَّى خَالَطُوا الصَّحَابَةَ وَضَاعُوا بَيْنَهُمْ).

أَلنَّقْلُ مَفْسَدَةٌ لِلْعَقْلِ!

وَأَقْبَلَ حُذَيْفَةُ حَتَّى أَتَى رَسُولَ اللهِ، فَسَاقَ بِهِ. فَلَمَّا خَرَجَ رَسُولُ اللهِ مِنَ الْعَقَبَةِ، نَزَلَ النَّاسُ. فَقَالَ النَّبِيُّ: يَا حُذَيْفَةُ! هَلْ عَرَفْتَ أَحَدًا مِنَ الرَّكْبِ الَّذِينَ رَدَدْتَهُمْ؟!

قَالَ: يَا رَسُولَ اللهِ! عَرَفْتُ رَاحِلَةَ فُلَانٍ وَفُلَانٍ. وَكَانَ الْقَوْمُ مُتَلَثِّمِينَ، لَمْ أُبْصِرْهُمْ مِنْ أَجْلِ ظُلْمَةِ اللَّيْلِ!

إِبْحَثُوا عَنْ" فُلَانٍ وَفُلَانٍ". عَجِيبٌ أَمْرُ هَؤُلَاءِ الْمُسْلِمِينَ، يَذْكُرُونَ لَنَا قِصَّةً وَيَتَذَكَّرُونَ أَسْمَاءَ عَشْرِ مُعَنْعِنِينَ: عَنْ، عَنْ، عَنْ، ...إلخ. أَمَّا مَنْ سَمَّاهُمْ حُذَيْفَةُ بِقُدْرَةٍ قَادِرٍ، وَهُمَا اثْنَانِ، فَيُصْبِحَانِ "فُلَاناً وَفُلَاناً"!؟

حُذَيْفَةُ سَمَّاهُمْ بِأَسْمَائِهِمْ، وَكَانُوا أَكْثَرَ مِنِ اثْنَيْنِ، وَلَمْ يَحْضُرْ حُذَيْفَةُ جِنَازَةَ أَحَدٍ مِنْهُمْ، وَلَمْ يُصَلِّ عَلَى أَحَدٍ مِنْهُمْ!؟ أَلَا تُرِيدُونَ أَنْ تَتَعَرَّفُوا عَلَى مَنْ أَرَادَ قَتْلَ نَبِيِّكُمْ أَيُّهَا الْمُسْلِمُونَ، هَذَا قَبْلَ أَنْ يَسُمُّوهُ؟!

أَتَحَدَّى عُلَمَاءَ الْمُسْلِمِينَ قَاطِبَةً، أَنْ يَأْتُوا بِعِلَّةٍ وَاحِدَةٍ تُنْبِئُ أَنَّ حُذَيْفَةَ صَلَّى عَلَى أَبِي بَكْرٍ أَوْ عُمَرَ أَوْ عُثْمَانَ خَاصَّةً!؟

حُذَيْفَةُ حَامِلُ سِرِّ رَسُولِ اللهِ، الْتَحَقَ بِحَبِيبِهِ الْمُصْطَفَى بَعْدَ مُدَّةٍ وَجِيزَةٍ مِنْ مَقْتَلِ عُثْمَانَ! تَعَرَّضَ رَسُولُ اللهِ إِلَى الْعَدِيدِ مِنَ الْمُحَاوَلَاتِ لِقَتْلِهِ، مِنَ الْيَهُودِ وَالْكُفَّارِ وَمِنَ الْمُسْلِمِينَ، وَلَكِنَّ مَعْظَمَ مُحَاوَلَاتِ الْقَتْلِ كَانَتْ مِنَ الْمُسْلِمِينَ الْمُقَرَّبِينَ! هَلْ كَانَ في جَيْشِ رَسُولِ اللهِ -حِينَ قَطَعَ الْعَقَبَةَ- كُفَّارٌ أَوْ يَهُودٌ؟! أَفَلَا تَعْقِلُونَ؟!

أَلْنَّقْلُ مَفْسَدَةٌ لِلْعَقْلْ!

أَيُّهَا الْقَارِئُ الْكَرِيمُ، أَحَاوِلُ قَدْرَ الْمُسْتَطَاعِ أَنْ أَكُونَ مُنْصِفًا، لِذَا أُقَدِّمُ لَكَ أَسْمَى وَأَصْدَقَ صُوَرِ الِاسْتِدْلَالِ وَالِاسْتِنْتَاج، وَالْبَيَانِ الْوَاضِحِ وَالْبَدِيهِيِّ، مُعْتَمِدًا كُتُبَ الْمُسْلِمِينَ الْمُعْتَبَرَةَ فِي كَشْفِ الظُّلْمِ الَّذِي جَرَى عَلَى رَسُولِ اللهِ وَعَلَى أَهْلِهِ وَعَلَى الْمُسْلِمِينَ كَافَّةً، وَأَيْضًا عَلَى الْعَالَمِينَ.

مُعْتَمِدًا عَلَى مَا قَدَّرَنِي اللهُ مِنْ كَفَاءَاتٍ فِي أُصُولِ اللُّغَةِ وَفُرُوعِهَا، وَفِي عِلْمِ الْأَدَبِ، الَّذِي هُوَ عِلْمُ إِصْلَاحِ اللِّسَانِ وَالْخِطَابِ وَإِصَابَةِ مَوَاقِعِهِ، وَتَحْسِينِ أَلْفَاظِهِ عَنِ الْخَطَأِ وَالْخَلَلِ. وَفِي التَّفْكِيرِ الْعِلْمِيِّ فِي الْفَرْزِ وَالتَّمْيِيزِ وَالِاسْتِنْتَاج؛ لِأَنَّهُ لَا تَحْصُلُ الْمَلَكَةُ مِنْ حِفْظِ الْقُرْآنِ إِلَّا بَعْدَ فَهْمٍ...

فَالْمَعْلُومَاتُ الَّتِي أُقَدِّمُهَا لَكَ أَيُّهَا الْقَارِئُ الْكَرِيمُ، يَقِينِيَّةٌ وَمُتَدَاوَلَةٌ بَيْنَ النَّاسِ، وَتَعِجُّ بِهَا وَبِمَا يُشَابِهُهَا –وَأَحْيَانًا بِمَا يَنْقُضُهَا– كُتُبُ الْمُسْلِمِينَ! هَذَا إِذَا أَرَدْتَ أَنْ تَعْتَمِدَ عَلَى الْمَلَايِينِ مِنَ الْمَطْبُوعَاتِ الَّتِي يُسَمِّيهَا النَّاسُ كُتُبًا إِسْلَامِيَّةً، وَيَتَعَبَّدُ بِهَا الْمُسْلِمُونَ.

إِنَّ هَذَا حَقُّكَ، حَتَّى وَإِنْ كُنْتَ لَا تُؤْمِنُ مُطْلَقًا بِالْإِسْلَامِ، فَأَنْتَ أَخِي بِالْإِنْسَانِيَّةِ، وَإِنِ اخْتَلَفْتَ مَعِي! هَذَا خِيَارُكَ وَاخْتِيَارُكَ، وَقَدْ ضَمِنَ اللهُ لَكَ حَقَّ الِاخْتِيَارِ. (وَقُلِ الْحَقُّ مِنْ رَبِّكُمْ فَمَنْ شَاءَ فَلْيُؤْمِنْ وَمَنْ شَاءَ فَلْيَكْفُرْ). وَأَتَمَنَّى عَلَى الَّذِينَ يَقْرَأُونَ لِي، أَنْ يُمَكِّنُونِي مِنْ هَذَا الْحَقِّ!

أَلنَّقْلُ مَفْسَدَةٌ لِلْعَقْلِ!

أَيُّهَا الْقَارِئُ الْكَرِيمُ، إِذَا لَمْ يَعْجِبْكَ مَا أَكْتُبُ لَا تَقْرَأْ لِي! أَنَا وَاحِدٌ مِنْ مِئَاتِ الْمَلَايِينَ مِنَ الْكُتَّابِ. كِتَابَاتِي إِنْ لَمْ تَنْفَعْكَ، أُقْسِمُ بِاللهِ، فَإِنَّهَا لَنْ تَضُرَّكَ... أَكْتُبُ لِأَنِّي أُعَظِّمُ وَأُبَجِّلُ وَأُنَزِّهُ اللهَ عَمَّا وَصَفَهُ الْكَثِيرُونَ مِنْ عُلَمَاءِ الْمُسْلِمِينَ وَفُقَهَائِهِمْ وَأَئِمَّتِهِمْ، وَأُحِبُّ رَسُولَ اللهِ وَأُقَدِّسُهُ عَمَّا لَا يَلِيقُ بِحَضْرَتِهِ...

بَعْدَ اسْتِشْهَادِ الرَّسُولِ الْأَعْظَمِ، انْقَسَمَ الرَّعِيلُ الْأَوَّلُ مِنَ الْمُسْلِمِينَ كُرْهًا أَوْ طَوْعًا، إِلَى جَمَاعَاتٍ مُتَفَرِّقَةٍ فِي الْوَلَاءِ وَالْبَرَاءِ لِلنُّبُوَّةِ وَتَعَالِيمِ النُّبُوَّةِ. وَعَنْ سَابِقِ تَصَوُّرٍ وَتَصْمِيمٍ، أَوْ إِصْرَارٍ، اسْتَغَلَّ نُزَلَاءُ السَّقِيفَةِ هَذَا التَّشَرْذُمَ لِتَثْبِيتِ سُلْطَتِهِمْ وَتَجْنِيدِ الَّذِينَ لَهُمْ ثَأْرٌ عِنْدَ رَسُولِ اللهِ. ثُمَّ اعْتَمَدُوا الْبَدَائِلَ السَّهْلَةَ لِإِبْعَادِ النَّاسِ عَنِ الرِّسَالَةِ النَّبَوِيَّةِ. ابْتَدَعُوا الْمَقُولَةَ الْمَلْعُونَةَ: حَسْبُنَا كِتَابُ اللهِ! وَفَرَضُوهَا بِالْقُوَّةِ وَالتَّهْدِيدِ وَالْوَعِيدِ...

إِنَّ مَا جَاءَ فِي هَذَا الْبَحْثِ نُقْطَةٌ فِي بَحْرٍ مِمَّا لَدَيَّ مِنْ مَعْلُومَاتٍ يَعْلَمُهَا عُلَمَاءُ الْمُسْلِمِينَ. لَكِنَّ الْكَثِيرَ مِنْهُمْ مُوَظَّفُونَ وَخُدَّامٌ عِنْدَ الْحُكَّامِ. هَؤُلَاءِ الْمَسَاكِينُ يَسْتَرْزِقُونَ بِاسْمِ الدِّينِ، وَكُلُّ مَا يُقَدِّمُونَهُ لِلْعَامَّةِ إِمَّا مَكْتُوبٌ مُسْبَقًا مِنَ السُّلُطَاتِ السِّيَاسِيَّةِ أَوْ يَتَطَابَقُ مَعَ مَنَاهِجِ هَذِهِ السُّلُطَاتِ. فَالَّذِي يَحِيدُ عَمَّا أُمِرَ يُطْرَدُ وَيُهَانُ، وَكَثِيرٌ مِنْهُمْ تُسَاقُ لَهُ تُهْمَةُ الْخِيَانَةِ. وَقَبْلَ أَنْ أَخْتِمَ هَذَا التَّحْقِيقَ، سَأَقَدِّمُ لَكُمْ صُورَةً وَصْفِيَّةً مُخْتَصَرَةً، لِمِيلَادِ إِسْلَامٍ مَا بَعْدَ اغْتِيَالِ الرَّسُولِ...

سُمَّ الرَّسُولُ. وَمَا جَاءَ فِي كُتُبِ الْمُسْلِمِينَ حَوْلَ هَذِهِ الْجَرِيمَةِ، دُخَانٌ، وَذَرٌّ لِلرَّمَادِ فِي الْعُيُونِ! كَثْرَةُ الرِّوَايَاتِ الْخُرَافِيَّةِ الَّتِي لَا يَقْبَلُهَا الْعَقْلُ أَوِ الْعِلْمُ، تُثْبِتُ أَنَّهَا كُتِبَتْ لِتَغْطِيَةِ الْقَاتِلِ الْحَقِيقِيِّ... (عِلْمُ الْجَهْلِ وَالتَّجْهِيلِ)

أَلنَّقْلُ مَفْسَدَةٌ لِلْعَقْلِ!

مُنِعَ رَسُولُ اللهِ مِنْ كِتَابَةِ الْكِتَابِ الَّذِي لَا تَضِلُّ الْأُمَّةُ بَعْدَهُ أَبَدًا... وَبِغَضِّ النَّظَرِ عَنِ الْأَعْذَارِ - لِكَيْ لَا يُجْهِدُوا الرَّسُولَ، لِكَيْ لَا يَزْدَادَ أَلَمُ الرَّسُولِ، لِأَنَّ الْقُرْآنَ قَدِ اكْتَمَلَ - إِنَّهَا مَعْصِيَةٌ لِرَسُولِ اللهِ! وَالتَّقْلِيلُ مِنْ وَقْعِ مَا قَالَهُ عُمَرُ لِرَسُولِ اللهِ:

أ) إِنَّ الرَّجُلَ لَيَهْجُرُ، حَسْبُنَا كِتَابُ اللهِ.

ب) غَلَبَهُ الْوَجَعُ، حَسْبُنَا كِتَابُ اللهِ.

ج) أُهْجِرَ، حَسْبُنَا كِتَابُ اللهِ؟

د) مَا لَهُ أَهَجَرَ، حَسْبُنَا كِتَابُ اللهِ؟

ه) وَمَا شَأْنُهُ أَهَجَرَ، حَسْبُنَا كِتَابُ اللهِ؟

هَذَا إِلَى الكَثِيرِ مِنَ الْعَنْعَنَاتِ الَّتِي حَذَفَت اسْمَ عُمَرَ! وَلَكِنِّي لَا أَسْتَطِيعُ أَنْ أُكْمِلَ قَبْلَ أَنْ أُقَدِّمَ لِلْقُرَّاءِ الكِرَامِ مَا قَالَهُ النَّوَوِيُّ.

قَالَ النَّوَوِيُّ، وَكَانَ أَصْدَقَ مِنْ جَمِيعِ مَنْ خَاضُوا فِي هَذِهِ الْحَادِثَةِ: أَمَّا كَلَامُ عُمَرَ رَضِيَ اللهُ عَنْهُ، فَقَدِ اتَّفَقَ الْعُلَمَاءُ الْمُتَكَلِّمُونَ فِي شَرْحِ الْحَدِيثِ عَلَى أَنَّهُ مِنْ دَلَائِلِ فِقْهِ عُمَرَ وَفَضَائِلِهِ وَدَقِيقِ نَظَرِهِ؛ لِأَنَّهُ (يَعْنِي عُمَرَ)، خَشِيَ أَنْ يَكْتُبَ صَلَّى اللهُ عَلَيْهِ وَسَلَّمَ أُمُورًا رُبَّمَا عَجَزُوا عَنْهَا وَاسْتَحَقُّوا الْعُقُوبَةَ عَلَيْهَا لِأَنَّهَا مَنْصُوصَةٌ! لَا مَجَالَ لِلِاجْتِهَادِ فِيهَا!

فَقَالَ عُمَرُ: حَسْبُنَا كِتَابُ اللهِ. لِقَوْلِهِ تَعَالَى: {مَا فَرَّطْنَا فِي الْكِتَابِ مِنْ شَيْءٍ} وَقَوْلِهِ {الْيَوْمَ أَكْمَلْتُ لَكُمْ دِينَكُمْ} فَعَلِمَ عُمَرُ أَنَّ اللهَ تَعَالَى أَكْمَلَ دِينَهُ فَأَمِنَ (يَعْنِي عُمَر كَالْعَادَة) الضَّلَالَ عَلَى الْأُمَّةِ، وَأَرَادَ التَّرْفِيهَ عَلَى رَسُولِ اللهِ صَلَّى اللهُ عَلَيْهِ وَسَلَّمَ...

أَيُّهَا النَّاسُ إِقْرَأُوا وَعُوا مَاذَا قَالَ النَّوَوِيُّ: اِسْتَشْعَرَ عُمَرُ أَنَّ الرَّسُولَ كَشَفَ رِدَّةَ عُمَرَ وَمَنْ مَعَهُ، عَنْ بَيْعَةِ الْإِمَامِ فِي غَدِيرِ خُمٍّ، وَجَهَّزُوا أَنْفُسَهُمْ، لِانْقِلَابِ السَّقِيفَةِ. وَبَاقِي النَّاسِ مَشْغُولُونَ ثَكَالَى يَنْتَظِرُونَ اِرْتِقَاءَ الرَّسُولِ الْأَعْظَمِ إِلَى بَارِئِهِ!

أَرَادَ الرَّسُولُ أَنْ يُذَكِّرَ النَّاسَ بِبَيْعَتِهِمْ وَيُنْقِذَ الْمُرْتَدِّينَ وَالْأُمَّةَ! وَأَرَادَ الرَّسُولُ أَنْ يُؤَكِّدَ الْوِلَايَةَ لِعَلِيٍّ خَطِّيًّا!

إِفْتَعَلَ عُمَرُ رَزِيَّتَهُ، وَخَسِرَ الْعَالَمُ فُرْصَةَ الْعِصْمَةِ مِنَ الضَّلَالِ!

فَلَا حَاجَةَ إِلَى نَبِيٍّ بِوُجُودِ عُمَرَ الَّذِي تَنَبَّأَ بِمَا سَيَكْتُبُهُ رَسُولُ اللهِ مُحَمَّدٍ مِنْ كَلَامٍ مُكَرَّرٍ يُرْهِقُ فِيهِ كَاهِلَ الْأُمَّةِ. فَالدِّينُ قَدِ اكْتَمَلَ!

وَمَا فَرَّطَ اللهُ فِي الْكِتَابِ مِن شَيْءٍ!

كَيْفَ عَلِمَ عُمَرُ مَا أَرَادَ رَسُولُ اللهِ أَنْ يَكْتُبَ؟

هَلْ جَاءَهُ – كَالْعَادَةِ – وَحْيٌ؟!

وَمَا هِيَ الْأُمُورُ الَّتِي رُبَّمَا عَجِزُوا عَنْهَا وَاسْتَحَقُّوا الْعُقُوبَةَ عَلَيْهَا؟!

مَنْ هُمُ الَّذِينَ رُبَّمَا عَجِزُوا عَنْهَا وَاسْتَحَقُّوا الْعُقُوبَةَ عَلَيْهَا؟! كَيْفَ عَلِمَ عُمَرُ مَا لَمْ يَعْلَمْهُ رَسُولُ اللهِ؟

وَمَا هِيَ النُّصُوصُ الَّتِي لَا مَجَالَ فِيهَا لِلِاجْتِهَادِ؟!

يَا نَوَوِيُّ، مَنْ هُمُ الْعُلَمَاءُ الْمُتَكَلِّمُونَ الَّذِينَ اتَّفَقُوا فِي شَرْحِ الْحَدِيثِ عَلَى أَنَّهُ مِنْ دَلَائِلِ فِقْهِ عُمَرَ وَفَضَائِلِهِ وَدَقِيقِ نَظَرِهِ! هَذَا تَدْلِيسٌ! أَيُّ مُصْطَلَحٍ هَذَا: الْعُلَمَاءُ الْمُتَكَلِّمُونَ!

هَذِهِ الْمُصْطَلَحَاتُ الْمُبْهَمَةُ يَسْتَعْمِلُهَا عُلَمَاءُ التَّجْهِيلِ: أَجْمَعَتِ الْأُمَّةُ. (مَتَى أَجْمَعَتِ الْأُمَّةُ عَلَى شَيْءٍ؟)، أَجْمَعَ عُلَمَاءُ الْمُسْلِمِينَ، (أَيُّ عُلَمَاءَ مُسْلِمِينَ؟) (عَنْ، عَنْ، عَنْ، عَنْ). اِتَّقُوا اللهَ، كَيْفَ أَصْبَحَ عُمَرُكُمْ أَكْثَرَ تَفَقُّهًا وَأَسْمَى فَضِيلَةً وَأَحْذَقَ فَرَاسَةً مِنْ رَسُولِ اللهِ؟

هَلْ هَذَا يُبَرِّرُ مَا جَرَى مِنْ نِزَاعٍ فِي حَضْرَةِ رَسُولِ اللهِ، وَيُبَرِّئُ الَّذِينَ اعْتَرَضُوا وَخَالَفُوا أَمْرَ رَسُولِ اللهِ، وَيَجْعَلُهُمْ عَلَى حَقٍّ، وَأَنَّ لَا إِثْمَ عَلَيْهِمْ؟

وَقَدْ مَرَّ مَعَنَا مِثْلُ هَذَا الْحَدَثِ فِي حِوَارِ الشَّيْخِ وَالدُّكْتُورَةِ، وَقَدْ ذَكَرْتُهُ فِي مَطْلَعِ هَذَا الْبَحْثِ... حَسْبِيَ اللهُ وَنِعْمَ الْوَكِيلُ!

أَلنَّقْلُ مَفْسَدَةٌ لِلْعَقْلِ!

أَسْأَلُ اللَّهَ بِكُلِّ اسْمٍ سَمَّى بِهِ نَفْسَهُ أَنْ يُحْشَرَ النَّوَوِيُّ هَذَا وَأَتْبَاعُهُ، وَالْعُلَمَاءُ الْمُتَكَلِّمُونَ – إِنْ وُجِدُوا – مَعَ نَبِيِّهِمْ عُمَرَ. وَحَتَّى أَكُونَ مُنْصِفًا أَسْأَلُ اللَّهَ أَنْ يَحْشُرَنِي مَعَ النَّبِيِّ الْأُمِّيِّ الْهَاشِمِيِّ، وَمَعَ أَهْلِ بَيْتِهِ!

سُؤَالٌ آخَرُ: مَا كَانَ ضَرَّهُمْ لَوْ كَتَبَ رَسُولُ اللَّهِ كِتَابًا يَعْصِمُنِي وَيَعْصِمُ الْأُمَّةَ مِنَ الضَّلَالِ؟!

مَا الَّذِي أَرْعَبَ عُمَرَ وَالذِينَ مَعَهُ، فِي كِتَابَةِ رَسُولِ اللَّهِ كِتَابًا يَعْصِمُ الْأُمَّةَ مِنَ الضَّلَالِ؟!

أَسْأَلُ هَذَا النَّوَوِيَّ: هَلْ هَذَا الْإِسْلَامُ الَّذِي تَنْتَمُونَ إِلَيْهِ بُنِيَ عَلَى رَغَبَاتِ عُمَرَ وَأَحَاسِيسِهِ؟

كَيْفَ عَرَفَ النَّوَوِيُّ سَبَبَ اعْتِرَاضِ عُمَرَ عَلَى كِتَابَةِ رَسُولِ اللَّهِ؟

كُتُبُ الْمُسْلِمِينَ أَتْحَفَتْنَا بِنُبُوءَاتِ عُمَرَ؛ هَلْ أَيْضًا النَّوَوِيُّ نَبِيٌّ، أَوْ أَنَّهُ إِمَامٌ؟

مَنْ أَمَّمَ هَذَا النَّوَوِيَّ؟!

يَقُولُ اللَّهُ لِأَبِي الْأَنْبِيَاءِ إِبْرَاهِيمَ: وَإِذِ ابْتَلَى إِبْرَاهِيمَ رَبُّهُ بِكَلِمَاتٍ فَأَتَمَّهُنَّ قَالَ إِنِّي جَاعِلُكَ لِلنَّاسِ إِمَامًا...!

الْعُذْرُ الَّذِي جَاءَ بِهِ النَّوَوِيُّ مَا هُوَ إِلَّا مَدْحُ شَاعِرٍ يَعْشَقُ رَمْزًا أَوْ صَنَمًا اتَّخَذَهُ لِنَفْسِهِ إِلَهًا! وَيَرَى فِي هَذَا الرَّمْزِ أَوِ الصَّنَمِ عِزَّتَهُ وَكِيَانَهُ!

أَلنَّقْلُ مَفْسَدَةٌ لِلْعَقْلْ!

لَقَدْ قَالَ النَّوَوِيُّ الْكَثِيرَ فِي تَبْرِيرِ رَزِيَّةِ عُمَرَ وَهَذَا لَنْ يَمُرَّ! إِبْنُ عَبَّاسٍ حِبْرُ الْأُمَّةِ وَتُرْجُمَانُ الْقُرْآنِ، كَمَا جَاءَتْ تَسْمِيَتُهُ فِي كُتُبِ الْمُسْلِمِينَ سَمَّى فَعْلَةَ عُمَرَ بِالرَّزِيَّةِ. تَأْتِي أَنْتَ يَا نَوَوِيُّ بِخُزَعْبَلَاتِكَ تُقَبِّرُكَ كَلَامًا خَيَالِيًّا لَا قِيمَةَ لَهُ وَلَا مَعْنًى، وَلَا يَفْقَهُهُ عَاقِلٌ؟!!

تَبْتَدِعُ فُقَّاعَاتِ هَوَاءٍ يَتَلَهَّى بِهَا الْحَاقِدُونَ عَلَى رَسُولِ اللهِ؟!

أَيْنَ أَنْتَ مِن ابْنِ عَبَّاسٍ يَا نَوَوِيُّ؟!

إِنَّهَا رَزِيَّةٌ حَمَلْتُمُوهَا إِمَّا جَهْلًا أَوْ حِقْدًا!

إِنَّ هَذِهِ الْهَالَةَ الَّتِي بَنَيْتُمُوهَا حَوْلَ "هَذَا الْعُمَرِ"، لَنْ تَجْعَلَ مِنْهُ نِدًّا، أَوْ نَظِيرًا أَوْ مَثِيلًا لِرَسُولِ اللهِ.

كُلُّ الْخُرَافَاتِ الَّتِي نَسَجْتُمُوهَا خُيُوطُ عَنْكَبُوتٍ. أَيْنَ الثُّرَيَّا مِنَ الثَّرَى؟!!

يَقُولُ اللهُ: قَدْ جَاءَكُم مِنَ اللهِ نُورٌ وَكِتَابٌ مُبِينٌ... فَآمِنُوا بِاللهِ وَرَسُولِهِ وَالنُّورِ الَّذِي أَنزَلْنَا... نُورٌ عَلَى نُورٍ وَاللهُ يَهْدِي لِنُورِهِ مَن يَشَاء!...

يُرِيدُونَ أَنْ يُطْفِئُوا نُورَ اللهِ بِأَفْوَاهِهِمْ وَيَأْبَى اللهُ إِلَّا أَنْ يُتِمَّ نُورَهُ وَلَوْ كَرِهَ الْكَافِرُونَ...

أَقْسِمُ بِاللهِ أَنَّ مُقَارَنَةَ عُمَرَ بِرَسُولِ اللهِ كُفْرٌ، وَمُقَارَبَةَ عُمَرَ لِرَسُولِ اللهِ ضَلَالٌ!!!

أَلنَّقْلُ مَفْسَدَةٌ لِلْعَقْلِ!

لِمَاذَا تَطَوَّعَ مَعْظَمُ عُلَمَاءِ الْمُسْلِمِينَ دِفَاعًا عَنِ الَّذِينَ عَصَوْا أَمْرَ رَسُولِ اللهِ؟

الْعَقْلُ يَقُولُ: مَا كَانَ سَيَكْتُبُهُ الرَّسُولُ سَيُفْسِدُ مَشْرُوعَ الْمُعْتَرِضِينَ.

وَإِنَّ عُمَرَ وَمَنْ آزَرَهُ كَانُوا يَعْلَمُونَ أَنَّ نِهَايَةَ رَسُولِ اللهِ أَصْبَحَتْ قَرِيبَةً...

اِعْتَرَفَ النَّوَوِيُّ بِأَنَّهُمْ عَقَدُوا الْعَزْمَ عَلَى عِصْيَانِ أَمْرِ رَسُولِ اللهِ، فِي تَوْلِيَةِ عَلِيٍّ خَطِّيًّا، بَعْدَ أَنْ إِسْتَوْلَاهُ شَفَهِيًّا فِي غَدِيرِ خُمٍّ، وَتَمَّتْ بَيْعَتُهُ، عِنْدَمَا أَخَذَ عُمَرُ بْنُ الْخَطَّابِ بِيَدِ عَلِيٍّ وَقَالَ لَهُ: بَخٍ، بَخٍ لَكَ يَا عَلِيُّ، -أَوْ لَكَ يَا ابْنَ أَبِي طَالِبٍ- أَصْبَحْتَ مَوْلَايَ وَمَوْلَى كُلِّ مُؤْمِنٍ وَمُؤْمِنَةٍ!

قَالَ الْإِمَامُ الْأَلْبَانِيُّ: " مَا رَوَى مُطَرُّ الْوَرَّاقُ عَنْ شَهْرِ بْنِ حَوْشَبٍ عَنْ أَبِي هُرَيْرَةَ قَالَ: مَنْ صَامَ يَوْمَ ثَمَانِي عَشَرَ مِنْ ذِي الْحِجَّةِ؛ كُتِبَ لَهُ صِيَامُ سِتِّينَ شَهْرًا، وَهُوَ يَوْمُ غَدِيرِ (خُمٍّ)، لَمَّا أَخَذَ النَّبِيُّ - صَلَّى اللهُ عَلَيْهِ وَسَلَّمَ - بِيَدِ عَلِيِّ بْنِ أَبِي طَالِبٍ فَقَالَ: "أَلَسْتُ وَلِيَّ الْمُؤْمِنِينَ؟!" فَالُوا: بَلَى يَا رَسُولَ اللهِ! قَالَ: "مَنْ كُنْتُ مَوْلَاهُ فَعَلِيٌّ مَوْلَاهُ". فَقَالَ عُمَرُ بْنُ الْخَطَّابِ: بَخٍ بَخٍ لَكَ يَا ابْنَ أَبِي طَالِبٍ!! أَصْبَحْتَ مَوْلَايَ وَمَوْلَى كُلِّ مُسْلِمٍ! فَأَنْزَلَ اللهُ: (الْيَوْمَ أَكْمَلْتُ لَكُمْ دِينَكُمْ) ...

أَيُّهَا الْقَارِئُ الْكَرِيمُ مَا الْفَرْقُ فِي مَا قَالَ إِبْلِيسُ عِنْدَمَا سَأَلَهُ اللهُ: مَا مَنَعَكَ أَلَّا تَسْجُدَ إِذَا أَمَرْتُكَ قَالَ إِبْلِيسُ أَنَا خَيْرٌ مِنْهُ خَلَقْتَنِي مِنْ نَارٍ وَخَلَقْتَهُ مِنْ طِينٍ!

أَلنَّقْلُ مَفْسَدَةٌ لِلْعَقْلِ!

وَمَا قَالَهُ عُمَرُ عِنْدَمَا قَالَ رَسُولُ اللَّهِ: ائْتُونِي بِالْكَتِفِ وَالدَّوَاةِ، أَوِ اللَّوْحِ وَالدَّوَاةِ، أَكْتُبْ لَكُمْ كِتَابًا لَنْ تَضِلُّوا بَعْدَهُ أَبَدًا، فَقَالَ عُمَرُ: إِنَّ الرَّجُلَ لَيَهْجُرُ! حَسْبُنَا كِتَابُ اللَّهِ!

أَيُّ رَزِيَّةٍ عِنْدَ اللَّهِ أَعْظَمُ؟ إِبْلِيسُ لَمْ يُنْكِرِ الْعِبَادَةَ لِلَّهِ، حَيْثُ قَالَ: خَلَقْتَنِي!

أَمَّا عُمَرُ، وَمَنْ آزَرَهُ، فَنَكِرُوا وَتَنَكَّرُوا الرِّسَالَةَ رَسُولِ اللَّهِ، وَأَنْكَرُوهَا!

لَقَدْ حَاوَلَ عُلَمَاءُ الْمُسْلِمِينَ جَاهِدِينَ رَفْعَ هَذِهِ الرَّزِيَّةِ عَنْ عُمَرَ، مُتَنَاسِينَ أَنَّ مَعْصِيَةَ: حَسْبُنَا كِتَابُ اللَّهِ! أَعْظَمُ وَأَحَطُّ وَأَخَسُّ وَأَحْقَرُ! حَيْثُ صَبَّ الْمُعَنْعِنُونَ جُلَّ اهْتِمَامِهِمْ عَلَى مَقُولَةِ: إِنَّ الرَّجُلَ لَيَهْجُرُ! أَخْرَجُوهَا بِطُرُقٍ عَدِيدَةٍ لِلْغِشِّ، وَلِلتَّشْوِيشِ وَالتَّوْرِيَةِ، وَلِلتَّخْفِيفِ مِنْ وَقْعِهَا عَلَى أُذُنِ الْمُسْتَمِعِ!

إِنَّ التَّرْكِيزَ عَلَى هَذِهِ الْجُمْلَةِ؛ وَرَاءَهَا إِخْفَاءٌ لِمَا هُوَ أَدْهَى!

لِأَنَّ جُمْلَةَ "حَسْبُنَا كِتَابُ اللَّهِ" نُكْرَانٌ لِلرِّسَالَةِ الْمُحَمَّدِيَّةِ وَإِطْفَاءٌ لِأَنْوَارِ رَسُولِ اللَّهِ. وَهَذَا فِعْلًا مَا خَطَّطَ لَهُ مُتَآمِرُو السَّقِيفَةِ.

قَبْلَ حَادِثَةِ "حَسْبُنَا كِتَابُ اللَّهِ" أَمَرَ رَسُولُ اللَّهِ الْمُسْلِمِينَ أَنْ يُجَهِّزُوا جَيْشَ أُسَامَةَ، فَتَخَلَّفَ الْمُتَآمِرُونَ أَنْفُسُهُمْ عَنِ الِالْتِحَاقِ بِجَيْشِ أُسَامَةَ!

وَهُنَا أَيْضًا عَصَى الْمُتَآمِرُونَ أَوَامِرَ رَسُولِ اللَّهِ!

النَّقْلُ مَفْسَدَةٌ لِلْعَقْلِ!

(وَمَن يَعْصِ اللَّهَ وَرَسُولَهُ وَيَتَعَدَّ حُدُودَهُ يُدْخِلْهُ نَارًا خَالِدًا فِيهَا وَلَهُ عَذَابٌ مُهِينٌ) النِّسَاءِ 14...

(وَمَا آتَاكُمُ الرَّسُولُ فَخُذُوهُ وَمَا نَهَاكُمْ عَنْهُ فَانتَهُوا وَاتَّقُوا اللَّهَ إِنَّ اللَّهَ شَدِيدُ الْعِقَابِ) [الْحَشْرِ: 7] ...

وَمَا كَانَ لِمُؤْمِنٍ وَلَا مُؤْمِنَةٍ إِذَا قَضَى اللَّهُ وَرَسُولُهُ أَمْرًا أَن يَكُونَ لَهُمُ الْخِيَرَةُ مِنْ أَمْرِهِمْ وَمَن يَعْصِ اللَّهَ وَرَسُولَهُ فَقَدْ ضَلَّ ضَلَالًا مُبِينًا) [الْأَحْزَابِ: 36].

تَجْهِيزُ جَيْشِ أُسَامَةَ: عَقَدَ الرَّسُولُ لِأُسَامَةَ لَوَاءً بِيَدِهِ، ثُمَّ قَالَ: "اغْزُ بِاسْمِ اللَّهِ فِي سَبِيلِ اللَّهِ، فَقَاتِلْ مَن كَفَرَ بِاللَّهِ". [فَتْحُ الْبَارِي، ابْنُ حَجَرٍ، 8/152].

كَانَ فِي تِلْكَ السَّرِيَّةِ وَقْتَ تَجْهِيزِهَا كِبَارُ الْمُهَاجِرِينَ الْأَوَّلِينَ وَالْأَنْصَارُ، وَمِنْهُمْ أَبُو بَكْرٍ الصِّدِّيقُ.

غَضِبَ رَسُولُ اللَّهِ صَلَّى اللَّهُ عَلَيْهِ وَسَلَّمَ، وَخَرَجَ وَقَدْ عَصَبَ عَلَى رَأْسِهِ عِصَابَةً وَعَلَيْهِ قَطِيفَةٌ، فَصَعِدَ الْمِنْبَرَ فَحَمِدَ اللَّهَ وَأَثْنَى عَلَيْهِ ثُمَّ قَالَ: أَمَّا بَعْدُ، أَيُّهَا النَّاسُ، فَمَا مَقَالَةٌ بَلَغَتْنِي عَنْ بَعْضِكُمْ فِي تَأْمِيرِي أُسَامَةَ، وَلَئِنْ طَعَنْتُمْ فِي إِمَارَتِي أُسَامَةَ، فَلَقَدْ طَعَنْتُمْ فِي إِمَارَتِي أَبَاهُ مِنْ قَبْلِهِ! وَ« أَيْمُ اللَّهِ إِنَّهُ كَانَ لِلْإِمَارَةِ لَخَلِيقًا، وَإِنَّ ابْنَهُ مِنْ بَعْدِهِ لَخَلِيقٌ لِلْإِمَارَةِ، وَإِنَّهُ كَانَ لَمِنْ أَحَبِّ النَّاسِ إِلَيَّ، وَإِنَّ هَذَا (أَيْ أُسَامَةَ) لَمِنْ أَحَبِّ النَّاسِ إِلَيَّ بَعْدَهُ... [رَوَاهُ الْبُخَارِيُّ: 4469].

أَلنَّقْلُ مَفْسَدَةٌ لِلْعَقْلِ!

وَعَادَ الرَّسُولُ إِلَى مَنْزِلِهِ وَجَاءَ بَعْضٌ مِنَ الْمُسْلِمِينَ يُوَدِّعُونَ رَسُولَ اللهِ - صَلَّى اللهُ عَلَيْهِ وَسَلَّمَ - وَيَمْضُونَ إِلَى الْمُعَسْكَرِ بِالْجُرَفِ، فَثَقُلَ رَسُولُ اللهِ - صَلَّى اللهُ عَلَيْهِ وَسَلَّمَ - وَدَعَا لِإِنْفَاذِ بَعْثَةِ أُسَامَةَ قَائِلاً: «لَعَنَ اللهُ مَنْ تَخَلَّفَ عَنْ جَيْشِ أُسَامَةَ» رَوَاهُ الْجَوْهَرِيُّ فِي كِتَابِهِ "السَّقِيفَةُ وَفَدَك"، ص 76، عَنْ أَحْمَدَ بْنِ إِسْحَاقَ بْنِ صَالِحٍ، عَنْ أَحْمَدَ بْنِ سَيَّارٍ، عَنْ سَعِيدِ بْنِ كَثِيرٍ الْأَنْصَارِيِّ، عَنْ رِجَالِهِ، عَنْ عَبْدِ اللهِ بْنِ عَبْدِ الرَّحْمَنِ... جَعَلَ الرَّسُولُ لَعْنَةَ اللهِ عَلَى الَّذِينَ كَانَ مِنَ الْمُفْتَرَضِ أَنْ يَكُونُوا فِي الْجَيْشِ ثُمَّ تَخَلَّفُوا!!!!

1. السَّقِيفَةُ: فِي الْوَقْتِ الَّذِي كَانَ فِيهِ أَهْلُ الرَّسُولِ يَعْمَلُونَ عَلَى تَجْهِيزِهِ وَتَغْسِيلِهِ تَمْهِيداً لِدَفْنِ جُثْمَانِهِ، اجْتَمَعَ عَدَدٌ كَبِيرٌ - مِنَ الَّذِينَ رَفَضُوا تَوْلِيَةَ إِمَامِ الْمُتَّقِينَ لِخِلَافَةِ رَسُولِ اللهِ فِي غَدِيرِ خُمٍّ - فِي مَكَانٍ يُعْرَفُ بِـ «سَقِيفَةِ بَنِي سَاعِدَة»، لِيَتَفَكَّرُوا وَيَتَشَاوَرُوا فِي مَسْأَلَةِ خِلَافَةِ الرَّسُولِ...

تَبَايَنَتِ الرِّوَايَاتُ التَّارِيخِيَّةُ (فَنُّ التَّجْهِيلِ) الَّتِي تَطَرَّقَتْ لِرَأْيِ عُمُومِ الْمُسْلِمِينَ، فِي نَتَائِجِ اجْتِمَاعِ السَّقِيفَةِ وَبَيْعَةِ أَبِي بَكْرٍ.

فَبَيْنَمَا تَذْكُرُ رِوَايَاتٌ كَثِيرَةٌ أَنَّ الْمُسْلِمِينَ انْخَرَطُوا فِي مُبَايَعَةِ أَبِي بَكْرٍ خَلِيفَةً لِلرَّسُولِ، فَإِنَّ رِوَايَاتٍ أُخْرَى تُؤَكِّدُ أَنَّ نَوْعًا مِنَ الْإِجْبَارِ وَالتَّعَنُّتِ قَدِ اصْطَبَغَتْ بِهِ الْكَيْفِيَّةُ الَّتِي نُصِّبَ بِوَاسِطَتِهَا أَوَّلُ خَلِيفَةٍ ...

رُوِيَ عَنْ أَبِي بَكْرٍ نَفْسِهِ أَنَّهُ قَالَ: «بَيْعَتِي كَانَتْ فَلْتَةً وَقَى اللهُ شَرَّهَا»، بِحَسَبِ مَا ذَكَرَ الْجَوْهَرِيُّ فِي كِتَابِهِ.

أَلنَّقْلُ مَفْسَدَةٌ لِلْعَقْلِ!

كَذَلِكَ رُوِيَ عَنْ عُمَرَ بْنِ الْخَطَّابِ فِي صَحِيحِ الْبُخَارِيِّ، رَأْيٌ مُشَابِهٌ، عِنْدَمَا قَالَ: «فَلَا يَغْتَرَّنَّ امْرُؤٌ أَنْ يَقُولَ: إِنَّمَا كَانَتْ بَيْعَةُ أَبِي بَكْرٍ فَلْتَةً وَتَمَّتْ».

وَرُوِيَ عَنْ عَلِيٍّ أَنَّهُ قَالَ: فِي خُطْبَتِهِ الْمَعْرُوفَةِ بِـ «الشَّقْشْقِيَّة»: «أَمَا وَاللّٰهِ لَقَدْ تَقَمَّصَهَا ابْنُ أَبِي قُحَافَةٍ، وَإِنَّهُ لَيَعْلَمُ أَنَّ مَحَلِّي مِنْهَا (يَقْصِدُ الْخِلَافَةَ) مَحَلُّ الْقُطْبِ مِنَ الرَّحَى». هَذَا الْإِعْلَانُ جَاءَ فِي خُطْبَةٍ لِأَمِيرِ الْمُؤْمِنِينَ فِي كِتَابِ نَهْجِ الْبَلَاغَةِ لِابْنِ أَبِي الْحَدِيدِ الْمُعْتَزِلِيِّ!

2. الشُّورَى: لَمَّا فَرَغَ أَمِيرُ الْمُؤْمِنِينَ (عَلَيْهِ السَّلَامُ) مِنْ دَفْنِ رَسُولِ اللّٰهِ. قَامَ فِي مَنْزِلِهِ بِمَا عَهِدَ إِلَيْهِ رَسُولُ اللّٰهِ، وَاجْتَمَعَ إِلَيْهِ جَمَاعَةٌ مِنْ بَنِي هَاشِمٍ وَالْأَصْحَابُ مِنَ الْمُهَاجِرِينَ وَالْأَنْصَارِ - كَالْعَبَّاسِ، وَالزُّبَيْرِ، وَالْمِقْدَادِ، وَطَلْحَةَ، وَسَعْدِ بْنِ أَبِي وَقَّاصٍ - فَإِنَّهُمْ غَضِبُوا مِنْ بَيْعَةِ أَبِي بَكْرٍ، وَأَرَادُوا التَّحَيُّزَ عَنْهُ وَإِظْهَارَ الْخِلَافِ عَلَيْهِ، وَقَدْ أَشَارَ إِلَى ذَلِكَ مُعَاوِيَةُ فِي كِتَابِهِ إِلَى أَمِيرِ الْمُؤْمِنِينَ (عَلَيْهِ السَّلَامُ) فِي رِسَالَتِهِ لِأَمِيرِ الْمُؤْمِنِينَ كَتَبَ مُعَاوِيَةُ: وَمَا يَوْمُ الْمُسْلِمِينَ مِنْكَ بِوَاحِدٍ، لَقَدْ حَسَدْتَ أَبَا بَكْرٍ...! وَالْتَوَيْتَ عَلَيْهِ، وَرُمْتَ إِفْسَادَ أَمْرِهِ، وَقَعَدْتَ فِي بَيْتِكَ عَنْهُ، وَاسْتَغْوَيْتَ عِصَابَةً مِنَ النَّاسِ حَتَّى تَأَخَّرُوا عَنْ بَيْعَتِهِ.. فَذَهَبَ إِلَيْهِمْ عُمَرُ فِي جَمَاعَةٍ مِمَّنْ بَايَعُوا، فِيهِمْ أُسَيْدُ بْنُ حُضَيْرٍ، وَسَلَمَةُ بْنُ سَلَامَةَ فَأَلْفَوْهُمْ مُجْتَمِعِينَ، فَقَالُوا لَهُمْ: بَايِعُوا أَبَا بَكْرٍ! فَقَدْ بَايَعَهُ النَّاسُ! فَوَثَبَ الزُّبَيْرُ إِلَى سَيْفِهِ، فَقَالَ عُمَرُ: عَلَيْكُمْ بِالْكَلْبِ فَاكْفُونَا شَرَّهُ.. فَبَادَرَ سَلَمَةُ بْنُ سَلَامَةَ فَانْتَزَعَ السَّيْفَ مِنْ يَدِهِ، فَأَخَذَهُ عُمَرُ فَضَرَبَ بِهِ الْأَرْضَ فَكَسَرَهُ. وَأَحْدَقُوا بِمَنْ كَانَ هُنَاكَ مِنْ بَنِي هَاشِمٍ وَقَالُوا: بَايِعُوا أَبَا بَكْرٍ! فَقَدْ بَايَعَهُ النَّاسُ، وَأَيْمُ اللّٰهِ لَئِنْ أَبَيْتُمْ ذَلِكَ لَنُحَاكِمَنَّكُمْ بِالسَّيْفِ... يَدَّعِي عُلَمَاءُ الْمُسْلِمِينَ أَنَّ الدِّيمُقْرَاطِيَّةَ أَخَذَهَا النَّاسُ، عَنْ شُورَى السَّقِيفَةِ!

ألنَّقْلُ مَفْسَدَةٌ لِلْعَقْلْ!

3. ألْهَجُومُ عَلَى بَيْتِ الزَّهْرَاءِ: الزَّهْرَاءُ الَّتِي قَالَ الْمُصْطَفَى بِشَأْنِهَا: "فَاطِمَةُ بِضْعَةٌ مِنِّي، فَمَنْ أَغْضَبَهَا فَقَدْ أَغْضَبَنِي".

يَا فَاطِمَةُ، إِنَّ اللهَ يَغْضَبُ لِغَضَبِكِ وَيَرْضَى لِرِضَاكِ"...

هَذَا وَقَدْ رَوَى الْبُخَارِيُّ فِي كِتَابِ الْخَمْسِ قَائِلاً: فَغَضِبَتْ فَاطِمَةُ بِنْتُ رَسُولِ اللهِ فَهَجَرَتْ أَبَا بَكْرٍ فَلَمْ تَزَلْ مُهَاجِرَتَهُ حَتَّى تُوُفِّيَتْ...

وَأَخْرَجَ الْبُخَارِيُّ أَيْضًا فِي كِتَابِ الْفَرَائِضِ وَقَالَ: فَهَجَرَتْهُ فَاطِمَةُ فَلَمْ تُكَلِّمْهُ حَتَّى مَاتَتْ...

وَذَكَرَ الْبُخَارِيُّ أَيْضًا فِي كِتَابِ الْمَغَازِي فِي بَابِ غَزْوَةِ خَيْبَرَ قَوْلَهُ: فَوَجَدَتْ فَاطِمَةُ عَلَى أَبِي بَكْرٍ فَهَجَرَتْهُ فَلَمْ تُكَلِّمْهُ حَتَّى تُوُفِّيَتْ...

إِحْرَاقُ بَيْتِ الزَّهْرَاءِ: أُمُّ الرَّزَايَا. وَقَدْ مَرَرْنَا عَلَى هَذِهِ الْجَرِيمَةِ بِحَقِّ رَسُولِ اللهِ وَفَلْذَةِ كَبِدِهِ...

يَقُولُ الْبَلَاذِرِيُّ ـ بَعْدَ ذِكْرِهِ لِحَادِثَةِ السَّقِيفَةِ الْمَرِيرَةِ ـ:

إِنَّ أَبَا بَكْرٍ أَرْسَلَ إِلَى عَلِيٍّ يُرِيدُ الْبَيْعَةَ، فَلَمْ يُبَايِعْ، فَجَاءَ عُمَرُ وَمَعَهُ فَتِيلَةٌ، فَتَلَقَّتْهُ فَاطِمَةُ عَلَى الْبَابِ، فَقَالَتْ فَاطِمَةُ: يَا ابْنَ الْخَطَّابِ أَتَرَاكَ مُحْرِقًا عَلَيَّ بَابِي؟ قَالَ: نَعَمْ، وَذَلِكَ أَقْوَى فِيمَا جَاءَ بِهِ أَبُوكِ...

أَلنَّقْلُ مَفْسَدَةٌ لِلْعَقْلْ!

قَالَ بْنُ عَبْدِ رَبِّهِ الْأَنْدَلُسِيُّ لَدَى ذِكْرِ الَّذِينَ تَخَلَّفُوا عَنْ بَيْعَةِ أَبِي بَكْرٍ: عَلِيُّ وَالْعَبَّاسُ، وَالزُّبَيْرُ، وَسَعْدُ بْنُ عُبَادَةَ، فَأَمَّا عَلِيٌّ وَالْعَبَّاسُ وَالزُّبَيْرُ فَقَعَدُوا فِي بَيْتِ فَاطِمَةَ حَيْثُ بَعَثَ إِلَيْهِمْ أَبُو بَكْرٍ عُمَرَ بْنَ الْخَطَّابِ لِيُخْرِجَهُمْ مِنْ بَيْتِ فَاطِمَةَ، وَقَالَ لَهُ: إِنْ أَبَوْا فَقَاتِلُوهُمْ، فَأَقْبَلَ بِقَبَسٍ مِنْ نَارٍ عَلَى أَنْ يُضْرِمَ عَلَيْهِمُ الدَّارَ، فَلَقِيَتْهُ فَاطِمَةُ، فَقَالَتْ: يَا ابْنَ الْخَطَّابِ أَجِئْتَ لِتُحْرِقَ دَارَنَا؟ قَالَ: نَعَمْ، أَوْ تَدْخُلُوا فِي مَا دَخَلَتْ فِيهِ الْأُمَّةُ ...

وَيَقُولُ عُمَرُ رِضَا كَحَّالَة: وَتَفَقَّدَ أَبُو بَكْرٍ قَوْمًا تَخَلَّفُوا عَنْ بَيْعَتِهِ عِنْدَ عَلِيِّ بْنِ أَبِي طَالِبٍ كَالْعَبَّاسِ وَالزُّبَيْرِ وَسَعْدِ بْنِ عُبَادَةَ فَقَعَدُوا فِي بَيْتِ فَاطِمَةَ، فَبَعَثَ أَبُو بَكْرٍ إِلَيْهِمْ عُمَرَ بْنَ الْخَطَّابِ، فَجَاءَهُمْ عُمَرُ فَنَادَاهُمْ وَهُمْ فِي دَارِ فَاطِمَةَ، فَأَبَوْا أَنْ يَخْرُجُوا فَدَعَا بِالْحَطَبِ، وَقَالَ: وَالَّذِي نَفْسُ عُمَرَ بِيَدِهِ لَتَخْرُجَنَّ أَوْ لَأُحَرِّقَنَّهَا عَلَى مَنْ فِيهَا، فَقِيلَ لَهُ: يَا أَبَا حَفْصٍ إِنَّ فِيهَا فَاطِمَةَ، فَقَالَ: وَإِنْ!

ثُمَّ وَقَفَتْ فَاطِمَةُ عَلَى بَابِهَا، فَقَالَتْ: "لَا عَهْدَ لِي بِقَوْمٍ حَضَرُوا أَسْوَأَ مَحْضَرٍ مِنكُمْ تَرَكْتُمْ رَسُولَ اللهِ ـ صَلَّى اللهُ عَلَيْهِ وَآلِهِ وَسَلَّمَ ـ جَنَازَةً بَيْنَ أَيْدِينَا وَقَطَعْتُمْ أَمْرَكُمْ بَيْنَكُمْ لَمْ تَسْتَأْمِرُونَا وَلَمْ تَرُدُّوا لَنَا حَقًّا "...

إِلَى غَيْرِهَا مِنَ الْمَصَادِرِ الَّتِي ذَكَرَ فِيهَا عُلَمَاءُ السُّنَّةِ هَذِهِ الْقَضَايَا الْمُؤْلِمَةَ:

نَقَلَ صَاحِبُ كِتَابِ " الْوَافِي بِالْوَفَيَاتِ "عَنِ النَّظَامِ الْمُعْتَزِلِيِّ قَالَ: إِنَّ عُمَرَ ضَرَبَ بَطْنَ فَاطِمَةَ يَوْمَ الْبَيْعَةِ حَتَّى أَلْقَتِ الْمُحْسِنَ الَّذِي كَانَ فِي بَطْنِهَا...

أَلنَّقْلُ مَفْسَدَةٌ لِلْعَقْلِ!

وَرَوَى أَحْمَدُ بْنُ مُحَمَّدٍ الْمَعْرُوفُ بِابْنِ أَبِي دَارَمٍ، أَنَّ عُمَرَ رَفَصَ فَاطِمَةَ حَتَّى أَسْقَطَتْ بِمُحْسِنٍ...

4. نَهْبُ فَدَكٍ: بَعْدَ فَتْحِ خَيْبَرَ سَنَةَ سَبْعٍ لِلْهِجْرَةِ قَبْلَ رَحِيلِ النَّبِيِّ الْأَعْظَمِ بِزُهَاءِ أَرْبَعِ سَنَوَاتٍ نَزَلَ جِبْرَئِيلُ عَلَيْهِ السَّلَامُ بِأَمْرِ فَتْحِ فَدَكٍ.

الرَّسُولُ الْأَعْظَمُ وَأَمِيرُ الْمُؤْمِنِينَ عَلِيُّ بْنُ أَبِي طَالِبٍ، ذَهَبَا إِلَى فَدَكَ لَيْلًا وَمَعَهُمَا أَسْلِحَتُهُمَا، أَمَرَ رَسُولُ اللهِ أَمِيرَ الْمُؤْمِنِينَ أَنْ يَعْتَلِيَ كَتِفَهُ فَنَهَضَ الرَّسُولُ رَافِعًا أَمِيرَ الْمُؤْمِنِينَ.

صَعِدَ مَوْلَى الْمُوَحِّدِينَ بِمُعْجِزَةٍ إِلَهِيَّةٍ جِدَارَ الْقَلْعَةِ وَسَيْفُ رَسُولِ اللهِ بِيَدِهِ.

ثُمَّ رَفَعَ أَمِيرُ الْمُؤْمِنِينَ صَوْتَهُ الْمُبَارَكَ بِالْأَذَانِ.

ظَنَّ يَهُودُ فَدَكٍ أَنَّ الْمُسْلِمِينَ هَجَمُوا عَلَيْهِمْ، وَقَدْ اعْتَلَوْا جِدَارَ الْقَلْعَةِ، فَأَرَادُوا الْفِرَارَ مِنْهَا لَكِنَّهُمْ رَأَوْا الرَّسُولَ الْأَعْظَمَ قُبَالَةَ الْبَابِ فِي وَقْتٍ نَزَلَ فِيهِ أَمِيرُ الْمُؤْمِنِينَ بِسَيْفِ الرَّسُولِ، وَاشْتَبَكَ مَعَهُمْ وَقَتَلَ ثَمَانِيَةَ عَشَرَ مِنْ كِبَارِهِمْ، وَاسْتَسْلَمَ الْبَاقُونَ.

أَسَرَ الرَّسُولُ وَالإِمَامُ النِّسَاءَ وَالأَطْفَالَ، وَغَنِمَا أَمْوَالَهُمْ وَأَعْلَنَا أَنَّ مَنْ أَسْلَمَ مِنْ أَهْلِ فَدَكِ يُؤْخَذُ خُمُسُ مَالِهِ، وَمَنْ بَقِيَ عَلَى دِينِهِ يُؤْخَذُ مَالُهُ كُلُّهُ وَبِهَذَا فُتِحَتْ قَلْعَةُ فَدَكَ دُونَ أَدْنَى أَثَرٍ لِعَامَّةِ المُسْلِمِينَ وَكَمَا فِي الآيَتَيْنِ: وَمَآ أَفَآءَ اللهُ عَلَى رَسُولِهِ مِنهُم فَمَآ أَوْجَفْتُمْ عَلَيهِ مِن خَيلٍ وَلَا رِكَبٍ وَلَكِنَّاللهَ يُسَلِّطُ رُسُلَهُ عَلَى مَن يَشَآءُ وَاللَّهُ عَلَى كُلِّ شَيْءٍ قَدِير.

٥. مَّآ أَفَآءَ اللهُ عَلَى رَسُولِهِ مِن أَهلِ القُرَى فَلِلَّهِ وَلِلرَّسُولِ وَلِذِي القُربَى وَاليَتَمَى وَالمَسَكِينِ وَابنِ السَّبِيلِ كَي لَا يَكُونَ دُولَةً بَينَ الأَغنِيَآءِ مِنكُم وَمَآ ءَاتَاكُمُ الرَّسُولُ فَخُذُوهُ وَمَا نَهَاكُم عَنهُ فَانتَهُواْ وَاتَّقُواْ اللهَ إِنَّ اللهَ شَدِيدُ العِقَابِ (٧) الحشر...

فَإِنَّ الأَرْضَ المُفْتَوَحَةَ دُونَ تَجِييشٍ المُسْلِمِينَ عَلَيْهَا حَتَّى إِذَا اسْتَسْلَمَ أَهْلُهَا بِأَنْفُسِهِمْ لِرَسُولِ اللهِ تَكُونُ مُلْكًا خَاصًّا بِرَسُولِ اللهِ أَرْضًا وَغَنَائِمَ وَأَسْرَى وَلَهُ التَّصَرُّفُ بِهَا وَبِهِمْ عَلَى مَا يُرِيدُ، وَلَا حَقَّ لِلْمُسْلِمِينَ فِيهِم...

وَلَكِنْ بَعْدَ اغْتِيَالِ الرَّسُولِ الأَعْظَمِ، وَالاسْتِيلَاءِ عَلَى دَوْلَتِهِ الفَتِيَّةِ؛ كَانَ لَا بُدَّ مِن اغْتِيَالِهِ إِجْتِمَاعِيًّا لِلتَّخَلُّصِ مِنَ الجَوَانِبِ الثَّقَافِيَّةِ وَالاقْتِصَادِيَّةِ وَالسِّيَاسِيَّةِ وَالاجْتِمَاعِيَّةِ وَالعَقَائِدِيَّةِ التِي دَأَبَ رَسُولُ الإِنْسَانِيَّةِ عَلَى إِرْسَائِهَا طِوَالَ سَنَوَاتِ رِسَالَتِهِ؛ لِتَوْطِيدِ الدِّينِ وَإِقَامَتِهِ، وَتَثْبِيتِ العَدْلِ فِي مُجْتَمَعٍ جَاهِلِيٍّ أَعْرَابِيٍّ.

حَيْثُ أَنَّ أَوَّلَ شَيْءٍ أَسَالَ لُعَابَ هَذَا الأَعْرَابِيِّ (أَبِي بَكْرٍ)، هُوَ إِرْثُ رَسُولِ اللهِ؛ إِدَّعَى أَبُو بَكْرٍ زُورًا وَقَوْلُ الرَّسُولِ الأَعْظَمِ: {إِنَّا مَعْشَرُ الأَنْبِيَاءِ لَا نُوَرِّثُ وَمَا تَرَكْنَاهُ صَدَقَةٌ}.

رَوَى الذَّهَبِيُّ أَنَّ أَبَا بَكْرٍ جَمَعَ النَّاسَ بَعْدَ وَفَاةِ نَبِيِّهِمْ فَقَالَ: إِنَّكُمْ تُحَدِّثُونَ عَنْ رَسُولِ اللهِ (ص) أَحَادِيثَ تَخْتَلِفُونَ فِيهَا وَالنَّاسُ بَعْدَكُمْ أَشَدُّ اخْتِلَافًا، فَلَا تُحَدِّثُوا عَنْ رَسُولِ اللهِ شَيْئًا فَمَنْ سَأَلَكُمْ فَقُولُوا بَيْنَنَا وَبَيْنَكُمْ كِتَابُ اللهِ فَاسْتَحِلُّوا حَلَالَهُ وَحَرِّمُوا حَرَامَهُ ((402)). مَقُولَةُ شَرِيكِهِ نَفْسُها: (حَسْبُنَا كِتَابُ اللهِ) أَمَرَ أَبُو بَكْرٍ وَعُمَرُ النَّاسَ بِعَدَمِ الْحَدِيثِ عَنْ رَسُولِ اللهِ، وَكَانَ أَبُو بَكْرٍ أَوَّلَ مَنْ نَصَبَ وَنَهَبَ وَاسْتَوْلَى غَصْباً عَلَى إِرْثِ رَسُولِ اللهِ، بِالْكَذِبِ وَالرِّيَاءِ وَبِالِاسْتِقْوَاءِ، مُسْتَعِيناً بِحَدِيثٍ مُفْتَرًى عَنْ رَسُولِ اللهِ!

يَأْمُرُ أَبُو بَكْرٍ النَّاسَ أَلَّا يُحَدِّثُوا عَنْ رَسُولِ اللهِ، ثُمَّ يَسْرِقُ حَقَّ أَهْلِ الْبَيْتِ بِحَدِيثٍ مُفْتَرًى عَنْ رسول الله!

أَوَّلَ فَرَمَانٍ أَقَرَّهُ، بَعْدَ أَنِ اسْتَوْلَى أَبُو بَكْرٍ عَلَى الْحُكْمِ، كَانَ الِاسْتِيلَاءُ عَلَى فَدَك، وَحِرْمَانُ فَاطِمَةَ وَأَبْنَاءَها مِنْ نِحْلَةِ أَبِيها رَسُولِ اللهِ، وَحَقَّ بَعْلِها فِي فَدَك!

إِذَا كَانَ الرَّسُولُ لَا يُوَرِّثُ، فَمَا بَالُ عَلِيٍّ؟ فَدَك، كَانَتْ حَصَادُ غَزْوَةٍ قَامَ بِها رَسُولُ اللهِ وَعَلِيٌّ! أَيْنَ حَقُّ عَلِيٍّ فِي مَا غَنِمَا؟

قَالَ اللهُ تَعَالى: {فَكُلُوا مِمَّا غَنِمْتُمْ حَلَالًا طَيِّبًا وَاتَّقُوا اللهَ إِنَّ اللهَ غَفُورٌ رَحِيمٌ} [الأنفال: 69].

أَسْأَلُ: مَنْ يُعْطَى مِنَ الْغَنِيمَةِ؟ الْغَنِيمَةُ لِمَنْ شَهِدَ الْوَقْعَةَ سَوَاءُ قَاتَلَ أَوْ لَمْ يُقَاتِلْ. مَنْ شَهِدَ الْوَقْعَةَ يَا مَنْ تُسَمُّونَ أَنْفُسَكُمْ عُلَمَاءَ الْمُسْلِمِينَ؟! لِمَاذَا خَرِسْتُمْ؟!

أَلنَّقْلُ مَفْسَدَةٌ لِلْعَقْلِ!

وَقَالَ الشَّافِعِيَّةُ وَالْحَنَابِلَةُ: يَسْتَحِقُّ الْقَاتِلُ سَلْبَ الْمَقْتُولِ فِي كُلِّ حَالٍ بِدُونِ إِذْنِ الإِمَامِ بِدَلِيلِ قَوْلِهِ صَلَّى اللهُ عَلَيْهِ وَسَلَّمَ: «مَنْ قَتَلَ قَتِيلاً فَلَهُ سَلْبُهُ».

أَمَّا الَّذِينَ يَشْتَرِطُونَ إِذْنَ الإِمَامِ؛ فَالرَّسُولُ إِمَامُ الأَئِمَّةِ!

يَا أُمَّةَ أَبِي بَكْرٍ أَسْأَلُكُمْ: أَيْنَ سَلْبُ عَلِيٍّ؟! ...

وَأَسْأَلُكُمْ كَيْفَ تَتَحَوَّلُ النَّحْلَةُ (الْعَطِيَّةُ) إِلَى إِرْثٍ، وَقَدْ نَحَلَ (أَعْطَى) الرَّسُولُ حِصَّتَهُ مِنْ فَدَكَ ــ عَلَى حَيَاتِهِ - إِلَى فَاطِمَةَ؟

وَأَسْأَلُكُمْ لَوْ كَانَ النَّبِيُّ قَدْ بَاعَ فَدَكَ، أَوْ أَعْطَاهَا لأَحَدِكُمْ، هَلْ كَانَ سَيَسْتَرِدُّهَا أَبُو بَكْرٍ مِنْ صَاحِبِهَا؟

قَلْبِي مَكْلُومٌ، يَنْزِفُ أَسَىً، وَأَلَمًا، وَشَجَىً.

مَا لِقُلُوبِكُمْ قَدْ قَسَتْ، وَاخْشَوْشَنَتْ، وَغَلُظَتْ!

إِنَّ مَنْ أَحَبَّ عَمَلَ امْرِئٍ شَارَكَهُ فِيهِ!

وَإِنَّ الرَّجُلَ عَلَى دِينِ خَلِيلِهِ...!

وَإِنَّ الْمَرْءَ مَعَ مَنْ أَحَبَّ!

أَلنَّقْلُ مَفْسَدَةٌ لِلْعَقْلْ!

فَانْتَظِرُوا مَوْقِعَكُمْ يَوْمَ الْقِيَامَةِ، خُصُوصًا أَنْتُنَّ أَيَّتُهَا الأَخَوَاتُ وَالأُمَّهَاتُ، عِنْدَمَا تُسْأَلْنَ: أَيْنَ دُفِنَتْ سَيِّدَتُكُنَّ فَاطِمَةُ، سَيِّدَةُ نِسَاءِ العَالَمِينَ؟

أَيْنَ ضَرِيحُهَا؟

وَلِمَاذَا دُفِنَتْ فِي اللَّيْلِ سِرًّا وَخْفِيَّةً؟

إِنْ بَقِيَ لَدَيْكُنَّ ذَرَّةُ مَوَدَّةٍ وَاحِدَةٍ لِسَيِّدَتِكُنَّ فَاسْأَلُوا هَذِهِ الأَسْئِلَةَ لِلْمُعَنْعِنِينَ وَلِلْمُجْتَرِّينَ.

أَدْعُو نِسَاءَ العَالَمِ أَنْ يَبْحَثْنَ عَنْ خُطْبَةِ الزَّهْرَاءِ الَّتِي وَاجَهَتْ فِيهَا أَبَا بَكْرٍ وَمَلَأَهُ!؟

هَذِهِ عَيِّنَةٌ مُخْتَارَةٌ مِنْ خُطْبَةِ الزَّهْرَاءِ:

فَهَيْهَاتَ مِنكُمْ، وَكَيْفَ بِكُمْ، وَأَنَّى تُؤْفَكُونَ؟

وَكِتَابُ اللهِ بَيْنَ أَظْهُرِكُمْ، أُمُورُهُ ظَاهِرَةٌ، وَأَحْكَامُهُ زَاهِرَةٌ، وَأَعْلَامُهُ بَاهِرَةٌ، وَزَوَاجِرُهُ لَائِحَةٌ، وَأَوَامِرُهُ وَاضِحَةٌ، قَدْ خَلَّفْتُمُوهُ وَرَاءَ ظُهُورِكُمْ!

أَرَغْبَةً عَنْهُ تُرِيدُونَ، أَمْ بِغَيْرِهِ تَحْكُمُونَ، {بِئْسَ لِلظَّالِمِينَ بَدَلاً} {وَمَنْ يَبْتَغِ غَيْرَ الإِسْلامِ دِيناً فَلَنْ يُقْبَلَ مِنْهُ وَهُوَ فِي الآخِرَةِ مِنَ الْخَاسِرِينَ}.

ألنَّقْلُ مَفْسَدَةٌ لِلْعَقْلْ!

ثُمَّ لَمْ تَلْبَثُوا الاَّ رَيْثَ أَنْ تَسْكُنَ نَفْرَتُها، وَيَسْلَسَ قِيادُها ثُمَّ أَخَذْتُمْ تُورُونَ وَقْدَتَها، وَتُهَيِّجُونَ جَمْرَتَها، وَتَسْتَجِيبُونَ لِهِتَافِ الشَّيْطانِ الْغَوِيِّ، وَإطْفاءِ أَنْوارِ الدِّينِ الْجَلِيِّ، وَإهْمادِ سُنَنِ النَّبِيِّ الصَّفِيِّ، تُسِرُّونَ حَسْواً فِي ارْتِغاءٍ، وَتَمْشُونَ لِأَهْلِهِ وَوَلَدِهِ فِي الْخَمَرِ وَالْضَّراءِ، وَنَصْبِرُ مِنْكُمْ عَلَى مِثْلِ حَزِّ الْمُدى، وَوَخْزِ السِّنانِ فِي الْحَشا، وَأَنْتُمْ تَزْعُمُونَ أَلاَّ إرْثَ لَنا!

{أَفَحُكْمَ الْجاهِلِيَّةِ تَبْغُونَ وَمَنْ أَحْسَنُ مِنَ اللهِ حُكْماً لِقَوْمٍ يُوقِنُونَ} أفلا تَعْلَمُونَ؟ بَلى تَجَلَّى لَكُمْ كَالشَّمْسِ الضّاحِيةِ أَنِّي ابْنَتُهُ... أَيُّها الْمُسْلِمونَ، أَأُغْلَبُ عَلى إرْثِيَهْ يَا ابْنَ أَبِي قُحافَةَ! أَفِي كِتابِ اللهِ أَنْ تَرِثَ أَباكَ، وَلا أَرِثُ أَبِي؟

{لَقَدْ جِئْتَ شَيْئاً فَرِيّاً}، أَفَعَلى عَمْدٍ تَرَكْتُمْ كِتابَ اللهِ، وَنَبَذْتُمُوهُ وَراءَ ظُهوركُمْ اذ يَقُولُ: {وَوَرِثَ سُلَيْمانُ داوُدَ}.

وَقالَ فِيما اخْتَصَّ مِنْ خَبَرِ يَحْيَي بْنِ زَكَرِيّا عَلَيْهِما السَّلامُ إذْ قالَ رَبِّ {هَبْ لِي مِنْ لَدُنْكَ وَلِيّاً يَرِثُنِي وَيَرِثُ مِنْ آلِ يَعْقُوبَ}.

وَقالَ: {وَأُولُوا الْأَرْحامِ بَعْضُهُمْ أَوْلى بِبَعْضٍ فِي كِتابِ اللهِ} وَقالَ: {يُوصِكُمُ اللهُ فِي أَوْلادِكُمْ لِلذَّكَرِ مِثْلُ حَظِّ الْأُنْثَيَيْنِ}.

وَقالَ: {انْ تَرَكَ خَيْراً الْوَصِيَّةُ لِلْوالِدَيْنِ وَالْأَقْرَبِينَ بِالْمَعْرُوفِ حَقّاً عَلَى الْمُتَّقِينَ}.

وَزَعَمْتُمْ أَلّا حِظْوَةَ لِي، وَلا إرْثَ مِنْ أَبِي وَلا رَحِمٌ بَيْنَنَا!

أَلنَّقْلُ مَفْسَدَةٌ لِلْعَقْلِ!

أَفَخَصَّكُمُ اللهُ بِآيَةٍ أَخْرَجَ مِنْهَا أَبِي؟

أَمْ هَلْ تَقُولونَ: أَهْلُ مِلَّتَيْنِ لا يَتَوارَثانِ!

أَوَ لَسْتُ أَنَا وَأَبِي مِنْ أَهْلِ مِلَّةٍ واحِدَةٍ؟!

أَمْ أَنْتُمْ أَعْلَمُ بِخُصُوصِ الْقُرْآنِ وَعُمُومِهِ مِنْ أَبِي وَابْنِ عَمّي؟

فَدُونَكَها مَخْطُومَةً مَرْحُولَةً، تَلْقاكَ يَوْمَ حَشْرِكَ، فَنِعْمَ الْحَكَمُ اللهُ، وَالزَّعِيمُ مُحَمَّدٌ، وَالْمَوْعِدُ الْقِيامَةُ، وَعِنْدَ السَّاعةِ يَخْسَرُ الْمُبْطِلونَ، وَلا يَنْفَعُكُمْ إِذْ تَنْدَمُونَ، {وَلِكُلِّ نَبَإٍ مُسْتَقَرٌّ وَسَوْفَ تَعْلَمُونَ مَنْ يَأْتِيهِ عَذابٌ يُخْزيهِ وَيَحِلُّ عَلَيْهِ عَذابٌ مُقِيمٌ}.

أَلنَّقْلُ مَفْسَدَةٌ لِلْعَقْلْ!

لِقَاءُ أَبُو حَنِيفَة مَعَ الصَّادِق

وَكَانَ هَذَا سَهْلًا عَلَى أَبِي حَنِيفَة تِلْمِيذِ الْإِمَامِ الصَّادِقِ: إِنْ ذَهَبَ الصَّادِقُ شَرْقًا، يَذْهَبُ أَبُو حَنِيفَة فِي أَيِّ اتِّجَاه مَّا عَدَا الشَّرْقَ! فَأَصْبَحَ بَيْنَ الْأَعْرَابِ الْإِمَامَ الْأَعْظَمَ! أَخَذَ عَنْهُ جَمِيعُ الْمُتَمَذْهِبِينَ بَعْدَهُ. فَزَادَتِ الْمَذَاهِب، وَزَادَ الْقَتْلُ وَالتَّشَرْذُمُ فِي مَنْ يُسَمَّوْنَ مُسْلِمِين!... وَبَقِيَ الْحَالُ عَلَى الْحَالِ... وَأَنَا شَخْصِيًا أَعْتَمِدُ مِبْدَئِيًّا هَذِهِ الْمُقَارَبَة. أَيُّ حُكْمٍ صَادِرٍ أَوْ يَصْدُرُ مِنَ الْعُلَمَاءِ التَّابِعِينَ وَالْمُؤَيِّدِينَ لِمَا جَرَى فِي السَّقِيْفَةَ أَوْ فِي مَا السَّقِيْفَة مَرْفُوضٌ، ثُمَّ أَبْحَثُ عَمَّا يُقَابِلُهُ مِنْ فَتَاوَى أَئِمَّةِ السَّقِيْفَةِ وَاحِدٌ تِلْوَ الْآخَر. بَعْدَ أَنْ أَرْمِي بِهَا جَمِيعًا، أَسْتَبْصِرُ ضَالَّتِي!

لِأَنَّ إِلْتِزَامَ الْمُسْلِمِ بِالنَّقْلِ وَتَغْيِيبَ الْعَقْلِ يَجْعَلُهُ يَرَى الشَّجَرَة، وَيَتَعَامَى عَنْ رُؤْيَةِ الْغَابَة! إِنَّ فِتْنَةَ أَبِي بَكْرٍ فِي فَدَكٍ ظُلْمٌ كَبِيرٌ. أَبُوبَكْر حَظَرَ عَلَى النَّاسِ الرُّكُونَ إِلَى أَوَامِرِ رَسُولِ الله، وَاغْتَصَبَ إِرْثَ الزَّهْرَاءِ، بِنَاءً عَلَى حَدِيثٍ افْتَرَاهُ عَلَى رَسُولِ اللهِ بَعْدَ أَنْ رَحَلَ الرَّسُولُ الْأَعْظَمُ إِلَى رَبِّه!

إِتَّبَعَ أَبُو بَكْر وَعُمَرُ مَقُولَةً تَقُولُ: الْغَايَةُ تُبَرِّرُ الْوَسِيلَة! يُلْزِمُونَ النَّاسَ بِحَدِيثٍ مَنْسُوبٍ مُفْتَرَى عَلَى الرَّسُولِ، عِنْدَمَا يَكُونُ فِي الْحَدِيثِ صَالِحٌ لَهُمَا، وَيَمْنَعُونَ النَّاسَ مِنْ مُجَرَّدِ مَقُولَة: قَالَ رَسُولُ الله!

هَذَا سَاعَدَهُمْ عَلَى التَّمَسُّكِ بِمُلْكِهِمْ، وَظَاهَرَهُمْ كَثِيرُونَ، ظَنًّا مِنْهُمْ أَنَّ الْفِتْنَةَ لَنْ تُصِيبَهُمْ، فَسَقَطُوا فِيهَا وَاعْتَادُوا عَلَيْهَا وَأَلْزَمُوا أَنْفُسَهُمْ بِهَا؛ إِمَّا بِصَمْتِهِمْ أَوْ بِالْمُشَارَكَةِ فِيهَا وَفِي أَرْبَاحِهَا...

أَلنَّقْلُ مَفْسَدَةٌ لِلْعَقْلِ!

بِالرُّغْمِ مِنَ السَّنَتَيْنِ اللَّتَيْنِ تَتَلْمَذَ فِيهَا أَبُو حَنِيفَة - لِأَخْذِ الْعِلْمِ - مِنَ الْإِمَامِ جَعْفَرٍ الصَّادِقِ. إِلَّا أَنَّهُ مَعَ كُلِّ ذَلِكَ قَدْ خَالَفَ - كُلِّيًّا - أُسْتَاذَهُ الْإِمَامَالصَّادِقَ فِي جَمِيعِ أُمُورِ الدِّينِ وَلَمْ يَتَّبِعْهُ فِي مِنْهَاجِهِ الْفِقْهِيِّ وَالْعِلْمِيِّ...

قَالَ أَبُو حَنِيفَةَ النُّعْمَانُ بْنُ ثَابِتٍ: جِئْتُ بَيْتَ الْإِمَامِ الصَّادِقِ، فَصِرْتُ إِلَى بَابِهِ وَاسْتَأْذَنْتُ عَلَيْهِ فَحَجَبَنِي (لَمْ يَسْتَقْبِلْنِي)، وَجَاءَ قَوْمٌ مِنْ أَهْلِ الْكُوفَةِ فَاسْتَأْذَنُوا فَأَذِنَ لَهُمْ، فَدَخَلْتُ مَعَهُمْ، فَلَمَّا صِرْتُ عِنْدَهُ قُلْتُ:

يَا بْنَ رَسُولِ اللهِ، لَوْ أَرْسَلْتَ إِلَى أَهْلِ الْكُوفَةِ فَنَهَيْتَهُمْ أَنْ يَشْتُمُوا أَصْحَابَ مُحَمَّدٍ صَلَّى اللهُ عَلَيْهِ وَآلِهِ، فَإِنِّي تَرَكْتُ بِهَا أَكْثَرَ مِنْ عَشَرَةِ آلَافٍ يَشْتُمُونَهُمْ...

يَا نُعْمَانُ! لِمَ تَعْتَرِضْ عِنْدَمَا كَانَ أَسْيَادُكَ يَأْمُرُونَ النَّاسَ بِلَعْنِ أَمِيرِ الْمُؤْمِنِينَ فِي كُلِّ صَلَاةٍ! حَتَّى حِينَمَا كُنْتَ تَؤُمُّ الصَّلَاةَ... إِعْتَرَفَ أَبُو حَنِيفَةَ أَنَّ أَكْثَرَ مِنْ عَشَرَةِ آلَافٍ - مِنْ أَهْلِ الْكُوفَةِ وَحْدَهَا - يَشْتُمُونَ رُمُوزَ مَنْ يُسَمُّونَهُمْ صَحَابَةَ رَسُولِ اللهِ. هَذَا بِشَهَادَةِ إِمَامِهِمُ الْأَكْبَرِ. لِمَاذَا يَغْضَبُ الْمُسْلِمُونَ الْيَوْمَ عِنْدَمَا يَلْعَنُ الْمُؤْمِنُونَ مَنْ ظَلَمَ أَهْلَ بَيْتِ رَسُولِ اللهِ؟ هَلْ لَعْنَةُ الظَّالِمِينَ كُفْ !؟ وَالظُّلْمُ إِيمَانٌ؟!

فَقَالَ عَلَيْهِ السَّلَامُ: لَا يَقْبَلُونَ مِنِّي.

فَقُلْتُ: وَمَنْ لَا يَقْبَلُ مِنْكَ وَأَنْتَ بْنُ رَسُولِ اللهِ؟

أَلنَّقْلُ مَفْسَدَةٌ لِلْعَقْلِ!

فَقَالَ عَلَيهِ السَّلَامُ: أَنْتَ مِمَّنْ لَمْ تَقْبَلْ مِنِّي، دَخَلْتَ دَارِي بِغَيْرِ إِذْنِي، وَجَلَسْتَ بِغَيْرِ أَمْرِي، وَتَكَلَّمْتَ بِغَيْرِ رَأْيِي، وَقَد بَلَغَنِي أَنَّكَ تَقُولُ بِالْقِيَاسِ.

قُلْتُ: نَعَم بِهِ أَقُولُ.

قَالَ عَلَيهِ السَّلَامُ: وَيحَكَ يَا نُعْمَانُ، أَوَّلُ مَنْ قَاسَ إِبْلِيس حِينَ أَمَرَهُ اللهُ بِالسُّجُودِ لِآدَمَ عَلَيهِ السَّلَامُ وَقَالَ: (خَلَقْتَنِي مِن نَارٍ وَخَلَقْتَهُ مِنْ طِينٍ)، أَيُّمَا أَكْبَرُ يَا نُعْمَانُ القَتْلُ أَوِ الزِّنَى؟

قُلْتُ: القَتْلُ.

قَالَ عَلَيهِ السَّلَامُ: فَلِمَ جَعَلَ اللهُ فِي القَتْلِ شَاهِدَينِ، وَفِي الزِّنَى أَرْبَعَةً؟ أَيَنْقَاس لَكَ هَذَا؟

قُلْتُ: لَا.

قَالَ عَلَيهِ السَّلَامُ: فَأَيُّمَا أَكْبَرُ البَوْلُ أَوِ المَنِي؟

قُلْتُ: البَوْلُ.

قَالَ عَلَيهِ السَّلَامُ: فَلِمَ أَمَرَ اللهُ فِي البَوْلِ بِالوُضُوءِ، وَفِي المَنِى بِالغَسْلِ؟ أَيَنْقَاس لَكَ هَذَا؟

قُلْتُ: لَا.

قَالَ عَلَيْهِ السَّلَامُ: فَأَيُّمَا أَكْبَرُ الصَّلَاةُ أَوِ الصِّيَامُ؟

قُلْتُ: الصَّلَاةُ.

قَالَ عَلَيْهِ السَّلَامُ: فَلِمَ وَجَبَ عَلَى الْحَائِضِ أَنْ تَقْضِيَ الصَّوْمَ، وَلَا تَقْضِيَ الصَّلَاةَ؟ أَيَنْقَاسُ لَكَ هَذَا؟

قُلْتُ: لَا.

قَالَ عَلَيْهِ السَّلَامُ: فَأَيُّمَا أَضْعَفُ الْمَرْأَةُ أَمِ الرَّجُلُ؟

قُلْتُ: الْمَرْأَةُ.

قَالَ عَلَيْهِ السَّلَامُ: فَلِمَ جَعَلَ اللهُ تَعَالَى فِي الْمِيرَاثِ لِلرَّجُلِ سَهْمَيْنِ، وَلِلْمَرْأَةِ سَهْمًا، أَيَنْقَاسُ لَكَ هَذَا؟

قُلْتُ: لَا.

قَالَ عَلَيْهِ السَّلَامُ: فَلِمَ حَكَمَ اللهُ تَعَالَى فِي مَنْ سَرَقَ عَشَرَةَ دَرَاهِمَ بِالْقَطْعِ، وَإِذَا قَطَعَ رَجُلٌ يَدَ رَجُلٍ فَعَلَيْهِ دِيَّتُهَا خَمْسَةُ آلَافِ دِرْهَمٍ؟ أَيَنْقَاسُ لَكَ هَذَا؟

قُلْتُ: لَا.

قَالَ عَلَيهِ السَّلَامُ: وَقَدْ بَلَغَنِي أَنَّكَ تُفَسِّرُ آيَةً فِي كِتَابِ اللهِ، وَهِيَ: (ثُمَّ لَتُسْئَلُنَّ يَومَئِذٍ عَنِ النَّعِيمِ)، أَنَّهُ الطَّعَامُ الطَّيِّبُ، وَالْمَاءُ البَارِدُ فِي اليَومِ الصَّائِفِ.

قُلْتُ: نَعَم.

قَالَ عَلَيهِ السَّلَامُ: دَعَاكَ رَجُلٌ وَأَطْعَمَكَ طَعَامًا طَيِّبًا، وَأَسْقَاكَ مَاءً بَارِدًا، ثُمَّ امْتَنَّ عَلَيْكَ بِهِ، مَا كُنْتَ تَنْسِبُهُ إِلَيْهِ؟

قُلْتُ: إِلَى البُخْلِ.

قَالَ عَلَيهِ السَّلَامُ: أَفَيَبْخُلُ اللهُ تَعَالَى؟

قُلْتُ: فَمَا هُوَ النَّعِيمُ؟

قَالَ عَلَيهِ السَّلَامُ: مَوَدَّتُنَا أَهْلَ البَيْتِ.

أَتَوَجَّهُ إِلَيْكَ يَا أَخِي الإِنْسَانُ، أَيْنَمَا كُنْتَ وَلِأَيِّ دِينٍ انْتَمَيْتَ، أَنْ تَتَمَعَّنَ فِي هَذَا الحِوَارِ؟ خَاتَمُ المُرْسَلِينَ لَمْ يَسْتَعْدِ أَحَدًا مِنَ النَّاسِ بَلِ العَكْسُ صَحِيحٌ!

اسْتَعْدَاهُ المُنَافِقُونَ وَالَّذِينَ لَمْ يَقْدِرُوا عَلَى مُنَاظَرَتِهِ، وَلَمْ يَسْتَطِيعُوا دَحْضَ حُجَجِهِ وَبُرْهَانِهِ!

أَلنَّقْلُ مَفْسَدَةٌ لِلْعَقْلِ!

وَكَمَا ذَكَرْتُ فِي الصَّفَحَاتِ الأُولَى لِهَذَا التَّحْقِيقِ: إِنَّ هُنَاكَ مُمَارَسَاتٍ مُنَسَّقَةً وَمُمَنْهَجَةً وَاكَبَتْ نُشُوءَ الإِسْلَامِ وَمَا زَالَتْ تَهْدُمُ وَتَرْدُمُ وَتُفَتِّتُ هَذَا الصَّرْحَ الإِلَهِيَّ، حَتَّى لَمْ يَبْقَ لِهَذَا الدِّينِ أَيُّ دَوْرٍ إِيجَابِيٍّ فِي حَيَاةِ النَّاسِ: مُسْلِمِينَ وَغَيْرِ مُسْلِمِينَ! إِنَّ الَّذِينَ اسْتَعْدُوكَ يَا أَخِي فِي الإِنْسَانِيَّةِ، لَا يُمَثِّلُونَ الرَّسُولَ الأَعْظَمَ، وَلَا يُمَثِّلُهُمْ... وَعَلَى المُنْصِفِينَ فِي هَذَا العَالَمِ أَنْ يَعُوا هَذِهِ الحَقِيقَةَ...

«الإِنْسَانُ عَدُوُّ مَا يَجْهَلُ» وَأَنْتَ مِنْ هَؤُلَاءِ - يَا أَخِي الكَرِيمُ - الَّذِينَ يَتَّخِذُونَ مَوَاقِفَ مُضَادَّةً لِلْأَدْيَانِ الأُخْرَى دُونَ أَنْ يَعْلَمُوا عَنْهَا شَيْئًا، نَاهِيكَ عَنْ دِرَاسَتِهَا أَوْ حَتَّى الِاطِّلَاعِ عَلَيْهَا، وَذَلِكَ مَعَ أَنَّ اللهَ أَمَرَنَا نَحْنُ المُسْلِمِينَ بِالإِيمَانِ بِالأَدْيَانِ السَّمَاوِيَّةِ وَبِكُلِّ الكُتُبِ وَالرُّسُلِ دُونَ تَفْرِيقٍ: «آمَنَ الرَّسُولُ بِمَا أُنْزِلَ إِلَيْهِ مِنْ رَبِّهِ وَالْمُؤْمِنُونَ كُلٌّ مَنْ آمَنَ بِاللهِ وَمَلَائِكَتِهِ وَكُتُبِهِ وَرُسُلِهِ لَا نُفَرِّقُ بَيْنَ أَحَدٍ مِنْ رُسُلِهِ»، بَلْ إِنَّ اللهَ يَدْعُو الرَّسُولَ وَالمُسْلِمِينَ إِلَى الإِيمَانِ بِالأَنْبِيَاءِ الَّذِينَ لَمْ يَرِدْ ذِكْرُهُمْ فِي القُرْآنِ الكَرِيمِ: «مِنْهُمْ مَنْ قَصَصْنَا عَلَيْكَ وَمِنْهُمْ مَنْ لَمْ نَقْصُصْ عَلَيْكَ». مِنْ هَذَا المُنْطَلَقِ نُحَاوِلُ عَرْضَ بَعْضِ مَا جَاءَ فِي القُرْآنِ الكَرِيمِ بِشَأْنِ الدِّيَانَةِ المَسِيحِيَّةِ الحَمِيدَةِ، عَلَّ ذَلِكَ يُسْهِمُ فِي تَفْعِيلِ التَّعَايُشِ وَالعَيْشِ بَيْنَ الأَدْيَانِ، وَفِي نَبْذِ الصِّرَاعِ فِيمَا بَيْنَهَا. هَذَا التَّعَايُشُ وَالعَيْشُ اللَّذَانِ أَنْجَزَهُمَا رَسُولُ اللهِ «صَلَّى اللهُ عَلَيْهِ وَآلِهِ وَسَلَّمَ»، فَوْرَ هِجْرَتِهِ إِلَى المَدِينَةِ المُنَوَّرَةِ، وَلْتَكُنْ لَنَا فِي رَسُولِ اللهِ أُسْوَةٌ حَسَنَةٌ..

أَلنَّقْلُ مَفْسَدَةٌ لِلْعَقْلِ!

لَقَدْ أَطْلَقَ الْقُرْآنُ الْكَرِيمُ عَلَى الْمَسِيحِيِّينَ تَسْمِيَة «أَهْلِ الْكِتَاب» و «الَّذِينَ أُوتُوا الْكِتَابَ مِنْ قَبْلِكُمْ» و «الَّذِينَ آتَيْنَاهُمُ الْكِتَابَ» و «النَّصَارَى» وَوَصَفَهُمْ بِالْإِيمَان، وَعِبَادَةِ اللهِ وَعَمَلِ الْخَيْرِ. يَقُولُ اللهُ فِي سُورَةِ آلِ عُمْرَان آيَة 113: «مِنْ أَهْلِ الْكِتَابِ أُمَّةٌ قَائِمَةٌ يَتْلُونَ آيَاتِ اللهِ آنَاءَ اللَّيْلِ وَهُمْ يَسْجُدُونَ، يُؤْمِنُونَ بِاللهِ وَالْيَوْمِ الْآخِرِ وَيَأْمُرُونَ بِالْمَعْرُوفِ وَيَنْهَوْنَ عَنِ الْمُنْكَرِ، وَيُسَارِعُونَ فِي الْخَيْرَاتِ، وَأُولَئِكَ مِنَ الصَّالِحِينَ». وَأَمَرَنَا بِمُجَادَلَتِهِمْ بِالَّتِي هِيَ أَحْسَنُ، يَقُولُ فِي سُورَةِ الْعَنْكَبُوت آيَة 46: «وَلَا تُجَادِلُوا أَهْلَ الْكِتَابِ إِلَّا بِالَّتِي هِيَ أَحْسَنُ». كَمَا أَمَرَنَا بِإِعْلَانِ إِيمَانِنَا بِمَا أُنْزِلَ إِلَيْهِمْ فِي قَوْلِهِ: «وَقُولُوا آمَنَّا بِالَّذِي أُنْزِلَ إِلَيْنَا وَأُنْزِلَ إِلَيْكُمْ، وَإِلَهُنَا وَإِلَهُكُمْ وَاحِدٌ وَنَحْنُ لَهُ مُسْلِمُونَ». كَذَلِكَ وَصَفَ الْقُرْآنُ الْكَرِيمُ النَّصَارَى بِأَنَّهُمْ ذَوُو رَأْفَةٍ وَرَحْمَةٍ، فَقَالَ فِي سُورَةِ الْحَدِيد آيَة 27: «وَقَفَّيْنَا بِعِيسَى بْنِ مَرْيَمَ، وَآتَيْنَاهُ الْإِنْجِيلَ، وَجَعَلْنَا فِي قُلُوبِ الَّذِينَ اتَّبَعُوهُ رَأْفَةً وَرَحْمَةً»، كَمَا اعْتَبَرَهُمْ أَقْرَبَ النَّاسِ مَوَدَّةً لِلْمُسْلِمِينَ حَيْثُ يَقُولُ فِي سُورَةِ الْمَائِدَة 82: «لَتَجِدَنَّ أَقْرَبَهُمْ مَوَدَّةً لِلَّذِينَ آمَنُوا الَّذِينَ قَالُوا إِنَّا نَصَارَى، ذَلِكَ بِأَنَّ مِنْهُمْ قِسِّيسِينَ وَرُهْبَانًا وَأَنَّهُمْ لَا يَسْتَكْبِرُونَ»، وَيُلَاحِظُ قَارِئُ هَذِهِ الْآيَةِ أَنَّ الْقُرْآنَ يَفْصِلُ بَيْنَ النَّصَارَى وَالَّذِينَ أَشْرَكُوا، لِأَنَّ الْآيَةَ تَضَعُ «الْيَهُودَ» وَ«الَّذِينَ أَشْرَكُوا» فِي جَانِب، وَ«النَّصَارَى» فِي جَانِبٍ آخَرَ، فَلَوْ كَانَ النَّصَارَى مِنَ الْمُشْرِكِينَ لَمَا صَحَّ هَذَا الْفَصْلُ وَالتَّمْيِيزُ، وَنُلَاحِظُ مِثْلَ هَذَا الْفَصْلِ- أَيْضًا- فِي مَوَاضِعَ أُخْرَى مِنَ الْقُرْآنِ فِي سُورَةِ الْحَجِّ آيَة 17: «إِنَّ الَّذِينَ آمَنُوا وَالَّذِينَ هَادُوا وَالصَّابِئِينَ وَالنَّصَارَى وَالْمَجُوسَ وَالَّذِينَ أَشْرَكُوا، إِنَّ اللهَ يَفْصِلُ بَيْنَهُمْ يَوْمَ الْقِيَامَةِ». وَهَكَذَا يُوَضِّحُ لَنَا الْقُرْآنُ الْكَرِيمُ أَنَّ الْمَسِيحِيَّةَ شَرِيعَةٌ سَمَاوِيَّةٌ أَرْسَلَهَا اللهُ لِهِدَايَةِ النَّاسِ عَلَى يَدِ الْمَسِيحِ بْنِ مَرْيَمَ، وَأَنَّ الْمَسِيحِيِّينَ غَيْرُ الْمُشْرِكِينَ. وَأَنَّهُمْ أَقْرَبُ النَّاسِ مَوَدَّةً لِلَّذِينَ آمَنُوا.

أَلنَّقْلُ مَفْسَدَةٌ لِلْعَقْلِ!

فَهَلْ بَعْدَ الْقُرْآنِ مِنْ دَلِيلٍ؟! إِقْرَأْ يَا أَخِي الْكَرِيمَ سُورَةَ مَرْيَمَ! وَاللهِ لَمْ يَأْتِ وَلَنْ يَأْتِي كَلَامٌ أَرْقَى وَأَبْدَعَ وَأَصْدَقَ وَأَعْظَمَ إِجْلَالًا وَتَكْرِيمًا لِسَيِّدَةِ نِسَاءِ الْعَالَمِينَ مِمَّا اخْتَصَّ اللهُ هَذِهِ الصِّدِّيقَةَ الطَّاهِرَةَ الْبَتُولَ! أَخِي الْكَرِيمَ، إِقْرَأْ سُورَةَ آلِ عُمْرَان: وَإِذْ قَالَتِ الْمَلَائِكَةُ يَا مَرْيَمُ إِنَّ اللهَ اصْطَفَاكِ وَطَهَّرَكِ وَاصْطَفَاكِ عَلَى نِسَاءِ الْعَالَمِينَ (42) يَا مَرْيَمُ اقْنُتِي لِرَبِّكِ وَاسْجُدِي وَارْكَعِي مَعَ الرَّاكِعِينَ (43) . وَفِي خِتَامِ هَذَا التَّحْقِيقِ: أُخَاطِبُ الْعَالَمَ مِنْ بَابِكَ أَيُّهَا الْمَصْرِيُّ الْقُبْطِيُّ الْمُؤْمِنُ، رُغْمَ أَنْفِ مَنْ كَفَّرُوكَ. وَأُقَدِّمُ لَكُمْ صُورَةً مُنَاقِضَةً لِصُورَةِ التَّحْرِيقِ الَّتِي قَدَّمَهَا ذَلِكَ الْأَعْرَابِيُّ النَّاصِبِيُّ!

قصيدة للشاعر الباكستاني الكبير محمد اقبال اللاهوري

ذَهَبْتُ فِي يَوْمِ الْقِيَامَةِ بَاحِثًا

فِي طُولِهَا وَبِعُرْضِهَا عَنْ مَوْئِلِي

وَالْإِزْدِحَامُ عَلَى الْمَدَاخِلِ مِثْلَهُ

مِثْلُ ازْدِحَامِ النَّحْلِ حَوْلَ الْمَنْهَلِ

وَلِكُلِّ بَابٍ حَارِسٌ نَظَرَاتُهُ

تَحْكِي لَهِيبًا حَارِقًا فِي الْمِرْجَلِ

فَسَأَلْتُ أَلْطَفَهُمْ أَلَا مِنْ سَائِقٍ

أَلنَّقْلُ مَفْسَدَةٌ لِلْعَقْلِ!

يَمْضِي بِنَا نَحْوَ النَّعِيمِ الْمُخْمَلِي

فَأَجَابَنِي وَالنَّارُ تَسْبِقُ قَوْلَهُ

اذْهَبْ وَفَتِّشْ عِنْدَ ذَاكَ الْمَدْخَلِ

فَذَهَبْتُ حَيْثُ أَشَارَ دُونَ تَرَدُّدٍ

وَسِوَى اتِّبَاعِ كَلَامِهِمْ لَمْ يَبْقَ لِي

فَرَأَيْتُ جِبْرِيلًا هُنَاكَ مُخَاطِبًا

يَا قَوْمَ هَذَا الْأَمْرُ مِنْ رَبِّي الْعَلِي

أَبْوَابُ هَذَا الْخُلْدِ آلَافٌ وَمَا

يَلِجُ ابْنُ آدَمَ دُونَ تَصْرِيحِ الْوَلِي

فَهَتَفْتُ يَا جِبْرِيلُ هَوِّنْ أَمْرَنَا

وَافْتَحْ لَنَا بَابًا لِذَاكَ الْمَحْفَلِ

فَأَجَابَنِي: الْأَبْوَابُ مَقْفَلَةٌ

أَلنَّقْلُ مَفْسَدَةٌ لِلْعَقْلِ!

وَلَا أَحَدَ يُقَرِّرُ فَتْحَهَا إِلَّا عَلِي

مَا أَجْمَلَهَا وَأَصْدَقَهَا مِنْ قَصِيدَةٍ!

أَتَقَدَّمُ مِنْ سُكَّانِ هَذَا الْكَوْنِ بِتَحِيَّةِ الْإِسْلَامِ:

سَلَامٌ لَكُمْ وَسَلَامٌ عَلَيْكُمْ، دُمْتُمْ آمِنِينَ!!!

أَلنَّقْلُ مَفْسَدَةٌ لِلْعَقْلِ!

لَمْحَةٌ عَنِ الباحِثْ

إِسمي، إِس. نورمان جي، أُستاذ وباحث وخبير في التفكير الحرج، والنقد، ولديَّ إلمام دقيق ومعرفة واسعة باللغة العربية، بما في ذلك مبادئ الصرف والنحو. أحمل شهادة عليا في إدارة الأعمال، تخصص في التواصل الاجتماعي وعلوم الحاسوب. أجري بشكل منتظم تحقيقات علمية واستفسارات منهجية في مواضيع محددة بهدف توسيع الوعي الإنساني وخلق معرفة جديدة ومعاصرة، ترتقي بالفهم والإدراك والإستيعاب، إلى الدرجة التي تواكب العصر. وهذا يسهم في قبول الأمور على حقيقتها، وكما هي حقاً. في عالم يعتمد في كثير من الأحيان على التكهنات والغريزة، ويؤمن بالسحر والشعوذة، ويتمسك بماضٍ مأساوي. أقوم بجمع البيانات وتحليلها. أستعرض المعلومات المتاحة والمتوفرة للمساهمة في تصحيح المعرفة وتعزيز ها في مجالات دراستي. أؤكد على استكشاف الأفكار والنظريات والمفاهيم وتحليلها ضمن نطاق المواضيع التي أدرسها.

أكتب في المواضيع الاجتماعية وانتشارها، وأحيانا أنشرها. أشارك في المناقشات مع أفراد متحمسين يسعون لاكتشاف معلومات جديدة، تتحدى المفاهيم القائمة وتساهم في حوارات فكرية واسعة، حول المواضيع المقترحة. أقوم بإجراء بحوث متعلقة باللاهوت، وتحديداً دراسة الإسلام في سياقه ووضعه الحالي، وموقفه من المعتقدات والأديان الأخرى.